STEM项目活动在小学科学教学中的应用研究

刘　鑫　刘翠翠　姜海静　著

吉林科学技术出版社

图书在版编目（CIP）数据

STEM 项目活动在小学科学教学中的应用研究 / 刘鑫，刘翠翠，姜海静著．-- 长春 ：吉林科学技术出版社，2024.5

ISBN 978-7-5744-1316-0

Ⅰ．①S… Ⅱ．①刘… ②刘… ③姜… Ⅲ．①科学知识－教学研究－小学 Ⅳ．①G623.62

中国国家版本馆 CIP 数据核字（2024）第 092128 号

STEM 项目活动在小学科学教学中的应用研究

著　刘　鑫　刘翠翠　姜海静
出版人　宛　霞
责任编辑　鲁　梦
封面设计　树人教育
制　版　树人教育
幅面尺寸　185mm×260mm
开　本　16
字　数　250 千字
印　张　12
印　数　1~1500 册
版　次　2024 年 5 月第 1 版
印　次　2024 年10月第 1 次印刷

出　版　吉林科学技术出版社
发　行　吉林科学技术出版社
地　址　长春市福祉大路5788 号出版大厦A 座
邮　编　130118
发行部电话/传真　0431-81629529 81629530 81629531
81629532 81629533 81629534
储运部电话　0431-86059116
编辑部电话　0431-81629510
印　刷　廊坊市印艺阁数字科技有限公司

书　号　ISBN 978-7-5744-1316-0
定　价　75.00元

前　言

我国初步开展素质教育改革实践工作时，改革的核心是人才培养，而如今教育改革的核心则是提高学生的核心素养。要想真正落实国家深化课程改革、实现高素质人才培养的目标，核心素养在教学当中的实践是重要基础，同时核心素养教学也对未来教育改革起到了指引作用。因此，探究如何在小学科学教学实践中落实核心素养培养是教育工作者必须重视的问题。

STEM教育最早源于美国，是科学（Science）、技术（Technology）、工程（Engineering）、数学（Mathematics）英文首字母的缩写。STEM教育强调跨学科整合，其学习方式主要有三种：基于问题的学习、基于项目的学习、基于设计的学习。这些方式对于培养学生跨学科解决问题的能力，培养学生的21世纪技能，包括沟通交流能力、合作协调能力、批判性思维能力、创造创新能力等都发挥着重要作用。STEM教育不是简单地把4门学科进行线性叠加，而是把原本独立、分散的不同领域的学科知识和技能以解决问题为基础，以多样的学习活动形式支持学生在解决问题的过程中实现不同学科知识与方法在不同情境中的整合、运用和迁移，并进一步生成新思路、新方法、新技术和新产品。

21世纪，以高科技为依托的知识经济发展迅速，科技进步日新月异，国际竞争日趋激烈，人才竞争已进入白热化。如今，国家的综合国力和国际竞争能力将越来越取决于教育发展、科学技术和知识创新水平。中国未来的发展，中华民族伟大复兴，关键靠人才尤其是科技人才。科技人才培养的基础在教育，加强小学科学教育是提高我国全体国民科学素养的根本途径。义务教育阶段的科学课程教育对学生核心素养的引导与培养起着至关重要的作用。因此，研究STEM项目活动下的小学科学教学实践具有重要的现实意义。

目　录

第一章　STEM教育概述

STEM 代表科学（Science）、技术（Technology）、工程（Engineering）、数学（Mathematics）。STEM 教育就是科学、技术、工程、数学的教育。在国家实力的比较中，获得 STEM 学位的人数成为一个重要的指标。

第一节　STEM教育的概念

一、STEM 教育的内涵

美国国家科学委员会在 20 世纪 80 年代提出了 STEM 教育的概念。STEM 是科学（Science）、技术（Technology）、工程（Engineering）和数学（Mathematics）四个英文首字母的缩写。科学是建立在实践基础上，经过实践检验和严密逻辑论证的，关于客观世界各种事物的本质及运动规律的知识体系。技术是人类为实现社会需要而创造和发展起来的手段、方法和技能的总和。数学侧重于研究现实世界的空间形式和数量关系，是学习和研究现代科学技术必不可少的基本工具。工程是应用科学和数学产出成品的过程。STEM 综合了科学、技术、工程与数学的特点，将知识的获取、方法与工具的利用以及创新生产的过程进行了有机统一，以系统的、联系的思维面对文化的全球化、多元化发展。

STEM 教育就是科学、技术、工程、数学的教育，但现实问题往往无法单凭 STEM 中的某一门学科知识来解决，必须依靠多学科的协同，因此 STEM 教育是如何培养学生综合运用 STEM 知识解决现实问题的能力的教育，也就是 STEM 素养教育。STEM 教育是 STEM 理念在教育中的反映，是付诸教育实践的一种思考。STEM 教育在美国受到极大关注离不开美国对其国际竞争力下降的反思，对美国学生在国际数学、科学中表现欠佳的审视。它是对科学、技术、工程、数学间关联性的强调，是对学校技术教育、工程教育的重视，旨在促进学生形成科学、技术、工程与数学的综合素养。

STEM 教育是科学、技术、工程与数学四门学科之间系统的融合，强调跨学科之间的联系，通过基于真实情境、工程设计、项目等方式的教学，促进学生探究性学习方式的形成以及综合素养的提升。综合素养包括科学素养、技术素养、工程素养和数学素养。科学素养是能够运用科学知识和流程（物理、化学、生物科学和地球、空间科学）理解并参与影响生命与健康、地球与环境、技术等有关决策。技术素养是指学生具有使用、管理、理解与评价技术的能力，不仅要了解如何使用技术、技术的发展过程，还要用批判性思维分析技术对世界发展的影响，学会创造性地解决问题。工程素养是指能够系统地、创造性地整合数学和科学知识，理解工程设计并开发造福人类的方法。数学素养是指识别、表述、理解和从事数学的能力，能够应用数学分析、判断和解决生活中的问题。综合素养囊括了四门学科，是一个跨学科交叉的研究领域，是把学生学习到的零碎知识与机械过程转变成一个探究世界相互联系的不同侧面的过程。

STEM 教育的目标就是提升学习者的 STEM 素养，但对于 STEM 教育的定义，学术界存在着三种理解：第一种认为 STEM 教育是一门后设课程，即学习者在学习 STEM 相关的独立课程之后再学习一门如何综合运用 STEM 知识的独立课程；第二种认为 STEM 教育是一门有机整合 STEM 知识的独立课程，由它代替传统 STEM 所涉及的课程，培养学习者综合运用各专业知识的能力；第三种则将 STEM 教育视为一种教学策略，其核心目标是通过灵活应用探究性学习、基于项目的学习和基于设计的学习等学习方式，来培养学习者综合运用 STEM 知识解决现实问题的能力。

本书的 STEM 教育将采用第三种观点，从学习方式和学习目标出发来阐述 STEM 教育可以更好地为课程教师指明 STEM 教育的方向。基于此，本书认为 STEM 独立学科的学习也可以是 STEM 教育，其关键在于学习者如何学习知识和运用知识，如通过学习者自主的实验设计来验证牛顿三大定律便属于 STEM 教育，利用数学知识来合理安排职工工资和社保也属于 STEM 教育。STEM 教育对中国来说具有重要意义，中国从来不缺乏 STEM 所包含的各独立学科知识的学习，但由于不注重知识的理解和应用，学习者的 STEM 素养并不高，这一点必须通过加强 STEM 教育来提升。

二、STEM 教育的特点

STEM 教育的提出、内涵丰富离不开系统论的审视，其在教育中的实践体现了与后现代课程观的密切联系，具体表现为综合性、开放性与动态性、回归性、实践性、丰富性、循环性。

（一）综合性

“2061 计划”不仅视基础的自然科学与社会科学为科学，还把基础与实用的数学、工程与技术等相互交叉的学科作为科学，即提出了系统化、整体化的科学观。STEM 教育正是基于这种整体化、系统化科学观在教育事业中的延伸与发展而得以提出，它将科学教育与技术教育、工程教育、数学教育联系起来，以整体、联系的思维解决各种现实问题，因而呈现了综合性。STEM 教育的综合性表现在教育目标上，希望学生能够通过 STEM 教育，学习综合利用科学、技术、工程和数学四方面的知识与技能，从而具有逻辑思维和技术能力；能够创新设计并独立进行调查研究，有效解决问题，并架起学校与 STEM 工作场所之间的桥梁。这种综合性的目标关注了学科、学生、社会间的相互联系，强调了学生发展、社会责任的整合等。

STEM 教育的综合性反映到具体实践中，不仅表现为课程内容的综合，如工程课程内容中综合了数学、科学、技术知识的应用，而且表现为课程教学方式的多元，既可以是基于问题解决的模式，也可以是基于项目的模式。STEM 课程的评价也朝着综合性、系统性的方向发展。由于美国是个地方分权制的国家，各地区的课程有着不同的标准与版本。STEM 教育及课程的评价也试图以共享标准为基础设计清晰的、高质量的评价系统，反映学生是否达到了标准。评价内容的改革要求既要衡量学生理解、应用核心概念和原则的能力，还要考核学生进入大学和从事未来职业所需的高水平的推理能力、解决问题的能力以及科技创新能力。评价种类上，除了直接指向通用标准的州评估，还提倡增加对 NAEP、TIMSS、PISA 这种发达国家及国际评估的次数。

STEM 教育的综合性也表现在课程资源方面，它是一个有机的、良好运行的整体模式，其资金资助来自许多不同的联邦机构，支持 STEM 教育发展的力量还包括非政府组织及科学家等 STEM 专业社群。这种多元合作形成的综合系统增加了 STEM 教育的实践性和可行性，并有助于增进家长、学校校长、州和地区长官、公共领导对 STEM 学科的了解和掌握，推动 STEM 教育的实施和发展。

（二）开放性与动态性

STEM 教育在课程内容、课程实施及评价中表现的综合性，凸显了其开放性与动态性。区别于机械认识论视知识为客观存在，STEM 教育认为知识是不断更新的，是动态与发展的。STEM 教育不仅包括科学、技术、工程与数学领域内的知识，而且包括科学的社会应用、技术与工程中的科学及数学原理等维度，即 STEM 教育从开放的知识观角度反思了传统教育的弊端，弱化了对知识的记忆，重视了概念理解及应用。对概念的深层理解有助于学生灵活应用已有知识，并在与现实生活世界的接触中随时拓展和完善自己的知识体系。

STEM 教育在课程内容、实施方面表现的动态性离不开 STEM 教育系统的开放性及各要素间的动态关系。在以 STEM 教育为重点的学校里，不仅课程内容关注了 STEM 各领域的最新研究成果，而且其教学场所不再局限于课堂和学校，这种转变与尝试使学生有了更多接触 STEM 职业场所的机会，并获得将科学探究转化为实践以及进行科学创新的机会，从而彰显了 STEM 课程实施方式的开放性与动态性——转变了教师讲解、学生接受的传统课程实施模式，建立了学习者、教育者与所处情境对话、交流的平台，促进了学生内在知识体系的创新生成。教学过程伴随着问题的解决与探究活动的开展、开放的课程实施方式及动态的课程内容，不仅有助于学生认知能力的提升，而且有助于培养学生敏锐的科学思维习惯和高效解决现实生活问题的能力。

（三）回归性

美国总统科技顾问委员会认为，学生在STEM领域成就上表现出的性别差异并非源于天赋问题而是源于学生的兴趣，在国际科学与数学测试中美国学生整体表现欠佳的内在原因是缺乏对STEM领域的兴趣。这一观点实质上体现了课程理念中学生观的转变，从学习兴趣的归因来传达学生是学习主体的观念。后现代课程观的提出者之一多尔认为课程要具有回归性、可反思的价值和余地，这种课程没有固定的起点和终点，但它能够使每个人通过与环境、他人、文化的反思性相互作用形成自我感。STEM教育的提出及课程实施实践中逐渐凸显反思的价值，在STEM课程内容的选择上致力于给学生提供感兴趣的个人经验和与STEM有关的内容；在课程实施中，突出学生的学习主体地位，关注学生主动参与学习的过程，激发学生对STEM领域学科的学习动机。

（四）实践性

首先，STEM教育的实践性体现在STEM教育提出本身，尤其是将技术、工程学科置于与科学、数学教育同等重要的地位，这是对过程与实践的凸显，工程学里涉及的工程设计和工程思维习惯将直接影响学生的问题解决能力和创新能力。其次，STEM教育的实践性还体现在具体的课程实施中：一方面，有效的课程组织和精良的硬件设施促进了从知识向实践关注的转变，如一些学校已经开始将微观装配实验室整合进具体的课程中；另一方面，课程强调以活动为基础、基于问题解决的学习、获得实践的课堂体验。STEM教育通过实践性的课程建立起了师生交往的平台，使学生从平等对话的交往经验中自由地获得知识、激发创造的灵感。

（五）丰富性

丰富性包括了课程的深度、意义的层次、多种可能性或多重解释。STEM教育的丰富性表现于其教育目标的不同层次，促进不同的学生获得不同水平的STEM素养，在要求所有学生熟练掌握STEM学科知识的同时，给在STEM学科表现优秀的学生提供机遇与挑战，促进其在STEM领域获得杰出成就。正是对多维目标的追求，使STEM课程内容体现了丰富性的特点，如针对在STEM领域表现欠佳的学生，给其提供与生活相关的食物、衣物、药品等STEM领域知识；对于在STEM学科表现优秀的学生，开展顶层课程，如“工程之路”，促进其科学思维方式的养成。还可以设计竞赛、实验室实验、实地考察等课外活动及STEM的服务培训活动，以使STEM类课程与学生经验融合，同时促进学生学习参与度的提升。综合性的STEM教育将科学、技术、工程和数学四门课程联系起来，需要综合考虑原有课程的特点，在课程设置上需要从多角度来解释综合化课程的丰富性，使学生通过多样化的课程形式获得多种可能的自我发展。

（六）循环性

随着 STEM 教育的发展，基于工程设计的课程逐渐受到重视。通过工程设计来学习科学课程，体现科学与工程的融合。工程设计本身就是多重的、迭代的、循环的，STEM 课程单元的循环性主要体现在建模前循环、解决问题循环以及每个背景活动中的循环。

学生在工程建模挑战开始之前返回到本单元最初的“提出问题”活动环节，确定这些问题该如何问答。如果学生对已经涵盖的背景经验存在疑惑，那么重温一节或多节课程可能是有必要的。教师在这个环节可以多次向学生提出有关设计挑战的知识、材料和细节问题，并将这些问题添加到学生设计的评价列表中，有助于学生熟悉工程流程，较容易解决问题。在解决问题的实验探究中，学生需要对记录的实验数据进行整理和检测。在检测数据环节中，学生可以对部分数据提出疑问，也可以根据数据对自己的设计进行修复和提优，直到满足构建模型的标准。在每一个活动前后都可以进行问题重述和重新设计，不断获得新体验，对核心概念形成新的理解并优化设计和解决方案。

学生在工程循环过程中，不断地发现问题、修复并提优设计，寻找解决问题的最佳方法，让学生真正意义上进行探究性学习，将科学知识转化为科学探究能力，从而培养学生的探究和创新思维。这个教学和学习过程不仅符合 STEM 的教育目标，也体现了 21 世纪所提倡的 21 世纪技能。

第二节 STEM教育的应用模式

STEM 教育作为一种教学策略，在实际应用时必须以解决现实中的实际问题为目标，以 STEM 知识的综合运用为手段。根据具体目标的不同，本节把 STEM 教育分成验证型、探究型、制造型和创造型四种不同的应用模式。验证型 STEM 教育应用的目标是让学习者通过综合运用 STEM 知识验证已经明确的结果，其核心是学习者的验证过程和方法而非结果；探究型 STEM 教育应用的目标是让学习者通过综合运用 STEM 知识去发现并解释学习者未知的现象，其核心是学习者的探究过程及结果；制造型 STEM 教育应用的目标是让学习者通过综合运用 STEM 知识去完成一个已有形态物品的生产和改良，其核心是学习者的工程实践能力的培养；创造型 STEM 教育应用的目标是让学习者通过 STEM 知识的综合运用去完成一个创新物品的设计和制造，其核心是创新的设计。

根据教师在 STEM 教育应用中给定的限定不同，各个模式又可以分为支架式和开放式。所谓支架式就是由教师给定框架，包括目标和实现方式，然后由学习者在此基础上实施；而开放式则更多地由学习者自行提出目标并自行完成任务，需要学习者更多的主观能动性。当然，支架式和开放式之间并无明确的界限，教师在应用过程中可以根据学习者的不同、目标的不同灵活把握。另外，考虑到 STEM 教育应用的项目学习属性，下面的各类应用都以小组协作的方式展开。

一、验证型 STEM 教育应用

验证型 STEM 教育应用的目标是学习者完成对已知结果的验证，如定律或现象，但这些定律或现象并不是此类应用的重点，怎样通过 STEM 知识的综合运用来验证这些结果并达到加深理解、领悟科学才是其关键，验证型 STEM 教育应用的基本步骤如下。

（1）明确问题。验证型 STEM 教育应用的目标是完成对已知结果的验证，该结果既可以由老师给定，也可以由学习者提出，同时该结果既可以是某种现象，也可以是某条定律。

（2）设计方案。设计方案首先必须确定要验证的现象，因为定律也必须通过现象来验证，然后再根据现象设计合适的验证方案，其核心是实现现象的可观察或可记录性。

（3）评估方案。考虑到方案实施的代价，实施方案必须经过师生协同评估。评估的重点包括现象和定律之间的充分性（验证定律）和方案的可行性（包括安全、成本、作用等内容）。

（4）实施方案。在完成方案的可行性评估之后，学习者可以开始验证计划，本步骤的重点是现象的观察和记录，如果遇到无法解决的状况一定要重新回到步骤（2）进行新的设计。

（5）分析数据。通过对观察得到的数据和现象进行分析，并结合必要的现象和定律之间的充分性得出本次验证的结果。如果无法验证，分析可能存在的原因，并回到步骤（2）进行新的设计和实施。

（6）分享反思。反思本验证方案的有效性和可改进性，并分享自己的验证过程，总结本次验证需要掌握的技能。

二、探究型 STEM 教育应用

探究型 STEM 教育应用的目标是去发现并解释学习者未知的现象，无论是探究过程还是解释现象都将综合运用 STEM 知识，从而培养学习者的科学探究精神和能力。探究型 STEM 教育应用的本质是探究型学习在 STEM 教育中的特定应用，其基本步骤如下。

（1）发现问题。探究型 STEM 教育应用需要学习者自己去寻找需要探究的问题，根据教师限定条件的多少，学习者发现的问题具有一定的指向性，但绝对不能是限定的，发现问题的能力也是 STEM 素养的重要组成部分。

（2）收集证据。收集证据是探究型 STEM 教育应用的最重要环节，根据探究问题的类型，证据收集过程可以分为三大类：第一类是直接观察类，此类过程学习者无须借助任何设备直接靠人体自身感知即可；第二类是仪器记录类，此类过程学习者需要借助现有的仪器或设计新的仪器来记录数据，发现规律；第三类则是设计交互类，此类过程学习者需要设计专门的交互方案，通过不断交互完成环境的准备、问题现象的触发和对应数据的收集工作。和验证型 STEM 教育应用类似，探究型 STEM 教育应用的收集证据过程也可以细化成设计方案、评估方案和实施方案三个阶段。

（3）分析数据。对探究型 STEM 教育应用来说，数据分析的过程要比验证型复杂得多，验证型的数据分析结果是确定的，而探究型则是未知的。数据分析可以采用结论推导的方法，也可以采用猜想验证的方法，数据分析的成果是可以描述现象或规律的。

（4）解释结论。考虑到证据收集和数据分析的复杂性和不确定性，学习者必须从理论的角度来解释观察到的现象和规律，否则极有可能得到错误的结论。考虑到解释结论有可能超出学习者的能力，相互协作和教师支持是必需的。

（5）分享反思。当学习者完成问题的发现和探究以后，学习者首先需要反思本探究问题的可渗入性及可迁移性，培养更好的问题发现能力；接着归纳整个证据收集过程和数据分析过程的方法，并考虑必要的改进；然后完成相关方法和结论的发布分享。

三、制造型 STEM 教育应用

制造型 STEM 教育应用的目标是让学习者通过 STEM 知识的综合运用去完成一个已有形态物品的生产和改良，其核心是学习者的工程实践能力的培养。考虑到学习者必然经历一个从模仿到改进的过程，制造型 STEM 教育应用的基本步骤如下。

（1）情境引入。制造型 STEM 教育应用的目标是让学习者完成一个具有实际应用价值的物品生产，并在生产过程中培养学习者的 STEM 综合能力，所以对制造型 STEM 教育应用来说，情境引入有两方面的价值：一方面是理解将要完成的物品的应用价值，激发学习者的参与热情；另一方面则是通过情境的介绍让学习者更好地领悟物品的应用场合，激发学习者的改进热情。

（2）设备培训。此处所指的设备包括工具、零件和材料。制造型 STEM 教育应用目标的完成离不开设备的支持，为了让学习者更好、更安全地使用设备，专业的培训是必要的。但需要注意的是，这里的设备培训并不是把所有设备的使用全部讲一遍，而是只针对本次将会用到的功能做一个简单介绍，重点强调设备使用的安全规则让学习者在后面的模仿中深入学习。

（3）模仿制造。模仿制造环节的关键是让学习者尽快地完成制造，感受制造带来的快乐，所以教师在这个环节只需要描述怎么做，不需要讲解其中的原理和知识要求，学习者跟着模仿，无须深入思考，从而尽快达成目标。

（4）知识讲解。当学习者完成了既定的制造目标后，自然就会从欣赏作品过渡到思考原理，这时候教师再开始知识点的讲解，包括工作原理、加工要点、设计理念等内容，这样会起到更好的效果。

（5）协同改进。模仿的目的是更好地改进，当学习者了解了自己所完成作品的工作原理和应用情境后，就有可能激发学习者的创新意愿，通过小组之间的协作对原有设计进行合理改进，制造出更有价值的作品。

（6）分享反思。当学习者完成了改进后的作品以后，需要总结此次制造项目掌握的技能、设计思路以及改进方式，并通过与不同学习者分享交流，享受制造的乐趣，提升参与制造的热情。

四、创造型STEM教育应用

创造型STEM教育应用的目标是让学习者通过STEM知识的综合运用去完成一个创新物品的设计和制造，其核心是创新性的实现，是基于设计的学习在STEM教育中的特定应用。当然，在实际应用中，创新物品的方向是有指向性的，否则学习者会出现因选择太多无从入手的情况。从基于设计的学习模式出发，创造型STEM教育应用的基本步骤如下。

（1）情境引入。创造型STEM教育应用的目标是完成一个创新物品的设计和制造，虽然非物化作品的设计也在创新之列，但考虑到成果验证的方便性，STEM教育中的创新以物化成果为主。创新来自生活中的问题，所以教师需要引入极具吸引力的情境，激发学习者从中寻找需求并明确创造方向。

（2）创新引导。当学习者有了明确的目标以后，教师需要从两方面对学习者的创新进行引导：一方面是创新的方向，教师需要根据学习者确定的创新目标提供可行的创新方向和思路指导，具体的创造行为由学习者完成；另一方面则是创新的可行性，教师需要对学习者的创新目标进行可行性分析，防止学习者设定一个在当前条件下无法实现的创新目标。

（3）协同设计。当学习者有了切实可行的创新目标以后，就可以采用小组协作的方式，让每个成员都从自己的专业背景出发，完成作品的结构、机械、电子、传动、外观、动力、人机交互等方面的设计，并进行必要的评估。设计—评估—再设计是一个迭代过程，直到得到一个大家都认可的设计方案为止。

（4）制造验证。有了详细的设计方案以后，学习者就可以开始进行作品的实际制造过程，考虑到设计和制造之间的差异性，一旦在制造过程中出现无法解决的问题，学习者必须回到步骤（3）进行设计的修改。

（5）应用改进。当完成创新作品的制造以后，学习者就可以把它放到现实的环境中进行有效性的验证，包括自身功能和用户体验两方面，并形成改进意见，必要时重新回到步骤（3）开始新一轮的设计过程。

（6）分享反思。当学习者完成自己认可的创新作品以后，教师需要鼓励学习者进行必要的产品文稿设计和展示、包装，并进行充分的作品分享，通过分享让学习者喜欢上创新，同时通过分享中的观众交互，反思作品应该怎样进一步改进。

第三节 STEM教育的简要历史

20 世纪 80 年代，STEM 教育起源于美国，经过几十年的发展，现在已经在全世界引起广泛的关注和影响。21 世纪，经济、信息与科技创新进入快速发展的时代，各国纷纷意识到科技创新人才培养的重要性。融合科学、技术、工程与数学的 STEM 教育能够培养综合性人才，提升国家的国际竞争力。在美国的影响下，STEM 教育已经在多国实施，由于各国的发展背景不尽相同，采取的措施也存在差异。我国正处在基础教育改革的浪潮中，综合性和探究性教育方式有助于实现我国素质教育的发展战略，因此我国学者也逐步将目光投放到 STEM 教育的研究中。

21 世纪是知识与经济全球化的时代，科技创新越来越受到重视，对科技与工程类人才的需求与日俱增，各国为了应对竞争压力，纷纷进行基础教育改革，尤其是美国发起的 STEM 教育在全世界引起了广泛的关注与影响。STEM 教育培养出的综合性人才关系到国家的创新能力和综合实力，从而影响本国的国际竞争力。但是，STEM 教育在各国产生的背景不同，其进行 STEM 教育改革的目标取向和措施也存在差异。

美国是 STEM 教育的发起国家，对 STEM 教育的研究日臻完善，其有很多经验值得我国学习和借鉴；英国是西方教育质量较高的国家之一，对 STEM 教育的研究也比较早，具有较完整的课程体系；我国在科学教育发展方面与英国有着密切的交流与学习。因此，本节主要选择美国和英国进行 STEM 教育理论的比较与分析，为我国基础教育改革提供经验。

一、美国 STEM 教育发展历史与现状分析

（一）美国 STEM 教育的发展历史

自苏联人造卫星发射成功后，美国就深刻意识到国家核心竞争力的本质是人才的竞争。工程师、科学家和技术人才将是 21 世纪处于主导地位的人力资源，然而美国拥有的科技人力资源占全球的比例逐步降低，国际竞争力正在下降。为了应对这种危机，美国开始重视科学、技术、工程和数学理工学科的教育（以下简称 STEM 教育），期望通

过STEM教育弥补人才资源的不足，继续保持国家经济在全球的领导地位。

1986年，美国国家科学委员会（NSB）发表了报告《本科的科学、数学和工程教育》，又称《尼尔报告》，指导美国国家科学基金会以后数十年对美国高等教育改革在政策和财力上的支持，也首次明确提出“科学、数学、工程和技术教育集成”的纲领性建议，被认为是STEM教育的开端。因此，该报告被相关领域的研究者视为STEM教育的里程碑。

1989年，美国科学促进联合会发表了报告《2061计划：面向全体美国人的科学》，该报告对“科学”进行了新的解释，“科学”的内涵包括基础与应用的数学、工程和技术等相互交叉的学科，并给政府在科学教育拨款上面提出了更高的要求。

1996年，美国国家基金会（NSF）回顾、总结了美国大学科学、数学、工程和技术教育的进展情况，并为今后的发展提供了“行动指南”。该报告着重分析新的形势和问题，对学校、地方政府、工商业界和基金会提出“培养K-12教育系统中STEM的师资问题”和“提高所有人的科学素养问题”的明确政策建议。K-12教育是美国基础教育的统称。“K-12”中的“K”代表Kinder garten（幼儿园），“12”代表12年级（相当于我国的高三）。“K-12”是指从幼儿园到12年级的教育，因此也被国际上用作对基础教育阶段的通称。

20世纪90年代初，NSF起初使用SMET代表四门学科的缩写，由于这样的首字母缩写带来一些歧义，因此2001年教育和人力资源部前主任Judith首次使用了STEM缩写词，后来STEM逐渐取代SMET成为四门学科的总称。

2005年，美国国家科学院（NAS）、国家工程院（NAE）、医学科学院（IOM）和国家研究委员会（NRC）向美国国会提供了一份旨在揭示美国面临的紧迫问题并研究具体对策的报告，名为《驾驭风暴：美国动员起来为更加辉煌的未来》。该报告基于美国政府秉承的“科学与工程领域的卓越与领先带来的巨大的经济和社会效益”信念，期望美国在21世纪继续占领科学与工程方面的领先地位。

2006年，美国国会发布了报告《美国竞争力计划：在创新中领导世界》，政府投入高达1360亿美元的经费，是布什政府在科技与教育发展方面构建的宏伟蓝图。该报告的核心是加大对教育与研究的经费投入，全心全意地促进研究的开发、创新和教育的发展，从而提升国家的核心竞争力。同年，美国州长协会提出STEM教育和K-12衔接的问题，提交了一份警示美国政府必须时刻加强对学生STEM教育的报告。

2007年，美国对当前实施STEM教育的战略背景、现状、问题和相应的策略进行分析之后，美国国会通过《国家竞争力法》。该法案重点提出加强对STEM教育的投入、研发和新教师的培训，批准从2008年到2010年间为联邦层次的STEM研究和教育计划投资433亿美元，并把美国国家科学基金增加到220亿美元。这些资金重点投放到学生和教师的奖学金、津贴计划、K-12的STEM师资培训计划、自然科学和工程研究项目上。此外，该法案还拓展中小学与高校之间的人才输送渠道，在中学阶段广泛开设大学先修课程。同年 10 月，美国国际科学委员会（NSB）又一次发表报告《国家行动计划：应对美国科学、技术、工程和数学教育系统的紧急需要》。该报告提出加强国家层面对 K-12 阶段和本科阶段 STEM 教育的主导作用，提高 STEM 教师水平和相应的研究投入。该报告还将 STEM 教育从本科阶段拓展到基础教育阶段，实现全面的实施。

奥巴马上台之后，既把对 STEM 教育的重视提升到全新的高度，又对教育进行了一系列的改革运动，使 STEM 教育成为国家的重中之重。可见，美国 STEM 教育的发展是从上到下，聚集全美力量共同推进的。在美国政府政策的指引和巨额资金的支持下，STEM 教育的发展由初期关注本科 STEM 教育拓展到 K-12 阶段的 STEM 教育，由原来的政策报告到现在将 STEM 教育发展写进法律，保证了 STEM 教育的有效实施，更是由原来的注重理念转移到 STEM 教师发展、学生 STEM 学业水平和工程教育实践等核心问题上。美国针对 STEM 教育的发展而采取的系统性实施方案，将给各国发展 STEM 教育提供借鉴和指导。

（二）美国 STEM 教育的发展现状

美国在发展 STEM 教育的过程中，没有放松对 STEM 教育发展现状的关注和研究。美国政府积极参加国际学生学业水平的评测项目，评测结果直接关系着政府对 STEM 教育发展的支持程度和改革方向。下面主要从学业水平、人才培养和工程教育三个方面分析美国 STEM 教育的发展现状。

1. 学业水平

虽然 STEM 教育在美国备受重视，但是与 STEM 相关的数学和科学成绩却不容乐观。美国 K-12 阶段学生的数学和科学学业水平的评估主要来自三个评估项目：全国教育进步评价（NAEP）、国际数学和科学趋势研究项目（TIMSS）、国际学生评估项目（PISA）。

2005 年，全国教育进步评价的评估结果显示，美国总体上只有 1/3 的中学生数学和科学水平达到了国家要求。最近的结果显示，大约 75% 的八年级学生还未熟练掌握数学。美国不同群体间的学生在 STEM 学科上的学业水平差距明显，低收入群体、女性等弱势群体的学习欠缺、能力表现较差。

TIMSS 每四年举行一次，主要测评四年级和八年级学生的数学和科学水平。2007 年，TIMSS 评估结果显示，较上一次评估结果美国学生的数学水平没有提高，科学水平略有提高。2011 年，发布的 TIMSS 数据显示，美国学生的数学与科学超过全球平均水平，但仍比不上新加坡、韩国、中国香港等亚洲国家和地区。

PISA 每三年举行一次，主要测评 15 岁学生的数学、科学和阅读水平。美国学生的总体水平有所上升，但是仍处于中下水平，历年的排名和成绩仅在 OECD 平均值上下波动。美国学生成绩的细微上升与美国不断提高 STEM 教育分不开，但是美国学生的基础较差，要想在短期内取得明显的进步也不切实际，因此美国政府加大 K-12 阶段的 STEM 教育发展力度，关注学生 STEM 素养的提升。

2. 人才培养

目前，美国具有 STEM 专业知识的学生、教师和专家的数量不足。2011 年发布的一份《人力资源调查报告》指出，超过 50% 的美国雇主发现自己很难找到具备高等数学、高等物理、高等化学知识的员工。与美国 STEM 人才匮乏的现状相对应的是快速增长的需求量，美国本土的劳动力缺乏 STEM 职业所需的数学素养、计算机素养和解决问题的能力等，使外国人占据了许多中坚位置。但是，随着新兴经济的快速发展，许多高等人才和优质员工快速流失，造成美国 STEM 劳动力缺口增大，因此美国特别重视 STEM 人才的培养。

目前，美国面临高质量的数学和科学教师短缺的严峻问题。2005—2015 年，中学的数学和科学教师累计缺少近 30 万名。2007 年，美国大学协会对 62 所大学的 STEM 教师培养情况进行调查，结果显示大部分学校培养数学和科学教师，只有少部分学校培养技术和工程教师，可见科学和数学教师的培养在学校已经形成具体的模式，而工程和技术教师的培养还处于起步阶段。教师在 STEM 教育中起着关键作用，美国政府已经意识到教师的重要性，并且开始关注 STEM 教师的培养。2009 年，发起“为创新而教”计划中，奥巴马政府提出在未来 5 年内，5 个公共和私营部门为一万多名未来教师提供培训，同时支持现有 10 万多名 STEM 教师的专业发展。2012 年，启动“尊重项目”，政府提供巨额资金并提高教师地位，旨在打造一支全美 STEM 学科最优秀的教师队伍。2014 年，又提出 STEM 国家人才培育策略，针对中小学 STEM 教育提出切实、具体的规划，包括实现各州 STEM 创新网络合作、培训优秀 STEM 教师、建立 STEM 专家教师团、资助 STEM 重点学校和增加 STEM 科学研究投入等。

3. 工程教育

美国目前的状况是工程和技术人才缺口大，K-12 工程教育发展不足，而工程教育又能够充分利用科学和数学知识，因此美国特别重视科学、数学和工程教育。随着 STEM 教育的不断发展，综合性的跨学科教育的重要性越来越受到关注，因此工程教育成为研究和发展的重点。2013 年，美国发布的《新一代科学教育标准》指出，将工程教育列入基础教育，通过科学探究和工程实践向学生呈现科学与工程流程。此外，美国还采取很多措施支持工程教育。

（1）课程方面

各州设计单元课程和 PLTW 机构开发《技术之门》课程都是基于真实情境和问题，让学生围绕解决工程任务进行系列活动，从而了解工程流程，在此过程中综合应用其他学科的知识。

（2）项目方面

广大 STEM 学校与世界顶级名校以及本地知名企业建立长期合作的关系，以此方便学生进入大学实习、参与研究项目、修读大学课程，也鼓励学生进入职场实习、体验真实世界的 STEM 项目，在专业人士的指导下学习工程在实际生活中的应用，激发学生创新产品的积极性。

（3）政策方面

2009 年和 2010 年，美国相继发布报告《美国 K-12 工程教育：现状及未来》《K-12 工程教育标准》，分别对 15 种 K-12 工程课程进行评估，探索了制定和实施 K-12 工程教育标准的可行性，显示出国家对 K-12 工程课程的关注与重视。2013 年又发布《新一代科学教育标准》，将工程教育渗透到 K-12 阶段，强调工程教育从源头抓起；美国工程与技术委员会（ABET）对 21 世纪新的工程人才提出 11 条评估标准，指引工程教育的方向。

二、英国 STEM 教育的发展历史与现状分析

（一）英国 STEM 教育的发展历史

英国具有悠久的工业发展史并积极推崇新理念，一直以来被赞誉为发明家的摇篮。作为世界上强大的制造商，英国的科学技术水平首屈一指，虽然人口仅占世界的 1%，但是每年能够生产出 14% 的具有国际顶尖水平的科学研究。目前，英国面临着低水平成就的学生比例增加、STEM 相关人才紧缺的挑战。工程和科学行业是影响英国整个经济的一个重要因素，相关技能的不足将一定程度上限制英国整体实力的提升。为了应对这种挑战，英国政府非常重视教育改革和科研投入。

科学教育在英国普通教育中占有非常重要的地位。1988 年，英国议会通过《教育改革法》，在全国中小学实施“国家课程”，把数学和科学列为核心课程，这大大提高了科学课程的地位，并强调科学学习的核心过程是科学探究，注重学生的主体性和积极性。

此后，英国政府又先后颁布了 5 个不同版本的科学课程标准，增加了情境要素，在层次性和递进性上表述科学探究能力的发展水平。国家课程中也包括技术与设计课程、计算机课程等，充分体现综合课程的发展趋势。

2002 年，英国政府出台了加雷思 · 罗伯茨爵士的评论报告《为了成功的 SET》，该报告由工程学校、继续教育和高等教育审查并提出建议，立足于为社会提供高质量的科学家和工程师，重点关注大学科学与工程技术教育对人才的培养。

2004 年，由英国教育与技能部发布《2004—2014 科学与创新的投资框架》的十年

计划，该计划包括STEM教育的中心将拓展到科学教师和讲师的质量、学生在GCSE阶段的学习、高等教育中STEM项目的被选数量和从事研发事业的学生比例等内容。

2006年，在投资框架的基础上英国发布了《STEM项目报告》，英国工业贸易部和英国政府教育技能部（DFES）共同协调、参与STEM教育。该报告强调来自政府、社会、学术团体和慈善机构的多方合作所形成的内聚力是STEM项目的重要组成部分，并列出包括政府政策、相关人员参与保障、建立传递体系等17条行动方案。

2007年，报告《力争上游》指出，英国具有高水平的竞争力，但是仍需要加强科学和技术教育，英国政府重点关注提高合格的STEM教师人数、增加青少年学习科学的人数、完善职业咨询机构、建立国家和科学大赛，以此激励年轻人从事科学和工程事业。

此后，英国政府加大对STEM教育的支持力度，尤其重视学生的学习质量和STEM教师的专业发展。政府扩大资金支持，保证STEM教育的有效实施；大学与学院之间进行联盟，增加交流；政府和基金会共同创建国家STEM教育中心、物理实验室和网络平台，为STEM教师和学生提供丰富的课堂资源和学习场地；给STEM教师提供职业发展的权利，提升STEM教师的地位，及时更新教师的知识储备并提升教师的职业技能；政府鼓励学校积极与企业进行密切联系，聘请专业工程师作为辅导老师，给学生提供企业车间作为学习和研究的场地，将课堂拓展到课外，增加学生理解工程与技术的过程，提升理解工程师工作责任的意识和从事STEM相关职业的意识。

2014年6月，英国皇家学会发布了《科学与数学教育愿景》报告，为英国未来20年的教育体系改革绘制了路线图，目的是提升国民的科学素养，满足未来的人才需求。该报告重点提出五点建议，包括：将科学和数学课程作为必修课延长到18岁，培养学生的STEM职业意识，课程改革要具有持久性和稳定性，教师成为教育评价的主体，提升教师的地位并促进教师专业发展。

英国教育部在2015年之前共投入1亿3500万英镑用于改善科学和数学，还提供大量的奖学金吸引成绩优秀的大学生及研究生进入校园从事数学和科学科目的教学。

（二）英国STEM教育的发展现状

英国非常重视科技的发明与创新，在科研方面的影响力高于美国。自2000年第一次PISA测试以后，英国就积极参与其中，并把学生成绩在PISA中的排名作为经济繁荣的晴雨表。近些年英国学生的成绩虽然处于世界平均水平之上，可是出现了下降的趋势，低技能水平的学生比例渐渐增大，低技能将会给经济体带来损害和长远影响。因此，英国政府加强STEM教育的发展与研究。下面主要从学业水平、人才培养和工程教育三个方面进行现状分析。

1. 学业水平

英国学生的科学和数学成绩虽然在世界平均水平之上，但是最近出现了下降的趋势。

英国Shell教育研究机构对学生科学态度进行评估发现，学生16岁后对科学的兴趣逐渐降低，并缺乏参与科学活动和选择科学职业的良好意识。英国皇家学会调查显示，大量英国青少年的数学成绩令人担忧。

英国积极参加国际学生学业水平的评测项目，并把它们作为英国经济繁荣的晴雨表。2011年，TIMSS评估结果显示，在数学和科学上，10岁、14岁学生的表现与2007年相比都有明显的退步，英国教育部认为这与数学和科学在义务教育中长期不被重视有关。

2000年，英国参与了第一届由经济合作与发展组织（OECD）开展的国际学生评价项目（PISA），英国学生的数学、科学和阅读成绩在国际上都比较靠前。2005年，OECD评估结果显示，英国学生科学能力远高于国际平均水平，但是很多学生的成就较低，英国所面临的挑战是确保科学的教学能够满足所有学生的需求。2012年，PISA的结果显示，英国学生的成绩排名跌落到20名开外，数学科目在65个参赛国家和地区中排名降到26名。在经济与信息快速发展的时代，数学与科学是科技发展的关键，英国意识到其科技强国的地位将遭到威胁。

2. 人才培养

英国面临科学、技术、工程和数学领域高技术人才短缺的问题。事实上，英国很多青少年可以在普通中等教育证书（GCSE）考试中取得高成绩，从而进修高级水平课程（A-Level）。据统计，从2003年到2013年参加A-Level STEM学科考试的人数比例上升了3.6个百分点，但是总需求量却远远高于培养的专业人数。英国工商业联合会（CBI）报告指出，40%的雇主很难招募到STEM技能人才。

STEM技能对英国经济来说是根本，英国在科研方面的影响力高于美国。英国在科研方面的花费占世界总额的4%，科研人员占全球的6%，科研人员所撰写的论文数量占世界总量的20%，引用率更是高于平均水平。英国为了保持其科研在全球的领先地位，期望通过教育改革，提升STEM教育质量，为社会输送更多合格的STEM人才。

英国学者认为教育改革是一个长期的过程，教学质量最终取决于教师的质量。招聘高质量的教师和讲师能够提升学生学习的效率，丰富学生STEM学科的知识。因此，英国政府特别重视STEM教师的培养，为教师提供教师专业发展的权利（CPD）和丰富的网络资源等。

虽然英国在教师培养方面非常重视，但是近年来存在教师社会地位偏低和学科专家型教师数量短缺等现象。英国教师工会在2014年进行的调查表明，一半以上教师的工作满意度低于上一年，多数认为工作负荷过重，薪资待遇水平低。同时，英国仅有3%~5%的小学教师具有科学和数学专业的本科学位，中学更是有20%以上的教师不具备所教数学、物理和化学等相应学科的本科学位。因此，英国政府推出的《科学与数学教育愿景》中建议将教师的专业发展与职位提升建立联系，促使教师不断更新和强化自己的学科知识和教学技能。

3. 工程教育

STEM 教育融合了科学、技术、工程与数学学科，强调通过实践性的工程教育来整合 STEM 领域的学科内容，从而实现学生综合素养的提高；英国自从开设国家课程以来，就在义务教育中开展《设计与技术》课程，并加强计算机的学习。目前，英国面临工程师数量紧缺，工程教育发展不足的挑战。英国政府意识到工程教育在整合 STEM 学科知识方面的重要性，积极采取措施进行改进。

（1）《设计与技术》课程以立法的形式作为中小学的基本课程之一，逐渐以基于情境、基于项目进行课程设计，增加学生了解工程过程的机会。

（2）约克大学 CIEC 项目开发单元课程，通过系列活动让学生完成工程任务，体验工程流程，增加对工程流程的认识和工程工作环境的了解；鼓励学生投身工程事业。

（3）实施“科学与工程大使”计划，将科学人才的作品放到中小学进行展示；招聘工程师进入中小学进行课堂指导，鼓励学生接触工程，拓展对工程的了解和就业。

（4）进行“公司参与教育”活动，鼓励小规模企业与学校建立紧密的联系，更好地为学生的学习、工作和发展提供场地、指导和支持。

（5）建立良好的职业指导标准，使工程教育更好地满足年轻人的广泛要求；教育效果和事业支持都能得到高度评价。

三、其他国家

在英美 STEM 教育的影响下，世界各国都在自己国家的教育背景下进行 STEM 教育发展与研究。

德国作为欧洲的主要经济体，一直具有稳定的工业和完备的职业教育体系，但是德国仍然缺乏 STEM 领域的高质量人才，2012 年仅工程师的缺口就高达 10 万。德国认为专业技术人才的创造力可以解决当前科技发展中遇到的问题，能够迎接未来的挑战，因此德国着重关注学生在 STEM 职业上的兴趣和发展，高质量 STEM 劳动力的匮乏成为德国发展 STEM 教育的动力。德国在多个政府报告上提到 STEM 教育及其相关领域：2008 年发布的报告《通过教育前进——德国资格证倡议》呼吁女性进入 STEM 职业领域，并取得较好的成果；德国的一项报告指出，德国教育系统的关键在于整个教育层面实施 STEM 教育，而且将在全国开展学校 STEM 课程。同时，德国还建立了“校园实验室”，即在学校增加了 300 多所课外教育设施，培养更多的工程师和科学家；大型企业承担一系列 STEM 教育项目，支持当地的 STEM 教育。德国目前呈现出全面、全民参与 STEM 教育的局面。

相比较于英美德等国家，我国目前还没有在政策文件中正式提出 STEM 一词。我国在基础教育改革的进程中，非常关注学生问题解决能力的培养，受国际 STEM 教育的影响，相关学者和专家加大了对 STEM 教育的研究力度。目前，我国对 STEM 教育的研究还处在起步阶段，多数集中在理论介绍、报告解读等方面，缺乏必要的课程实践研究。随着国际对 STEM 教育实践研究的加强，我国学者也开始关注 STEM 教育实践的研究。上海和江苏南京都成立了 STEM 教育云研究中心，为社会和学校提供研究案例支持；部分学校开始与高校研究中心进行合作，将本土化 STEM 课程引进学校进行实证研究；《科学教育课程标准 3~6 年级（试验稿）》明确指出采用探究性教学模式增加学生的科学知识，提升学生解决现实问题的能力，实现我国素质教育的目标。

第四节 STEM教育的价值

全球化加速了创新驱动经济升级发展，刺激美国将 STEM 教育提升到国家战略高度，并通过立法提升全民的 STEM 素养。历经近 30 年的发展，STEM 教育受到全美各阶层的广泛关注。基于一体化、全方位、立体式的建设模式，STEM 教育发展迅猛，带动了课程建设与评价、教师教育、职业教育等变革，对美国教育改革、经济发展、社会公平和人力资源储备产生了积极影响。美国的 STEM 教育对中国开展 STEM 教育、发展科学教育和培养创新型人才具有启示作用。借鉴美国 STEM 教育成功经验，中国需要走 STEM 教育本土化路线，加强学校教育各学段科技创新人才培养体系的连贯性，强化政府在教育与人才战略中的积极导向作用，加快立法建设，鼓励企业界等社会单元积极参与到教育发展与人才建设的工程中来。

STEM 教育在实践中体现了一定的教育价值，促进了学科之间的整合，激发了学生对领域的学习兴趣，提高了学生在领域的学习成就。STEM 教育高度关注了科学、技术、工程和数学学科教育，并将分散的学科教育集合成一个新的教育整体，通过课程改革融合科学、技术、工程和数学学科的内容，从而培养出具有综合素养、能应对复杂变化的新时代公民。在教育的实践中，高校、教育部门、社会机构等都广泛参与进来，开发了整合学科的项目和课程资源，深化了课程综合化的范围和程度，促进了领域各学科教育的发展。通过这些努力，教育对学生和教师产生了较为积极的影响。在集成性的多样化主题的项目和活动中，学生通过合作和交流的形式进行探究和设计，提高了对领域内容的兴趣与参与度，增进了对领域内容的认识和理解，培养了其综合分析问题的能力和有效解决问题的能力，提高了在领域的学习成就，推进了对领域职业的追求。学科教师通过参与高校职业发展项目的学习和对课程内容的教学，在原有孤立的学科素养的基础上获得了一种综合理解。

在世界多极化、经济全球化背景下，科技创新成为驱动经济发展的关键动力，科技人才是国家科技实力、创新实力和竞争力的重要体现，因此培养科技人才、提升创新能力成为各国教育的重要内容。近年来，STEM 教育被视为培养学生科技创新能力的有效方式受到世界各国的广泛关注。STEM 教育并非四门学科的简单组合，而是一种贯通学科知识、联系真实世界、以问题为导向的学习方式，通过训练解决问题所需的技能和素养，培养职业兴趣以提升个体的竞争力。美国 STEM 战略落实的成功经验为中国教育发展以及人才政策提供启示与借鉴。

一、多学科交叉融合，实现跨学科式教育

传统教育将知识按具体学科划分，割裂了学科与学科之间、学科与真实世界之间的联系，不能有效培养学生解决实际问题的能力，使学生的学习缺乏真实性和创造性。STEM 教育从真实问题出发，以多学科交叉融合的理念为指导，在解决问题的过程中灵活运用科学、技术、工程和数学学科知识。这种多学科相融合的教育方式使学习与实际生活密切相关，满足了学生的认知需要，而且通过提供多门学科的方法和视角，提高了学生运用多门学科知识解决实际问题的能力，有利于解决学校课程滞后与学科发展之间的矛盾，增强学生对社会和未来的适应性。在此过程中，一方面，学生根据具体问题灵活选择相应的学科知识；另一方面，学生在解决问题的过程中，进一步加深了对学科知识的理解。STEM 教育从多学科的视角来培养学生解决实际问题的能力，提高 STEM 素养，实现跨学科教育。可以说，跨学科式教育是 STEM 教育的核心价值。

二、基于真实问题情境，回归现实生活

STEM 教育注重学生学习与实际生活之间的联系，教育学生要立足于生活，从真实生活中的问题出发，强调“做中学”“学中做”的教学理念，开展基于真实问题情境的探索式学习。STEM 教育认为知识蕴含在真实的问题情境中，教师为学生创设情境，学生利用多门学科知识积极探索，培养发现、分析和解决问题的能力。真实问题成为贯穿整个学习过程的主线，把核心问题转化为一系列的学习任务，学生通过高投入的实践探索，达到对知识的意义建构和深层次理解。在 STEM 教育中，上课地点不再是黑板加粉笔、课桌椅子整齐摆放的教室，而是在配有平板电脑、传感器、电路板、单片机、模板、画刷、3D 打印机、电线、体感设备等先进科技工具的环境中。学生使用先进的学习工具，通过自主、协作和创造性地应用多门学科知识，解决实际问题，提高能力。此外，在学习过程中，教师还要为学生创设不同的问题情境，通过在多种情境下的迁移运用，培养学生的发散思维和创新思维，进一步巩固和深化所学知识，达到深度学习的层次。

三、重视学习过程，加强学习体验

学习的实质在于对过程的体验、思考和感悟，而非体现在试卷上的学习结果。STEM 教育重视学习过程，强调学生主动、积极参与到学习过程中。学生通过观察与实际操作来获得真实的学习体验，在学习体验中探究、反思与提高，实现理论知识与实践技能的有效衔接，促进知识的深层次建构。STEM 教育通过为学生提供多种真实情境和先进工具，加强学生的学习体验。学生应用科学、技术、工程和数学多门学科知识，协作和探究式地解决实际问题。在参与和体验学习的过程中，学生不仅获得了结果性知识，更重要的是提高了学习能力，学会了从多学科、多视角、多维度来分析和解决问题，收获了蕴含在真实问题情境中的过程性知识，实现了从“学会”到“会学”质的突破。例如，美国科罗拉多大学的博尔德分校在“整合学与教”的项目中开设了一个有关空气污染的 STEM 课程，通过学习，学生不仅掌握了气象的概念以及空气污染的来源、途径和预防等方面的知识，更重要的是在探索发现的过程中提高了他们应用工程、技术等学科知识发现和解决真实生活中关于空气污染问题的能力。

四、技术作为支持工具，有效开展学习活动

技术不仅是 STEM 教育的重要组成要素，也是整个教学得以开展的核心支持工具，无缝融合到学习活动的各个环节。这里的技术工具不单指前面提到的 3D 打印机、电路板、传感器等硬件设备，还包括 Scratch 可视化编程软件、思维导图等认知工具。认知工具是指帮助学生进行认知处理的计算机技术，即用来培养学生批判性思维和创造性思维的各种软件系统。现简单介绍 Scratch 可视化编程工具，该工具由麻省理工学院开发，旨在提高青少年的编程能力，是目前风靡全球的可视化编程软件。Scratch 不仅操作简便，界面大方，使学生在游戏、活动和创造中提高能力，而且该工具可以连接多种硬件系统，实现“软硬互通”，如 PicBoard 传感器、Arduino 单片机等硬件平台，把虚拟世界和真实世界联系起来。美国学者 Yakman 于 2011 年 6 月在 MIT 网站开设 Scratch 课程，一经上线就受到学生的喜爱。在 STEM 教育中，学生在教师的引导下使用技术工具来分析与解决问题，在这个过程中锻炼了学生的动手实践和探索发现能力，提高了技术素养。

总之，STEM 教育是一种以真实问题解决为任务驱动、立足学习过程、多学科交叉融合的跨学科式教育，以培养具有科学素养和创新实践能力的人才为根本目标。学生在获取知识、探索意识、学科融合、技能培养和问题解决等方面的能力都发生了质的飞跃，这是 STEM 教育目标的具体体现。

第五节 应时应势的STEM教育

在全球化和信息化时代，教育的新概念层出不穷。进入21世纪以来，发端于美国的STEM教育开始席卷全球，引领了21世纪的教育改革。众所周知，STEM是科学（science）、技术（technology）、工程（engineering）、数学（mathematics）这四门学科英文首字母的缩写。STEM教育旨在打破学科领域的边界，促进多学科知识的综合运用，提高学生的探究能力和解决实际问题的能力，确保他们能够应对现代社会因经济和科技飞速发展所带来的转变和挑战。

自第一颗人造卫星发射成功开始，颇具危机意识和竞争意识的美国就深刻认识到科技人才是国家竞争力的核心要素。1986年，美国国家科学理事会首次提出“科学、数学、工程和技术集成”的纲领性建议，这被视为倡导STEM教育的开端。在其后的近30年时间里，美国通过政府的顶层设计，并集结联邦政府、各州各地方政府、相关研究机构、非营利组织以及社会人士等各方力量，投入大量资金和人力致力于发展STEM教育，积极为创新性人才培养提供支持。

目前，越来越多的国家开始重视STEM教育，将加强STEM教育视为应对未来社会发展所需人才战略的重要实施途径。这是由社会发展的“时”和“势”决定的，随着市场经济的发展与冲击，经济全球化势不可当。人工智能和大数据等创新技术在促进经济迅猛发展的同时也日益改变了我们的日常生活——从粮食种植和医疗保健的提供方式到人类的各类迁徙、经济消费和信息评估，以及人类在地球上的生存与互动方式……这个时代正面临着前所未有的巨大挑战，更有人提出我们正处于第四次工业革命之中。几乎所有的创新领域和职业都离不开STEM知识与技能，正如美国国家科学理事会所言，估计未来近80%的工作岗位都需要求职者具备数学和科学方面的知识和技能。显然，如何通过教育来维持国家在未来创新社会中的竞争力是世界各国需要共同面对的问题。

STEM教育已经不仅是教育变革，而是从整个国家战略层面上提升国家科技竞争力和培养创新人才的筹谋与准备。

第六节 STEM教育的本质

一、旨在培养下一代的STEM素养

“为未来做好准备”是教育的基本价值，STEM教育要求学生具有的批判性思维、

创造力、合作能力和沟通能力与目前各国 / 地区及国际组织提出的 21 世纪人才素养要求不谋而合，只有具备相关潜在思维倾向和知识的人才能在 STEM 驱动的经济和社会中取得成功。

STEM 教育的基本目标是培养学生的 STEM 素养，即个体识别和应用来自科学、技术、工程和数学领域的概念和内容，以及理解并创造性地解决现实挑战或问题的能力。

对于 STEM 素养的内涵理解，主要从两个角度呈现：一是基于还原论观点，将 STEM 素养分解为 STEM 各学科素养；二是从跨学科整合的视角，探析 STEM 素养的基本含义。

（一）STEM 素养的学科观

STEM 各学科素养包含科学素养、技术素养、工程素养和数学素养。经济合作与发展组织、美国大学入学考试委员会、我国教育部高等学校教学指导委员会等专业机构都对 STEM 各学科素养进行了基本界定。

1. 科学素养

在 2015 年国际学生评估项目科学素养测试的评价框架中，科学素养被定义为，运用科学知识（如物理、化学、生物科学和地球空间科学）理解自然界并参与影响自然界有关决策的能力。科学素养具体表现在三个方面：一是科学地解释现象，能够认识一系列自然现象和技术产品，并提供评价和解释；二是评价和设计科学研究，能够科学地描述、评价科学研究，提供解决问题的方法；三是科学地解释数据和证据，即分析评价数据和各种不同方式表示的参数，并得出恰当的科学结论。

2. 技术素养

国际技术教育协会将技术素养定义为使用、管理、理解与评价技术的能力，具体表现为对技术本质的理解、对技术与社会关系的理解、对设计的理解、对人造世界的理解以及对技术化世界的适应。

3. 工程素养

工程是以一系列的科学知识为依托，应用这些科学知识并结合经验的判断，经济地利用自然资源为人类服务的一种专门技术，也是服务于某个特定目的的各项技术工作的总和。所谓工程素养，就是对工程设计的技术与开发过程的理解能力。工程课程的内容往往是基于各种项目，整合多门学科的知识，将难以理解的概念与学生的生活紧密联系，从而激发学生解决问题的兴趣。

4. 数学素养

数学素养指的是个人在各种情境中发现、表达、解释和解决数学问题的能力，具体包括：数学推理能力；运用数学概念、过程、事实和工具来描述、解释和预测现象的能力；认识数学在世界中的作用，并成为一个关心社会、有建设性和反思性能力的公民，对相关数学问题做出判断与决策。其中，数学的核心素养包括逻辑推理与论证、解决问题、数学建模、数学表达、运用符号和工具以及交流的能力。

如果没有 STEM 教育，上述四大素养也可以通过其他教育形式来培养，但 STEM 教育存在的意义绝非只为体现人们对于未来社会人才规格的基本共识，最重要的是通过 STEM 教育使学生学会领域“融通”，并以“融通”的方式处理学习和现实中各种复杂、真实的问题。显然，按照学科分类、知识分层来培养教师和学生的传统教育很难达到 STEM 教育这样的目标。

（二）STEM 素养的整合观

有研究者提出，应该将 STEM 素养视为一个整体性的概念，以整合的视角来分析 STEM 素养的内容构成。这方面比较有代表性的是美国科学教育专家拜比。他认为，STEM 素养包括概念理解、过程性技能以及解决与 STEM 相关的个人、社会乃至全球问题的能力，具体包括：①分辨生活情境中的问题，理解基于证据的 STEM 相关问题的结论；②从知识、探究和设计的角度理解 STEM 学科的特点；③意识到 STEM 学科对物质、精神、文化环境的影响；④愿意参加与 STEM 相关的事务，成为一个有建设性思维、关心社会、有反思能力的公民。

2012 年，美国学者佐罗门在布鲁姆教育目标分类理论的基础上，将 STEM 素养的构成分为三个层次：第一个层次是科学、技术、工程、数学以及其他相关领域的素养；第二个层次是认知、情感、动作和技能等学习领域的能力素养；第三个层次则是个人适应并接受由新技术驱动而产生变化的素养。他认为，STEM 素养不应该囿于内容领域，而应当将其视为一种开展深层次学习（包含技能、能力、事实性知识、程序、概念和元认知能力）的方式。

STEM 教育关注科学、技术、工程和数学领域各门学科内容的整合，致力于让学生融合 STEM 学科的知识与技能，并用其解决实际问题。

二、STEM 教育是建构主义教育理念的实践典范

STEM 教育以建构主义为指导思想，力求达到实践学习和心智学习的协同发展。建构主义是一种认识论，强调的是知识获得的方式方法，即在一定的环境中由学习者基于自己的“经验”主动“建构”而获得知识。其中，建构的途径包括动手实践操作和与他人的互动交流。建构主义曾深刻地影响了现代教育，尤其是科学教育，促成了幼儿学习和教学范式的转变——由传统的“讲授式”发展到了“探究式”，由关注结果转变为关注过程。

在当代科技的迅猛发展下催生的 STEM 教育，在性质和实践上与传统的科学教育有着本质的区别。首先，它体现了更大的领域综合性，科学、技术、工程和数学这几个

STEM 主要领域在不断交叉融合，尤其是科学和技术领域已相互融合成为一个整合的系统，同时，科学教育也正在转向科技教育。STEM 的这类特性为研究和解决复杂问题提供了更加广阔的天地。其次，STEM 概念的提出本身就是其实践性的体现，它强调问题引领和实践活动，并以工程领域为核心来进行领域整合。最后，专业共同体的作用日益凸显，当代科学研究工作都是由科学技术专家合作完成的，是研究小组的集体成果。这种变化要求学校更加应该把培养学生的团队精神和合作能力作为 STEM 教育的重要目标之一。

STEM教育的这类变化对传统的科学教育提出了更大的挑战，它不仅需要获取、理解、运用知识，更需要协同合作、勇于调整、不断创新。从这个意义上来说，STEM 教育从本质上比现代的科学教育更为贴合建构主义的要义，因为建构主义教育本身就聚焦于现实的问题情境，通过情境引发学习者的兴趣与动机，注重实践、注重动手、注重过程，更重要的是它强调多元、开放、迭代和优化。因此，STEM 教育被称为是建构主义教育理念的实践典范。

三、STEM 教育的理念、内容和方法

从定义来看，STEM 教育是指在科学、技术、工程和数学领域的教与学，它几乎涵盖了所有年龄段和所有形式的教育活动：从学前教育到高等教育，从正式学习到非正式学习。有学者指出，STEM 从构成来看与单词“stem”（干细胞）相同，可以理解为 STEM 蕴含了干细胞“未充分分化、具有再生各种组织器官的潜在功能”的隐喻；当初，美国国家科学理事会将“SMET”改为“STEM”，除杜绝谐音的不雅外，还期许 STEM 教育能激发学习者的学习潜力，“再生”出鲜活的知识和能力，并走出一条科技和人才培育的创新之路。由此，我们也可将 STEM 教育理解为“能再生组织”的教育，是一种真正的创新教育。

从教育内容来看，STEM 教育包括以下四门学科的教学。

（1）科学：科学是寻求对自然世界的理解或认知，是关于“是什么”“为什么”的知识，是通常需要工具来协助寻找答案的过程和方法。例如，不同材料承受张力与压力的能力不同，根据科学知识，让学生使用相关方法和工具探究其之间的关系。

（2）技术（产品和工艺）：技术是为了解决实际问题而去改变世界的手段，是工程设计的结果，是关于“做什么”“怎样做”的方法、技巧以及相应的工具和产品。从严格意义上讲，技术并不是一门学科，它是由技术人员创造的用于满足社会需求和愿望的技巧与方法。例如，利用和改变材料的形状可以实现特殊的功能，测力计可以用于测量力的大小，计算机可以完成场景的模拟、各种计算和程序的运行。

（3）工程：工程是使用科学知识和技术来设计满足社会需求的构造、产品和工艺，

重在提供解决问题的方案设计、体现解决问题的程序或过程，包括明确任务、初步设计、画图标识、计划步骤、原型试验、修改原型、产品定型等。例如，工程师应用科学、技术、工程与数学知识，完成工程设计；在评估设计方案时，考虑一系列约束条件（包括成本和美学）以及社会与环境的影响；根据检验结果对设计方案做出改进。

（4）数学：支撑着其他学科，是对现象进行量化、对系统行为进行建模和预测的学科。在对客观世界进行描述或运算时，它表现为一种测量方式，包括测量数据、数据列表、曲线描绘、数学关系描述等。例如，用表格呈现数据，按比例用桥梁模型尺寸计算实际桥梁尺寸等。

STEM 教育并不是单纯的学科的加减与领域的拼凑。STEM 教育的初衷是以现实情境中的复杂问题为中心，以趣味活动的形式让学生对其所在年龄段应该掌握的知识产生好奇心和兴趣，通过跨学科整合与知识应用，提出多样化的问题解决方案，并在此基础上实现创造、创新。它的本质是推动不同领域学科知识之间的整合，打破学科之间的壁垒。因此，侧重内容维度实践的研究者会更多地把 STEM 教育看成是解决真实世界问题的一门新课程，甚至是跨学科、跨学段连贯的课程群；侧重 STEM 教育方法和策略的研究者则更关注如何通过引导性的教学手段将四门学科融合为整体的方法，即把学生学习到的多学科零碎的知识与机械的过程转变为相互联系的、不同角度的过程，从多角度来看待这个复杂的世界。在这个过程中，我们可以基于科学情境，结合技术与工程活动；也可以基于实际工业情境，融合科学问题与工程技术；甚至可以基于生活情境，巧妙融合科学、技术和工程问题。

作为一种新型的学习方式变革，STEM 教育有着鲜明的实践性特点：第一，STEM 教育强调的是现实生活中的“真问题”，这些“真问题”体现的是社会生活和其他学科中的现实性与实际应用性，让学生真切地看到其对改善生活、推动社会发展的价值；第二，STEM 教育使用的是未明确定义的开放式问题，这类开放式问题需要学生基于自己的理解对问题进行界定；第三，STEM 问题的解决需要融入一门或几门不同学科的内容、技能和思维方式；第四，STEM 教育要求学生通过合作学习或协作学习方式解决问题。良好的 STEM 教育通常具有多点切入和包容性强的特征，它能使不同学习程度的学生都能发现自己要解决的问题是有趣的，而且是有挑战性的。

第七节　STEM教育：一个不断生长的概念与领域

作为教育领域的一个新热点，进入 21 世纪以后，STEM 教育从理念、政策转化为实践的过程经历了一个加速期，尤其是中小学阶段逐渐成为 STEM 教育的一个主阵地，STEM 教育的概念和内涵也在广泛的实践中获得了进一步的延伸与发展。

一、STEM 教育在学科综合上的延展

STEM 教育本身是理科综合教育，但事实上，学科综合是可以不断拓展的。

例如，STEM 加了艺术（art）就成了 STEAM，再多一个阅读（reading）就演进为 STREAM。此外，目前更多出现的是 STEMX，这个“X”为 STEM 教育的领域拓展与概念生长提供了无限可能：“X”既可以指代任何领域的学习，也可以代表学生科学精神和综合能力的延伸，强调社会价值、人文科学、信息技术与 STEM 的融合，以及学生智力与非智力的融合。当 STEM 教育进入中国，它又转而演变成 STEM+，这个“+”意味着中国的本土化实践。

不断生长和蔓延的 STEM 教育引发了身份认同的争议。《2017 中国 STEM 教育发展报告》指出：“领域整合的自由添加，到了最后就淹没了概念本身的含义，似乎课程中的所有内容都是重要的、缺一不可的了。然而，当什么都重要时，其实就什么都不重要了。”所以，不论概念如何延展，我们需要有认识上的共识，即认识到世界范围内开展 STEM 教育运动的初衷和目标，了解当前教育面临的最大的问题是什么。

为什么我们需要 STEM 教育？在现行的教育中，我们熟知科学和数学，但对工程和技术了解甚少。如果说科学家的工作就是提出“为什么”并对之进行探究，那么工程师的工作则是如何“实现”这些科学探究的结果，并把它们设计成产品从而获得经济和社会价值。求知是人类的精神追求，但在现实生活中，人类更需要运用所知来改变生活。教育从来不是培养“书呆子”的，而是培养能够改造社会、提升人类福祉的优秀劳动者，批量地、有质量地培养 STEM 人才是时代赋予教育的使命。显然，在这种价值取向下，STEM 所包含的技术与工程绝不是对现有科学和数学的简单附加，而是这四个领域必须有机整合成相互联系、密不可分的整体。事实上，STEM 学习是以工程设计为主导的，技术不仅是工具，更是工程设计活动的产品。因此，如果 STEM 课程没有要求学生设计、改进并创造技术，那么学生其实没有学习到真正的 STEM 课程。

二、STEM 教育在践行领域的延展

各国政府和教育专业人士认识到，为了更好地应对未来社会的变化，STEM 教育需要更多的社会支持、更广泛的参与和更深入的实践。2016 年 9 月 14 日，美国教育部与美国教育研究协会综合了相关学者对 STEM 未来十年的发展愿景与建议，联合发布了名为《STEM 2026：STEM 教育中的创新愿景》（STEM 2026：A Vision for Innovation in STEM Education）（以下简称《STEM 2026》）的报告，明确了 STEM 教育创新面临的八大挑战。其中，早期教育、网络化实践社区、非正式 STEM 学习、公平的 STEM 教育

等都应该也必然会成为 STEM 教育的重要生长点。

有趣的是，随着 STEM 教育变革的日益深入，有部分研究者呼吁要防止其成为一种教育的“运动口号”。例如，越来越多的教育利益相关者都在强调 STEM 教育的重要价值，并力图和他们的所思所行联系起来，以便向政府或其他机构谋求更多的政策和资金支持；或者将 STEM 教育塑造为一种教育噱头进行相关教育产品营销。从目前社会发展的实际来看，这显然并非危言耸听，反观国内，各种玩具开发商和教育培训机构都开始尝试将 STEM 教育作为一个新的盈利点。那么，如何让正确的理念映照到现实并在教育的各个阶段因地制宜地进行 STEM 教育，这不仅要依赖社会发展环境和政策的引领，更离不开各教育研究机构、学校和外在各类行业机构的理论支撑、资源投入和实践探索。

第二章 STEM项目活动理论知识

第一节 STEM相关术语

STEM是科学、技术、工程、数学四门学科英文名称首字母的缩写。其中，科学在于认识世界、解释自然界的客观规律；技术和工程则是在尊重自然规律的基础上改造世界，实现对自然界的控制和利用，解决社会发展过程中遇到的难题；数学则是技术与工程学科的基础工具。由此可见，生活中发生的大多数问题都需要应用多种学科的知识来共同解决。

一、相关术语

1. 基于项目的学习（PBL）

基于项目的学习是一种以学生为中心的教学模式。这种学习能通过推动“学生探究”的拓展任务和“真实评估”性的学习产品和表现来开发认知领域的知识和技能。学生探究是一种教学模式，在这种教学模式中，学生在教师和其他成人的指导下提出问题，并在他们的支持下来探究和发现这些问题的答案。真实评估要求学生完成真实的任务，而不是通过回答试卷上特定的问题来展示他们学习知识的情况。基于项目的课程是由几个重要问题引导的，这些问题将内容标准和高级思维与真实情境紧密联系在一起。其特点是：①学生处于学习过程的中心位置；②项目中关注了学习目的，使其与课程标准相一致；③项目由框架问题驱动；④项目包含了过程性的、多种类型的评价；⑤项目包含相互联系的、能持续一段时间的任务和活动；⑥项目与真实世界有联系；⑦通过发布和演示作业与表演，学生展示学到的知识和技能；⑧技术的支持促进了学生的学习；⑨思维技能整合于项目学习。

2. 基于问题的学习（PBL）

基于问题的学习具有丰富的背景，但是相关的文本和信息却颇为贫瘠。这种学习方法侧重于让个人或者小组清楚地识别出要解决问题必须得到的信息，识别出合适的资源与信息来源。基于问题的学习的目的是对问题给予清楚、准确的描述，这一陈述既引导学习过程，也指导探索相应主题所需要的活动。

3. 专业学习共同体（PLC）

社区的医生、学生、行政人员、社区利益相关者以及负责制定培养方案的工作人员，他们工作的目标是建立共同的语言、期望和标准，最终的整体目标是改善学生学习的效果，依据承诺的水平不同，专业学习共同体具有为数不多的利益相关群体，这是常见的情况。

4.STEM 项目学习

对学习结果有明确的定义，对学习任务的定义则较模糊，学生在情境背景很丰富的情况下执行学习任务，要求他们解决好几个问题。全面考虑所有问题，就可以看出学生对 STEM 学科中各种不同概念的掌握情况。采用 PBL 教学法是利用项目来开展学习，相关项目经常会导致不同学习效果的出现，超越原来预期的学习结果。学习过程富有活力，应让学生用不同的学习过程和学习方法来探究同一个项目。通常来讲，项目的信息比较丰富，但是对学生的指导则停留在最低限度。信息的丰富性经常与学习的质量和学生的投入度直接相关。项目的信息经常是多方面的，包括背景信息、图案、图片、规范、叙述、笼统和具体的期望，在很多情况下还包括形成性的和终结性的期望。

二、设计要求

1.PBL 的参数

设计要求包括约束性规定和设定标准，有可能会包括设定评估标准、清晰地说明学生所要交付的内容和勾画出项目学习方法的探究过程中所需要的条件。

2. 约束性规定（边界）

作为项目的一部分确立 PBL 活动中产生的参数。设计过程和结果都有约束和规定，约束并不是标准的同义词。约束的具体内容有可能是：展示介绍必须包括研究和市场内容，不超过 3 分钟；任何两个拼图都不得重复；船必须在水面上漂流 2 分钟；不削减材料。要想完成一个项目，就必须符合所有的约束性规定。

3. 标准

为了支持特性而书写成文的条目，可以分等级，或者表达出专业与新手学习知识之间的持续性。整体来看，这些标准用于评估。用设计者定义的标准，在合理的设计中做选择，可能会包括令人惊叹的因素，比如个人洞察力、复杂性、新颖内容或者成本。

4. 相关性

基于项目的学习应该建立课堂学习与现实世界的联系，也涉及方便学生发展出对项目的个人情感，培养学生对解决项目中各种问题的“买进”态度。

5. 评价量规

在项目开始之前，学生共同制定评价量规，提供清晰的标准，用它对学生个人或者团队所达到的期望进行分级。可以设置多种评价量规来评估不同的内容（合作性、互助性、表达能力、内容、完整性、语言、视觉感和市场受欢迎度）。评估者可以是个人、同伴、同学、教师、行政工作者或者来自外面的利益相关者。

6. 小型学习共同体

要确保所有学科的教师（如数学、科学、社会学科、阅读 / 语言艺术）都在教同样的学生，而且有同样的教学计划，并使用同样的行为管理计划和有同样的学生表现期望，如此才能组成小型学习共同体。小型学习共同体给教师们提供了机会，让他们能够更熟悉自己的学生，并就一些常见问题和教学进展情况进行沟通。

7. 学生期望

清楚地定义对学生的期望，有助于促进教师教学、学生学习和评价这三个因素的一致性。

8. 目标

目标是指项目中要完成的任务。

9. 角色

这里的角色是指学生在项目中所扮演的角色。

10. 对象

这里所谓的对象是指在项目中学生扮演的角色所服务的个体或群体。

11. 情境

这里的情境是指项目实施的背景或环境等。

12. 产品

这里的产品是指项目的成果。

第二节　对STEM的深入认识

我们怎样才能把创客和 STEM 课程融合在一起，既能够培养孩子创新能力，又能够开展 STEM 教育？如何深入探索中国 STEM 教育的实践路径？应该努力让 STEM 教育惠及最广泛的学生群体，让科学思维与创新能力成为每一个孩子的成长基因。

一、创客与STEM整合的课程体系建设

STEM教育涵盖科学、技术、工程、数学等领域，而创客教育是提倡把自己的创意设计物化，这两者有区别但又紧密联系。什么样的课程能够称得上好的STEM课程？

（1）必须围绕核心概念整合内容，有学科的核心概念，有跨学科的核心概念，还有工程实践，并且要用核心概念整合内容，这些都很重要。假如在小学开展STEM教育，那么最基本的依据就是小学科学课程标准。

（2）基于学习进阶确定年级分布。STEM教育很重要的是所设计的核心概念要能够和学生所学的课程联系在一起。如果学生根本就没有学过某些东西，而是死记硬背背下来的，这样的STEM教育对学生的发展有很严重的影响。我们培养孩子要一步一步来，首先要能够和他所学的核心概念联系起来，其次要适合他的认知水平，是有计划、有步骤地培养人的活动。

（3）突出创新素质与STEM核心素养。科学最核心的是科学思维，技术最核心的是计算思维，工程最核心的是工程思维，数学最核心的是数学思维。任何一个学科都离不开这些思维，如果整个STEM教育不让学生思考，那么这样的STEM就很有问题。

（4）实施创客与STEM相结合的有效教学。要发展学生的素养，教学最核心的是思维，STEM实际上最核心的还是“做”：不是按照程序做，而是让学生去思考、去设计。如何让学生思考，以下几点都是STEM教育最核心的要求：第一，内在动机的激发；第二，认知冲突，要有矛盾，才能去思考；第三，自主建构。

二、科技辅助的创新性测评的发展与建模

21世纪，总的来讲人的能力由三个大的方面组成，即认知能力、人际能力和个人能力。就主要的认知来讲，其实和学科能力是紧密结合的，数学、科学、语言艺术等都是基本的学科能力。认知能力包括批判性的思维、归纳与演绎的推理、分析推论和评估的能力以及创造力。

对STEM教育来说，它有五个大的方向，不是一个单独的概念，起始于学前教育、中小学增强STEM的教学、大学本科学习STEM的经验，研究生阶段涉及研究生教育，认识未来关于STEM的发展方向。STEM的主旨强调的不是你知道什么，而是你怎么应用你所知道的。

新一代的科学标准是一个非常具体的框架，是最新的学前教育和中小学的科学标准，为一线教育工作者课堂教学提供帮助。

新一代的科学标准呼吁三个维度的教育方法，第一个是核心内容，第二个是实践，

第三个是跨学科或者跨课题的概念。这三个方面呈现一种递进的关系，核心概念是对某一学科基本知识和技能的掌握；实践相当于帮助学生了解现实以及知识、技能如何应用，帮助学生发现问题；跨学科的概念是建立在学生已经掌握了相应学科具体的核心知识和能力的基础上的进一步发挥和创新。

1. 技术增强型创新性评价

学习其实离不开测评，目前整个测量界呼吁更多的是形成性的测评。技术增强型创新性评价可以从技术增强型的题型切入来看，技术增强型的题型是创新性题型的一个总结。

（1）模拟型题型是目前谈论比较多的创新的一些题型。以“植物生长的条件”这类题为例，学生先要提出假设，教师给予学生一些诸如植物是否健康成长的可参考的信息，学生通过做实验收集数据，最后形成一个数据结论。通过这种模拟的形式给学生一个虚拟的状况，同时我们也可以达到其他一些目的，而不被现实所局限。

（2）技术增强型创新性评价的另一种测量方法是游戏。让学生通过游戏互动，并不是说你设计了某个游戏就可以了，要想想为什么设计这个游戏，要达到什么样的目标，让学生学习到什么样的东西，还是你要测量学生的学习结果。这种测量如果用到学习环境或者测量环境中，就是我们所讲的自适应学习和自适应测量。

模拟评估和游戏评估把教学、学习和测评放在同一个系统里面，这种评估最大的好处是，我们可以知道学生学习的整个过程，可以把整个过程的数据收集下来。我们能够知道学生为什么得到这样的一个结果以及他通过一个什么样的过程或者路径得到了这样一个结果，做到形成性的测评。

2. 面临的挑战和发展方向

技术增强型的测评系统或是学习系统，最初的开发费用都很高，因此，我们要想一想，花费这么多钱想要达到的目的是什么，不管是学习目的还是测评目的。计算机技术的发展，让我们可以在这个过程中收到很多的数据，有时候会发现这其实是一个数据海洋，数据海洋中有时候可能也会介入一些“噪声”，我们怎么去开发出新的模型或者是数据分析的方法，把里面的真正价值给提炼出来，这是整个测量界或者学习界都需要思考的问题。

三、小学生信息技术素养测评模型构建与应用

1. 信息技术素养与 STEM 的关系

信息技术素养是国际上已经公认的 21 世纪学生必备的专门素养，而且在 21 世纪的教育发展中具有非常重要的意义。STEM 实际上是面向未来的一种教育，把科学、技术、

数学、工程融为一体，是一个多学科的对学生发展的一种支撑。当前发展的 STEAM、STEMX、STEM+ 都是 STEM 教育的改革，囊括了艺术、体育、人文、计算机科学、调查研究、创造与革新、全球沟通协作等 21 世纪所需的知识与技能，发展为包容性更强的跨学科综合素养教育。

我国《教育信息化“十三五”规划》提出探索 STEM 教育等新教育模式，STEM 教育在中国的影响力日益凸显，但我们对它的科学研究，特别是对其信息技术素养的研究，还很不够。

信息技术素养应该是 STEM 教育的目标，是 STEM 教育的支撑，也是 STEM 教育的一个手段。从归类上看，信息技术应该属于“技术”（technology）的范畴，信息技术是实施 STEM 教育的重要方式，信息技术是 STEM 教育的重要推动力，所以我们这里特别强调信息技术，就是因为它跟 STEM 教育的关系很重要。在教学中应该融入信息化的元素，通过信息技术促进各学科教学内容和模式的变革，提高学生的信息技术素养，来解决中国普及 STEM 教育面临的诸多问题。

2. 基础教育测评模式构建的范式

当前，国内外对测评模型的定义、基础教育测评模型的定义并没有明确的表述，文献表明相关研究甚少，谈论表浅。笔者认为基础教育测评模式是针对基础教育阶段并坚持基础教育的一些关键要素以及对基础教育各要素相互关系进行定量刻画和价值评判的一种工具、一个标准、一个数学表达式。它往往表现在五个维度，即指标、维度、体系、测评模型、标准。

构建基础教育测评模型最重要的目的是了解学生的学习质量和身心健康的水平，而且为我们的教育决策提出科学的信息、依据和建议。这一测评模型是建立质量保障体系的一个支撑，是我们国家教育部基础教育质量监测中心一个重要的工作，这一测评模型、测评标准拥有诊断被监测对象存在的问题、探索差异性、督导教育教学质量提升的作用。此外，这一测评模型是促使我们教育决策科学化，促进我们国家新型智库建设的重要支撑，是教育研究科学化的重要突破口。

基础教育测评模型的构建，我们已经形成了一个范式，一般来讲有六个步骤：一是构建操作性；二是提出坚持基础教育的维度；三是找到监测对象维度、影响因素的权重系数；四是统计分析；五是开发测评模型工具；六是构建被检测对象的测评模型、数学的一个表达式或是数学的一种定量的测评标准，然后要进行验证，验证它的可操作性，测量它的有效性，看其与我们专家的预判距离有多大，另外还要验证它的可靠性，看其是否稳定。

四、人工智能、机器人与未来教育

1. 人工智能一直在取代人类

在机器人这个词发明出来的400年的历史里面，有350年是指人的，有50年是指机器的。但是现在几乎99.9%的人已经忘了它曾经是指人的。未来是不是会有人工智能的机器人代替我们的工作？这样的事情一直都在发生，只是你可能不觉得。

这几年人工智能发展非常快，2015年机器人的自由行走还有问题，到2018年机器人已经能在非实验室的情况下跑步，这是机器人方面的进展。还有下围棋的“阿尔法狗”，其围棋的下法比原子的数量还要多，人工智能能够解决围棋的下法问题是一件非常大的事情。

2. 未来机器人是不是会代替人

根据牛津大学的调查，未来的10~20年，具有人工智能的机器人会取代我们很多的工作。美国劳工部去年出了一个报告，说现在在校的中小学生以后所要从事的工作中，将有65%不存在。所以我们现在的教育系统有一个很艰巨的任务，就是要把学生往一个方向培养，但是那个靶子还不知道在哪里。

另外一个很现实的问题是，我们处在一个知识爆炸的时代。我们的生活经验对如今的孩子们来说已经不太有用了。前有埋伏后有追兵，前面的知识爆炸我们学不过来了，后面的追兵人工智能机器人越来越厉害，我们是不是在夹缝中生存呢？其实不应该这么想，因为人工智能给我们提供了一个非常好的机会。

3. 我们该如何应对人工智能

我们以后只有两种方式：一个是跟它们竞争，另一个是跟它们合作。很明显我们应该跟人工智能合作。这里有一个误解，即认为人工智能是有创造性的，其实它跟人的创造性是有本质区别的，我们要培养孩子的是人所特有的创造性，而不是把他们朝机器的方向推。

举个例子，斯坦福大学附近有一个专门做核磁共振的医生。他有两个孩子，7岁以下的小孩做核磁共振要全身麻醉，因为他没有办法保持不动，这个事情让他觉得很累，因为全麻对身体健康有影响。他到了斯坦福大学把这个当成一个课题，那个团队后来把核磁检查仪画成一艘海盗船，测试的时候他给孩子穿一件海盗服说：“你今天的任务就是打入船的内部，我们的机器会把你从这个洞里面送进去。你要做的唯一的事情就是不能动，你要是动了就输了。这艘船会发出各种各样的声音，你一定要扛住不能动。”由于这样的一个改动，打全麻的孩子的比例从80%降到了10%。想一想，这个就是创新的力量，这种创新，人工智能是没有办法做到的。

五、高阶高知、系统赋能——STEM综合素养测评系统

STEM真正关注的是人的全面发展，所以我们也希望，真正理解STEM教育的第一件事情是先打开窗帘。至于用什么方式的教学、什么方式的课堂设计，这都是手段。我们从STEM的认知统一与未统一以及STEM测评体系和评价系统两个方面分析。

目前，我们主要缺乏STEM的评价对象，实际上需要构成一个一体化的评价体系：一是针对课程的评价，包括对课程内容的评价和对课程实施的评价。二是针对教师的评价，我们如何来认证教师能够实施某个课程。包括针对教师不同的层级（从刚入门的教师能够实施，到教师能够自己设计课程，以什么样的模式设计课程，是有一套标准的范式的）以及这个范式是怎样评价的。三是针对学生，STEM针对的学生体系比较复杂，有课堂内评价和课堂外评价，包括参加各类比赛。

对于STEM的测评评价来说则有两个方面：一是课程内容的评价；二是课程实施的评价。课程目标决定评价，从课程的实施来看课程的评价，主要集中在课时不够到底怎么教和每节课目标怎么样。

目前在我国，很多学校实施STEM课程后的情况，或许能给其他学校一些参考：第一个是有条件的学校，校长很重视，学校引进了专门的STEM课程，设置了单独的课时，专门配备了STEM教师；第二个是普及STEM教育，设置渗透性的STEM课程；第三个是项目实践的STEM课程，主要是以真实的综合实践项目为导向的学习。

六、从“了解”到“深知”，应该对STEM教育另眼相看

在STEM教育逐渐成为未来教育大趋势的同时，我们也应该思考我们目前所了解的STEM与真正意义上的STEM是否相同，如果有偏差该怎样深入认识STEM，又该怎样具体实施。

1.你所了解的是真正的STEM教育吗

伴随跨学科整合课程的巨大需求，STEM教育理念进入公众视野，但是，广泛关注的背后也存在一些问题。

（1）很多学校知道STEM教育理念，也知道S、T、E、M的含义和学科特点，但是整合课程无处获取。

（2）很多教师只是根据自己对STEM的片面理解来改造现有的科学课、劳技课，结果所上的课成了“四不像”。

（3）很多学校认为STEM课程必须有物态的学生成果产出，并且将结果作为唯一的评价标准。

（4）一些学校从社会机构购买了 STEM 课程，但是实施后发现课程及教学质量无法保障，并且本校教师的教育理念和教学水平均没有改观。

（5）不少人片面地以为机器人、编程、机械加工就是 STEM 课程的全部，很多做这方面课程的培训机构摇身一变，用 STEM 教育为自己打广告。

2. 五把钥匙帮我们深度认识 STEM

目前，国内的 STEM 教育没有形成合力，没有适合我国的标准，没有成体系的 STEM 课程。我们需要对 STEM 的实施理念及具体整合方式进行深度剖析。

（1）科学或工程作为整合的核心。美国 2013 年颁布的《下一代科学课程标准》从三个维度对各年级的科学教育进行了界定，即学科核心概念、科学与工程实践和跨学科思维。其中，学科核心概念相当于我们教材中的各个知识点，科学与工程实践是关于如何将所学的知识应用于现实生活、研究现象或解决问题，跨学科思维则是让学生体会学科之上的思维方式，如因果思维、结构性思考、系统化思维、模式化问题解决方式、规模比例与数量思维等。显然，《下一代科学课程标准》期望教师将学科核心理念与科学研究的内容或工程相结合，进而转化为学生的能力与素养。综上所述，相关学科要以科学或工程作为整合的核心。

（2）通过具体现象探索事物发展规律。我们每一个人也许不止一次观察到高处坠物这一现象，却只有牛顿这位伟大的科学家深入研究了这一现象，并从中发现了万有引力。高处的物体坠落是一种自然现象。因此，科学家就是以研究现象为主要工作的人。研究现象，提出问题和假设，寻找变量，控制变量，进行实验，得出规律并验证，这就是科学家的工作思路 . 科学就是靠这样的研究流程来整合其他学科内容的。

（3）利用工程设计循环来整合其他学科内容。工程师是一个很广泛的职业类型，有信息技术（互联网技术）工程师、石油工程师、航天工程师等。到底是什么要素使得这些不同行业的人都被称为工程师呢？答案显而易见，这些人都是解决问题的人，并且他们解决问题的思路是基本相同的，即提出问题、界定问题、制订解决方案、落实方案、在落实过程中发现新问题、再次界定问题、制定新的解决方案，直到问题彻底解决。这是一个多次循环的过程，叫作工程设计循环。工程就是靠工程设计循环来整合其他学科内容的。

（4）巧妙利用技术来解决问题。技术在当今社会中广泛存在，我们对其并不陌生。在课堂上，我们可以将技术狭义地理解为通用技术和信息技术，也可以将其广义地理解为帮助教师和学生完成 STEM 课程学习任务所使用的各种实体或非实体工具，它是教师提升学生信息素养的重要方式。

（5）对 STEM 的了解也有狭义与广义之分。课程的主题并不是判断的标准，教师对 STEM 课程的理解也有狭义与广义之分。对 STEM 课程的狭义理解就是指那些体现科学研究流程或工程设计循环的整合课程，还包括由科学现象和工程问题衍生出的培养学生想象力和创造力的课程。对 STEM 课程的广义理解就是那些在 STEM 相关学科中设计了动手环节，并设计了足够的如想象、挑战、创新、创造的学习环节的课程，都可以视为 STEM 课程。

STEM教育的目的是让更多学生对科学和工程产生浓厚兴趣。因此，从动机角度出发，让学生有充分的兴趣是在设计 STEM 课程时必须考虑的，而如何让学生充满兴趣，则需要具体实施过程来逐步引导。

3. 如何在实践中解决问题

STEM 课程的效果取决于知识储备和跨学科整合、设计的能力，同时还需要不断启发学生，使之具备开放的思路、沟通合作能力以及较强的动手能力。STEM 教育知易行难，需要我们在实践中解决问题。

（1）STEM 课程主题跨越多个学科，要加强快速地检索、收集、整理、学习未知领域的信息的能力。

（2）要深刻认识到每个主题的导入都是学生构建知识的基础。

（3）要保证每份教案中的提问都是经过深思熟虑的，结合认知的深度等级工具来看待每一个问题，深入体会问题属于哪一个等级，然后逐步学习设计高阶问题，促进学生思维发展。

（4）每个主题至少有一个任务，而且每一个任务都要有一句简洁的话来描述任务内容，教师要带领学生逐字逐句地审读。

（5）学生对实验材料的好奇心往往是巨大的，在实验课上，要充分利用实验器材。

（6）在 STEM 课程中，反思的环节至关重要。

（7）许多主题可以重复讲授，多次挑战会有更多的收获。

所以，STEM 教育不仅是提倡学习相关学科知识，而且是注重学习与现实世界的联系的一种新的教学方式。它能够让学生自己动手完成他们感兴趣并且和他们的生活相关的教学项目，在过程中学习各种学科以及跨学科知识，以转变教育教学方式，促进学生的创造性学习和教师自身的专业发展。

第三节　STEM课程举例解释

下面从四个方面介绍 STEM 教育：一是 STEM 背景与目标；二是三种 STEM 类型与教育理念；三是 STEM 教育的评估方法；四是 STEM 教育的实证研究。

一、STEM 背景与目标

先进国家为了提高全球科技竞争力，都十分重视高校 STEM 学科与提供与 STEM 教育有关的就业机会。而 STEM 教育旨在提升学生核心素养，重视跨学科整合的重要性和深度学习、知识的迁移运用与创造、正式学习与非正式学习联结的趋势。

二、三种 STEM 类型与教育理念

基于教室内开展的 STEM 课程，教师以一个主题贯穿整个教学，课堂设计为跨学科整合的学习活动，强调课堂内学生可动手完成的任务与作品，主要是用跨学科整合的教学方式培养学生掌握知识和技能，并能进行灵活迁移应用解决真实世界的问题。

正式与非正式场馆相结合的学习活动也即学校教育与场馆学习与体验相结合，其中场馆资源是正式学习与非正式学习相结合的核心特色，它不仅提供了通过“实践”和“探究”获得知识的条件，同时也为师生了解掌握“跨学科概念”提供了便利。

学习共同体 STEM 项目以学习者为中心，强调学习者、多样场景、学习共同体及文化要素之间的动态互动关系。学习共同体也可以看作区域和国家层面的跨单位间合作，它以同一个主题贯穿学习者从小学到高中的学习过程，逐渐加深学习的难度和广度，配套各年龄段课程资源和评价体系，追求人的终身学习。

三、STEM 教育的评估方法

评估分为形成性评价和总结性评价。形成性评价有学生手稿笔记、图示呈现、课堂观察、学生自我报告、组内互评、反思日志，总结性评价有纸笔测验封闭式题型、纸笔测验建构式题型、作品集、访谈面试、任务成果展示。对于 STEM 教育的评估，一位教授给出了几点建议：操作化定义学习目标，明确要考查学生什么能力以及能力水平等级的划分，不同评估方式结合应用，学生作为学习主体可以参与评估体系的建构，给学生自我评估和调整的机会。

几个实证研究表明，STEM 教学活动能有效激发学生内在的学习动机、学习兴趣，对低水平学生的学习有显著效果，可以培养他们的合作意识、团队领导力、项目学习能力，有效提高科学与工程学科学习成效，提高学生对未来 STEM 工作的职业认同与职业认识以及加强 STEM 教师培训与交流，促进教师的专业成长。

最后，就 STEM 教育的开展给出以下几点建议：①跨学科教师可以合作一个 STEM 项目；②学校培养校内 STEM 种子教师；③区域内、跨区、国内外 STEM 教师间的交流

与分享；④善用学校已有的特色、资源；⑤结合社会资源：非正式场馆、当地地理或人文景观；⑥参考国外K12的工程教育课程设计；⑦教师STEM培训涉及课堂教学、教学管理、小组合作、教师专业发展、教学评价五个方面；⑧重视学习过程与学习成果。

第四节 STEM教育融入综合实践活动

STEM教育的特征之一是解决真实情境问题。我国教育家陶行知先生曾提出过“生活即教育”“社会即学校”“教学做合一”的生活教育三大原理，指出生活就是一连串问题的求解过程。真实情境问题导向的STEM教育最终是返回生活的教育，所以STEM课程一定是“真实问题导向”而不是“教科书导向”的过程。目前，开展STEM类课程过程中存在很多难点。

1.“真实”情境问题和“伪真实”情境问题

某一课题实践学校的老师在设计海洋主题的STEM课程中，其中有一个项目是“给鱼儿盖房子”，教师和学生在这里很仔细地学习了百科全书中鱼儿在海里生活的深度、温度、光照度、水流、盐度等条件，甚至包括鱼儿喜欢的洞穴形状等，然后老师又给学生播放了动画片中尼莫家房子被毁的视频，以此导入让学生给鱼儿建房子。学生从画思维导图进行头脑风暴预设盖房子条件，到设计房子图纸、动手搭建房子模型一系列的过程，甚至在展示中还强调自己建的房子适应海底的条件：除了海洋物理化学环境的考虑，还包括抗水流强度的结构、安全结构等。整个学习过程仿佛进行了一个真正的基于项目的STEM学习全过程。

但在这一STEM项目中，老师恰恰忘了引导学生，该项目到底要解决什么问题，也就是人类为什么要给鱼儿盖房子。这既是一个必须回答的真实情境问题，同时也让学生明白为什么要给鱼儿盖房子、盖房子的最终意义在哪里。这也是最终评价整个学习过程的重要标准，而不是简单的有关鱼儿生活环境的知识学习、思维导图学习、设计能力培养、动手物化能力加强等单一能力的评价。

通过课题组的反复剖析，教师终于明白，是因为人类滥捕、废物排放、开矿或采集珊瑚等行为污染了海洋，破坏了鱼儿生存的环境，造成了海洋生态的退化，也造成了人类无鱼可打的困境。因此，给鱼儿建房子，是为了恢复生态，保护海洋环境，也是为了人类自身的生存。这样的批判性思考过后，教师通过引发学生对问题进行深刻的人文思考，激发学生探索和解决这一问题的兴趣，也打开了学生的思路，给不同的鱼儿寻找不同的环境和不同的房子。除具体的工程原理之外，学生还能从正反两方面分析评价自己建造的与其他小组建造的房子的优劣、是否适应不同的鱼群等，从而使学生的创造能力、创新能力和批判性思维、合作学习能力都得到锻炼，完成真正意义上的高效学习。

更重要的是，这些能力是建构在解决真实情境问题基础上，用严谨的科学思维、工程思维结合人文素养、对生活的热爱而完成的，而不是一个模糊的貌似简单 S、T、E、M 组合的伪问题。

实践结果证明，伪问题降低了项目学习的意义，而真实问题则可以提高学习效率。在相同时间内，学生的综合素养在有意义、有兴趣的价值获得感中得到提升。

2.“模糊”和“精准”的真实情境问题

STEM 教育是基于真实情境问题的学习，所以 STEM 教育的项目设计中，找准一个真实情境问题，学习过程围绕解决这一真实问题展开，才是有意义的学习过程。

到底是为鱼儿建房子还是为解决生态环境问题？教师们在实践过程中多有困惑。这反映了教师对 STEM 教育的理解还不够深刻，以为将科学、工程、技术、数学和人文等内容融入进去了就是一个好的 STEM 学习项目，没有认真思考到底为了解决什么问题才这么做。

还有的教师虽然知道要创设真实问题，但是因为对要研究的问题本身理解不透，也难以找准整个项目要解决的真实问题。例如，在小学有“包装盒的设计”这样的综合实践活动课程，教师所在学校是以足球文化为校本特色的，教师就应开展基于足球文化的“足球包装箱设计方案”的课程学习。

教师创设了“12 个足球的包装”这样的情景，使学生可以通过数学的几何体特征，学会准确迅速计算棱长、表面积、体积等，还能够组合新的几何体。此举在体育方面增加学生对足球的兴趣，在美术方面能够通过运用形、色、空间等美术语言描绘和立体造型方法等，培养学生对工具、材料的认识，通过动手，培养学生操作能力。学生后来展示的作品真的非常棒，但是在场的专家问了一个问题：“你们这个包装箱是为解决什么问题制作的，是为了送礼、运输、还是收纳？……”不同的实际问题会有不同的解决方案。教师给出的标准，是让每个小组从“结构设计、材料选择、工具选用、人员分工、制作流程、预期效果、本组特色”7 个方面展示汇报。虽然学生在汇报和互评中都有意无意地提出了一些实用性方面的考虑，但是因为要解决的目标问题不精准，造成了标准缺失，效果就打了折扣。后来教师仔细分析，其实她是创设了一个学校足球课后用足球收纳箱的情境，但是设计课程中变成了包装箱，设计评价标准时也没有考虑真实情境的问题解决这一指标，模糊了要解决的真实问题，造成了学生解决方案中似是而非的困惑，对最终的物化出来的产品评价就没有了解决真实问题的标准，造成了课程实施中的上述问题。

可见，在 STEM 教育中，找准真实情境问题，在项目学习中，紧紧围绕解决真实问题进行学习活动，评价指标也紧跟这一思想，才能真正做到学习过程灵活开放、方案设计丰富多样，也才能充分激发学生的创造力和创新能力，真正培养学生发现问题、解决问题的能力。

3.“教科书导向”和“真实问题导向”的真实情境问题

在传统的“教科书导向”的课程实施中，学生在实验室中，根据实验手册，按照规定好的实验器材、实验步骤，严格遵循实验要求，成功制出并收集二氧化碳即可，其后可能还有关于化学反应式的考核。

从STEM教育的视角，教师们明确了必须设计出一个开放的可以有多种解决方案的实践学习过程，于是确定了有关“满足不同需求二氧化碳的生产方式”的真实情境问题。从实际问题出发，学生从二氧化碳的用途、二氧化碳的性质、二氧化碳的化学组成探究生成二氧化碳的各种可能的方式（甚至包括从空气中收集）。然后，教师创设工业制取和实验室制取两个真实情境途径，让学生通过调研搞清楚工业制取二氧化碳的几种方式的原理和设备结构以及选取这种制取方式的原因。例如，工业制取考虑的原材料易得性、安全、量大等性价比影响因素。再回到实验室，从教科书给出的制取方法开始，学生一步步探究实验室制取二氧化碳的各种方法的优缺点。在实验中，在保证安全的前提下，教师鼓励学生不断探究实验室制取二氧化碳装置（不同的实验器材组装）、收集方法、化学反应物、定量测量方法等，最后各小组都可能给出自己小组认为的最佳的制取方法，并在全班展示说明。

从上面“传统实验室验证型实验”到“STEM项目学习”的问题进阶过程可见，STEM教育中的真实情境问题，首先是一个有不确定解决方案的开放的问题，其次是与生活实践紧密联系的真实情境问题。解决策略是从真实生产生活中发现问题——抽象到实验室或课堂中解决问题——回到真实生活生产背景下评价问题的途径。

STEM学习中要坚持“明确的目标，模糊的过程”，即解决某个确定的实际问题，解决方案和解决过程是多途径的，从而鼓励学生进行探索、创新和创造。同时，在这样一个过程中，从调研、对比、设计、制作、合作、探究、交流、展示、分享等各个环节，也锻炼了学生跨学科的综合应用能力、发现问题和解决问题的能力。

综上所述，围绕解决真实情境问题发生的STEM学习过程，是一个自然而然应用跨学科知识的过程，学生应用科学、技术、工程和数学等多门学科知识，协作和探究式地解决现实问题。在参与和体验学习的过程中，学生不仅获得了结果性知识，更重要的是，提高了学习能力，学会从多学科、多视角、多维度来分析和解决问题，收获蕴含在真实问题情境中的过程性知识，实现从“学会”到“会学”的质的突破。

学生在获得综合应用知识解决真实问题能力的过程中，极大地激发了创造力和创新能力，同时具备了应用科学思维、工程思维进行批判性思考的能力，综合素养得到提升，既锻炼了他们综合解决问题的能力，也引发了他们对社会和国家层面的真实问题的关注，这是培养学生具备《中国学生发展核心素养》要求的必备品格和关键能力的有效途径。

第五节　STEM教育的多元化影响分析

一、STEM 教育对学生的影响

STEM 是科学、技术、工程、数学四门学科英文名称首字母的缩写，这种教育模式并不是简单的学科教育的叠加，而是要对跨领域的知识进行综合，鼓励学生把学到的科学、数学以及其他学科的知识应用到生活中去，更好地培养孩子的创新与实践能力。在这种学习模式下，学生不再是知识的被灌输者，而是主动的学习者、思维想法的实现者。

作为舶来品，STEM 教育到了中国，似乎有点变了味。不少积木搭建、机器人组装的培训班，都打着 STEM 的旗号，甚至很多家长觉得，STEM 教育就是“物理化”、偏重理工科的技能教育。

这样做是不对的。人的健康发展必然是全面、平衡的发展，文学艺术等非理科课程，在对人创造性的激发中仍旧起着重要作用。

（一）STEM 真正的精髓是什么

1.STEM 是四大学科的融合

STEM 教育培养孩子各方面技能和认识能力，在科学、技术、工程、数学之间存在着一种相互支撑、相互补充、共同发展的关系。STEM 教育绝不能孤立其中任何一个部分，只有在交互运用中，才能实现深层次的学习，也才能真正培养儿童各个方面的技能和认识。

2. 更注重过程，而非结果

一个完整的 STEM 课程，应该是基于现实生活中的实际问题，以工程设计过程为主导，提出自己的解决思路。如果缺少了这一步，STEM 教育的意义就缺失了最根本的基础。

STEM 更注重学习的过程，而不是结果，在过程中让学生听到不同的观点，尝试不同的想法，在不断尝试中发现问题、分析问题和解决问题。

3. 培养团队协作能力

在我们生存的社会中，很多工作是以团队为导向的。在孩子钻研一个新事物的过程中，STEM 教育引导孩子在自主思考和探索的同时，善于与同伴交流或交换思想意见，尤其在动手过程中力求解决问题，让他尝试在一个小群体中体验到创造的乐趣，这样更有利于帮助他把这股创造力持续下去。

4. 在动手实践过程中培养创新意识

STEM 教育要求孩子动手动脑，使得孩子注重实践、注重过程，但提升动手实践能力不等于提升创造力。基于创新意识，结合动手实践和探索才能真正唤醒孩子与生俱来的创造潜能。

（二）如何培养孩子的 STEM 素养

家长要想培养孩子的 STEM 素养，除了上培训班，也可以从日常生活中的各个方面着手。

1. 培养孩子成为“探索者”

孩子们总有一种学习的渴望。为什么不让他们探索他们感兴趣的事情呢？假如他喜欢玩电子游戏，家长甚至可以让孩子制作自己的游戏！比如利用一些软件，让孩子们根据他们的兴趣进行编程。在大人的指导下，孩子们很快就能学会建自己的应用程序、网站甚至游戏。

2. 培养孩子成为“有目标的人”

假如孩子想要一个新玩具，要鼓励他想办法去赢得它。

3. 培养孩子成为“问题解决者”

如果孩子总是抱怨不能看电视不公平、做功课好无聊等，不妨问问孩子，他是否能想出什么解决方法——比如问：“你觉得怎么才能消除这些不公平？”“你觉得怎么才能让作业变得更有趣呢？”让孩子们自己思考解决问题的方法，而不是一味地说教。

4. 培养孩子成为“沟通者”

与其完全禁止孩子接触社交媒体，不如早点教他们如何正确使用网络，并避免受到潜在的网络伤害和威胁。不要用社交媒体上耸人听闻的伤害事件吓唬孩子，不妨问问他们：“在某些特定的情况下，你会怎么做？”看看孩子们是怎么想的。

5. 培养孩子成为“动手者”

忍住！不要马上解答孩子的问题，让孩子先试试自己解决问题。就算他不能马上找到解决问题的办法，家长也可以通过引导他，让孩子自己动手找到解决方法。这会给孩子一种强烈的成就感。

最后，回到教育的原点，教育的终极目的是致力于让人类生活得更幸福，“人文底蕴”和“科学精神”应该放到同等重要的位置，就如同学者 Eric Berridge 在一次 TED Talk 中所讲的：“人文教育和科学教育同等重要。”

二、STEM 教育对课程学习支架的影响

STEM 聚焦于科学技术的应用与创新，关注学生创新精神和实践能力的培养，成为当今世界课程改革的新方向。搭建学习支架帮助学习者跨越专业鸿沟，是 STEM 教育有效实施的一个重要途径，也是以学习者为中心理念的重要体现。探究 STEM 学习支架的特征及类型，分析 STEM 教育中学习支架设计原则，并基于科学探究的过程，构建 STEM 教育中学习支架的设计流程及其学习活动的关系框架，提出 STEM 教育中学习支架评价要素，为 STEM 教育的有效实施以及学习者综合科技素养的提升提供参考。

STEM 教育的主旨在于“以兴趣为中心，以学生为主体”，提供更多的学习实践机会，鼓励学生去观察、去发现、去动手、去体验，进而促进学生创新能力、实践能力的发展。

（一）相关概念梳理

1.STEM 教育

STEM 教育就是科学、技术、工程、数学的教育，但不是把相应知识进行简单叠加，而是强调将分散的四门学科自然地组合，形成新的整体。STEM 教育的过程是跨学科知识融合、跨学科解决问题，强调锻炼学生的思维能力，促进学生的可持续发展。STEM 教育是技术创新的驱动力，具有依托新技术转变教学理念、模式的诸多优势，对于提升科技水平和保障国家战略发展具有重要作用。STEM 培养创造力和问题解决能力，包括综合能力、分析能力和实践能力，如翻转课堂、创客教育、DIY 探究式学习、机器人教育、3D 打印等都与 STEM 活动相关。

2. 学习支架

“支架”又称“脚手架”，本是建筑行业用语，指建筑楼房时施与的、楼房建好后就撤掉的暂时性支持物。伍德等将该术语引入教育领域，形成了学习支架，用于描述经验丰富的成人辅导者能够给年轻学习者的学习过程提供支持和有效帮助。维果茨基的“最近发展区”理论，则为拥有更多经验的成人（如教师）或者同伴如何以助学者身份参与学习，给新手（如学生）提供协助提供了理论指导。现在学习支架的概念已应用到不同的情境中。

建构主义学习理论认为，学习不是将信息从专家传递到新手的被动过程，它更应该是一个主动的、建构的过程。采用“做中学”的方式，学习者需要对正在学习的材料进行认知加工，由此创建先前旧知识与新材料之间的认知关系。建构主义学习环境通常可使学习者沉浸在特定的情境中，通过参与真实的活动，形成自己对相应领域知识的理解。由于这类活动对学习者来说还很复杂，因此需要学习支架的帮助以更好地参与学习活动。

STEM 教育强化了科学原理、技术手段、工程设计和数学分析的思想，更加侧重于

创造力和实践能力，因而STEM教育活动的探究性、挑战性为学习支架的应用提供了环境和前提。目前，国内外对于学习支架理论的专门研究还很少，而国外主要侧重于应用，注重学习支架在教育教学中应用的研究；国内则偏重于学习支架的理论介绍以及支架的设计等，针对中小学生学习提供的学习支架还很少，针对STEM教育的学习支架搭建也较少，因而也需要进一步探究，将学习支架真正、高效地运用于STEM教育实践中。

（二）STEM教育中学习支架介绍

学习支架是建立在一定的学习情境、学生全程参与等条件上的，也是在学习者已经做了一定的努力却仍然不能独立完成任务的情况下，确定学习支架的需求后才为其提供学习支架，只有这样，学习支架的作用才能得到更好的发挥。当学习者获取相应的知识后，应及时将支架撤去。

1. 学习支架的功能

STEM教育中的学习支架，除了展示真实情境、传递知识、提供学习指导等功能，还可以在学习理论的指导下，发挥信息技术优势、教师的主导作用及同伴协作精神。

2. 学习支架的类型与作用

根据分类标准不同，学习支架的分类也具有多元性。在STEM教育活动中，更强调学习者动手实践能力和创新能力的培养与锻炼。STEM教育中学习支架类型划分也理应结合STEM特征，为STEM活动的有效实施提供指导。结合STEM教育的特征，从学习支架发挥作用的角度，可以将STEM教育中的学习支架划分为五种类型，其作用见表2-1。

表2-1　STEM教育中学习支架的类型与作用

学习支架类型	作用	形式
情境型支架	通过为学生有意义学习创设情境，增强学习内容的吸引力，帮助学生获得真实感受，强化对情境的理解，并促进新旧知识的联系	创设STEM教学情境，如多媒体素材、案例、问题、建议等形式
策略型支架	为学习者自主学习提供实验、程序、范例、训练等多种策略指导，帮助学习者顺利执行学习任务，快速达成学习目标	为了完成某一学习任务或解决某一问题提供实验、程序、训练、范例等多样化的方法和途径，为STEM课程设计与实施提供策略指导
资源型支架	为支持学生完成学习任务、实现目标而提供系列资源，具有传递知识的功能	可以是电子文档、CAI课件、网站等多媒体信息资源，也可以是有关教师或辅助者的操作技巧和过程的资源，为STEM活动的实施提供资源支持
交流型支架	促进师生、生生之间的信息交流和共享	为STEM教育提供多种异步或同步交流工具与指导
评价型支架	检验学生学习的成效，促进学习者进行学习反思和改进，具有反馈功能	结合STEM教育评价标准，利用评价工具，通过师评、互评、自评等方式开展

（三）学习支架的框架设计

学习支架设计框架是将一系列的指导原则和策略整合到一个结构框架中，尤其是在以学生为中心的 STEM 教育教学中，更需要为学习困难者提供一系列的支持和帮助，供其投入一个新的活动时使用，以便了解活动中的基本实践和表征特征。

1. 学习支架的设计原则

（1）跨学科知识融合原则。STEM 教育更注重跨学科知识融合、跨学科解决问题，因而学习支架的设计也应关注支持学习者将新知识整合到当前的理解中，通过知识整合环境，充分发挥注重实效的教学法原则，使科学知识更易于理解。

（2）内隐知识可视化原则。学习科学的相关研究表明，学生通过反思自己的想法并建立想法之间关联的方式，学习效果更好。使对学习者而言相对内隐的专家知识可视化和清晰化，一方面能够帮助学习者理解新知识，另一方面也使学习者将学习过程内化，为教师的个性化教学提供指导依据。

（3）学习指导个性化原则。学习支架的提供要结合学习者的学习特征，不同的学习者需要不同程度的支架；学习难度越大，需要提供的支架也越多。因此，支架的设计要符合学习者的个性化学习需要，要与学习者个体认知差异和认知水平保持一致。

（4）动态调整与发展原则。最近发展区随着学习的发展呈现出动态变化，而学习支架可以帮助学习者顺利穿越“最近发展区”，因而学习支架的设计也要随着学习的发展而适时、动态地调整与发展。

2. 学习支架的框架构建

（1）学习支架的设计流程。

STEM 教育中学习支架的设计，需要在学习理论的指导及 STEM 理念的支持下，对支架的设计进行需求分析、教学设计、素材准备、支架制作、测试及修改与评价。在前期调查的基础上，结合实际存在的问题，确定需求；针对需求进行教学设计，包括对学习者进行深入分析，选择适当的内容、策略与方法等；选择恰当的素材资源，完成支架的制作及相关策略；针对支架设计过程中存在的问题进行修改与评价，使设计的学习支架愈加完善。

（2）学习活动与学习支架的关系建构。

加涅认为学习是一种内部过程，也应按照学习者的内部心理过程进行外部教学活动，为此他提出以“为学习而设计教学”为核心的九大教学事件。根据科学探究的三方面——意义建构、过程安排、反思和表达，结合加涅的九大教学事件，本研究把 STEM 学习过程概括为意义建构、过程安排、反思表达、学以致用四个基本组成部分，并在此基础上构建 STEM 教育中学习活动与学习支架的关系。

意义建构是 STEM 活动的基础实践环节，包括实践中必须掌握的一些理解和推理，如科学语言、推理方法等。学习者在此环节中，需要意义建构的支架，因为他们不知道在 STEM 中运用的策略、术语等，也不能将事先掌握的知识与现在接触到的学科表征联系起来进行新知识的学习，因此可以设计并提供情境型学习支架，通过建构真实情境下的表征，帮助学习者理解掌握。

过程安排是 STEM 活动过程的管理安排环节，也是课堂教学活动的重要实施环节。学习者在参与、管理活动中都需要得到支持，尤其是面对活动中出现的复杂的开放性问题时，需要为其提供系列的策略型学习支架和资源型学习支架，帮助学习者明确学习目标、建立学习任务、提升学习效果。

反思表达是 STEM 活动的总结、展示与反思环节，为学习者（尤其是习惯回避或者不善于反思的学习者）提供交流的机会和平台。反思表达为学习者提供交流型支架，可以帮助其表述学习内容、反思学习活动，促进其对新知识进行深入理解、建构，也可以对未来的工作进行追踪检测，激发学习者后续学习的积极性和主动性。

学以致用是 STEM 活动的最后一个环节，也是知识应用和能力提升的关键环节。在反思表达的基础上，将新知识运用到实践中，将理论与实践进行有效结合，也是检验学习效果的有效方法，能真正起到对新知识学习举一反三的作用。

通过 STEM 活动的设计与实施，还要对活动中设计的学习支架进行评价，并根据评价结果以及活动中存在的问题，将对应的学习支架进行修改和完善，从而保证学习支架的有效性，并促进 STEM 活动顺利、高效地实施。

（四）学习支架评价要素

学校正从以知识传授为中心的场所转变成以实践应用和创造为中心的场所，STEM 教育将理论与实践进行有机融合，可以有效改变国内知识灌输的教育现状。STEM 教育的成功实施涉及 STEM 活动设计、学习支架的构建等环节，其中高质量的学习支架可以从学习支架的设计、实施、效果三个方面进行评价。

1. 学习支架的设计

学习支架的设计是进行高质量学习的基础保障，是在构建的学习支架框架的指导下完成的。高质量的学习支架，是根据实际需求进行设计开发的，利于有针对性地帮助学习者克服学习困难，达成学习目标。学习支架需要在对学习者进行深入分析的基础上进行设计，而评价可以从设计原则、教学设计、支架类型侧重等方面进行衡量。

2. 学习支架的实施

学习支架的实施包括支架的提供、使用和撤除，是高质量的学习支架发挥其实际价值的关键环节。支架需要在学习者遇到学习困难时及时提供，这样才能及时为学习困难者排除障碍，保证其继续学习。学习支架的提供也是暂时的，在使用过程中对学习者的学习仅起辅助作用。当学习者的认知和能力日渐增强到一定程度、能够独立解决问题时，就可以循序渐进地缓慢撤除学习支架。

3. 学习支架的效果

学习支架的效果可以从 STEM 学习活动的效果来判断，如学习态度、学习过程、学习结果、学习兴趣与动机、学习反思等。良好的学习支架，不仅应该帮助学习者养成良好的学习态度、激发学习兴趣与动机、提升学习效果、促进学习反思，更应该积极促进学习者的思维发展，利于学习者形成与总结学习方法，提升知识建构能力，利于知识面拓展，促进良好学习习惯的形成，支持与培养创新意识。

STEM 教育为创新人才培养提供了知识基础和能力基础，是当今教育改革的新方向。本主题从学习支架视角出发，探究 STEM 教育中学习支架的特征及类型，分析 STEM 教育中学习支架设计的原则，构建 STEM 教育中学习支架的设计流程及与学习活动的关系，提出 STEM 教育中学习支架评价要素，对 STEM 教育的有效实施进行探索，以期为相关研究提供参考。

三、STEM 教育对传统教学评价的影响

课程实施有哪些重要环节？教学与评价是缺一不可的。为什么这两者如此重要？评价，说到底，是对教学效果的检测，反馈给老师、学生，从而促使老师做出教学改进。对 STEM 教育来说，其重要性更是不言而喻。

自 2014 年起，美国就从教育的整体规划出发，制定了 STEM 教育检测的指标，包括学生人数、教育时间、学习机会、教学材料、教育标准、参与度、教师的专业发展和相关教育研究等方面，为 STEM 教育的整体评价提供了途径。

在 STEM 教育中，学习过程中的评价非常重要，因为每个学生的学习起点都是不同的，在每个学习阶段都是如此。韦佳院士和加拿大 Rowell 教授在《探究式科学教育教学指导》中指出，连续地对学生进行评测，是以学生为中心的指导教学法的一个主要特点。在探究科学过程中，它给学生提供了展示自己对不同问题理解程度和探究能力的机会。

STEM 教育把各学科的学习紧密相连，以整合方式培养学生掌握知识和技能的能力，并使学生最终能将所学内容灵活地迁移和应用于解决现实问题。在我们的教学成果中就能看到，融合的 STEM 教育，具备跨学科、趣味性、体验性、情境性、协作性、设计性、艺术性、实证性和技术增强性等核心特征。这不仅体现了 STEM 教育与传统教育的不同，也预示传统教育的评价方式在 STEM 教育中必须进行改革和变化。那么，通过 STEM 教育，传统教学评价会发生哪些奇妙的变化呢？

1. 评价功能的变化

评价融入教学明确的活动成果，增强并显性化了评价的教学指导和改进功能。在课

堂上，教师会采取项目式教学方式，让学生在学习之初就对任务或项目的要求有所了解。学生为了得到这些成果，会将所学知识和技能运用在问题解决上，最终使学习成果能呈现出学生的认知和能力发展状况。这就做到了将学习成果、过程、评价融入课程中，学生的项目成果就是最好的评价方式，不需要片面、生硬的分数。这种方式，不仅激发了学生学习的动机，增加了学习的持续性，而且更有效地提升了评价的教学指导和改进功能。

2. 评价内容的多元化

STEM 教育跨学科的特征，使得课程的教育目标呈现出跨学科性和综合性。

美国国家研究委员会的《在 K-12 教育中整合 STEM》（2014 年）中指出，针对学生而言，STEM 教育的目标包括 STEM 素养、21 世纪技能、STEM 方面的工作意愿、兴趣和参与度、连接 STEM 各个学科的能力。

与单一学科相比，STEM 教育的目标显然高于学科素养的培养，更多地体现出对跨学科能力和核心素养的关注。正因为如此，课程的评价内容也不仅限于所涉及的学科素养，还包括科学与工程的实践能力、对跨学科概念的理解以及与之相应的思维能力与综合素质。

3. 形成性评价更重要了

评价内容的多元化，要求开展 STEM 教学的教师在设计和实施教学时必须考虑如何评价学生在实践能力、概念理解、综合素质等方面的学习成果。

这些核心素养，通常体现在学生的实践行为和交流表达上，所以学生在体验、协作与实证等实践过程中的行为和表现也是重要的考核依据。为此，实施与课程内容相结合的形成性评价变得尤为重要。

第六节　STEM教育给人工智能技术带来了什么

国外关于 STEM 教育的研究表明，STEM 教育对于推动学科融合，促进学生能力的发展具有重要作用。综观国内外 STEM 教育的相关研究，不难发现，STEM 教育的发展离不开技术的支持。如何利用新兴技术的支持来推动 STEM 教育的发展，促进 STEM 跨学科之间的有效融合，是本研究关注的重点。本主题首先对 STEM 教育的内涵、形成阶段与特征进行了解析；其次，在阐释了教育人工智能概念的基础之上论述了教育人工智能技术对 STEM 教育的支持；最后，在教育人工智能技术的支持下，构建了基于教育人工智能技术的 STEM 跨学科融合模式，并从学习活动设计、教学环境设计、教学目标设计、教学内容设计和教学评价设计五个方面对该模式进行了阐释，以期能够更好地促进 STEM 的跨学科融合。

1. 回顾 STEM 教育的内涵

STEM 强调跨学科之间的融合，从概念本身来看，虽然相关学科之间是相互独立的，但是 STEM 教育指的并不是四门学科的简单叠加，而是相关学科核心知识的有机整合；从价值取向来看，STEM 教育旨在通过相关学科的有机整合，培养学生的 STEM 素养，使学生能够综合运用科学、技术、工程和数学等相关领域知识解决生活中的实际问题，从而培养学生的创新能力和综合实践应用能力。

2. 教育人工智能技术的概念

人工智能的英文缩写是 AI，其是计算机科学的一个分支。它主要是研究和开发智能理论、方法、技术和应用系统，利用计算机来模拟人的思维和行为的一门新的技术科学。人工智能可以说是一门边缘学科，涉及控制论、语言学、心理学、计算机科学、神经心理学、信息论等领域和学科。

教育人工智能的英文缩写是 EAI，它是人工智能与学习科学相结合而形成的一个新领域。教育人工智能的目的是在人工智能技术的支持下，使教师和学生能够更清楚、更深入、更全面地理解学习是怎样发生的，并且在外界因素（如社会、经济和技术等因素）的条件下，如何通过灵活运用人工智能技术中的“智能”工具，为学习者高效学习和真实体验提供支持。

3. 教育人工智能在 STEM 教育中的定位

技术在 STEM 教育中的角色定位可以从两个视角来理解：一方面，技术本身作为一个学科领域，通过 STEM 教育的整合来学习。STEM 教育是“科学”“技术”“工程”和“数学”的有机整合，其中包括了“技术”这一学科领域。在这一视角下，学生在 STEM 教育范畴内了解技术的发展历程及新兴技术的产生等相关知识。另一方面，技术可以被看作支持 STEM 教育的外部手段，在这一视角下，技术为 STEM 教育中教与学的过程创造更多的机会，为 STEM 教育的教与学取得较好效果提供支持。这里的教育人工智能并非指 STEM 教育中的“技术”，而是推动 STEM 教育理念下学科有效融合的外部支持。

教育人工智能是人工智能和学习科学相结合的一个新领域。教育人工智能技术与 STEM 教育是相辅相成的关系，教育人工智能技术能够为 STEM 教育提供支持：第一，利用教育人工智能技术能够为学生创造自适应的学习环境；第二，学生利用教育人工智能技术能够提高学习体验，促进深度学习的发生；第三，STEM 教育的发展也能够推动教育人工智能的进步，例如通过学生在 STEM 教育中的学习体验，能够为教育人工智能技术的发展提供反馈。

4. 教育人工智能技术对 STEM 教育的支持

人工智能技术在多个领域中都得到了广泛的应用并产生了深刻的影响，教育作为人工智能技术应用的一个重要领域，对人工智能的发展以及教与学方式的变革都起着推动作用。教育人工智能技术对 STEM 教育的支持可以从宏观和微观两个视角来进行分析。

从宏观视角来看，教育人工智能技术对 STEM 教育的支持主要是指人才培养目标和教与学方式变革两个层面。21 世纪，技能包括学习与创新技能（批判性思考和解决问题能力、沟通与协作能力、创造与革新能力）、数字素养技能（信息素养、媒体素养、信息与通信技术素养）与职业和生活技能（灵活性与适应能力、主动性与自我导向、社交与跨文化交流能力、高效的生产力、责任感、领导力等）。为了迎合 21 世纪技能的目标理念，教育人工智能技术主张关注在复杂的、劣构知识的问题解决过程中，发展学生的问题解决能力和创新能力。教育人工智能技术支持下的新型教学模式是以学习者为中心的教学模式，它改变了传统教学模式的结构、要素的组合形式，能够较好地顺应技术发展的趋势，从而推动教与学方式的变革。

从微观视角来看，教育人工智能技术对 STEM 教育的支持主要是指智能引导、自适应环境创设、实时记录追踪、监控与反馈、资源推荐和知识共享六个方面。国外学者指出，教育人工智能应用的发展趋向主要有五个方面，其中个性化学习作为一个主要方面受到了关注。教育人工智能技术对于学生的个性化学习支持体现在多个方面。例如，通过对学生学习过程的数据分析，能够准确地判断学生的学习状态；通过对学生学习成绩的数据分析，能够及时地形成评价报告，对学生的学习情况做出预判；通过对学生资源浏览的数据分析，能够判断出学生的学习兴趣；等等。而这些均是依赖教育人工智能技术对于学生的智能引导、对学习过程的实时记录与追踪和监控与反馈等。教育人工智能技术支持下的学习环境是一个集云端一体化、支持深度学习和协作共享于一体的自适应学习环境，能够为学习者提供一种随时随地可以访问的、学习者深度参与的、跨学科解决问题的学习平台。在这种自适应的学习环境里，无论何种水平的学习者，都能最大限度地获得良好的学习体验。同时，在教育人工智能技术支持下的课堂环境中，学生的交互是多元化的。既包括学生与学生之间的交互，也包括学生与教师之间、学生与资源之间、学生与环境之间的交互。这种多元交互融合的方式，可促进学生的知识共享。同时，人工智能技术通过对学生的数据分析与挖掘，能够为学习者推荐合适的、高度相关的学习资源以匹配学生的学习需求。

5. 创客教育和 STEM 教育之间的联系和区别

大数据、云计算、物联网等先进技术正在悄然改变我们的生活。回首过去，展望未来，互联网及诸多新技术（如 3D 技术、开源软 / 硬件）等逐渐兴起，人工智能时代即将到来。未来会是什么样？

信息技术除加速社会变革以及行业形态的升级改造外，也在对教育创新改革产生实质性的影响。STEM 教育和创客教育，是近几年来在全球日益盛行的教育创新模式，是信息技术与教育融合产生的新教育模式。

创客教育来源于创客运动。创客运动可以理解为“互联网 +DIY”，指人人都可以像科学家、发明家那样，利用身边的一切资源（如软件、硬件、材料、专家、同伴等），将自己的创意变成现实，并通过互联网平台快速分享给全世界的人。创客是一群喜欢或享受创新的人，代表一种文化、一种态度、一种学习方式。

STEM 教育，即科学、技术、工程和数学教育，是一种“后设学科”，即这一学科的建立是基于不同学科之间的融合，将原本分散的学科整合成一个整体。

创客教育与 STEM 教育的相似性主要体现在二者都属于跨学科教育，需要将原本孤立的学科进行有机整合。二者的不同之处在于，STEM 教育是围绕科学、技术、工程与数学学科的知识与能力开展的，着重提高学生的 STEM 素养，优化他们的学业成绩，进而为创新人才的成长奠定基础。

创客教育不是一般教育方法的改革或教学内容的增减，而是教育功能上的重新定位，是带有全局性的、结构性的教育革新和价值追求，是一种新的教育理念。创客教育相信每个孩子都可以成才，教育应成为激发学生个人创造潜能发挥的内在力量，而非像传统教育一样压抑和扼杀学生的灵性。开展创客教育，培养具有创新意识和能力的人才，必须大力推进教育创新。创客教育和 STEM 教育可以说是创新教育的两种重要方式。

创客教育是一个复杂的系统工程，需要各种教育形式协同运作，除创客教育、STEM 教育外，道德教育、传统文化教育等也是推进创新教育的重要形式和基础。总体而言，创客教育和 STEM 教育与创新教育具有最直接的关联并相互影响，创新人才的培养需要同时扇动创客教育和 STEM 教育两只“翅膀”。

第三章 小学科学教学与STEM教育

小学科学教学是一门科学，又是一门艺术，是科学性和艺术性的完美统一。要上好一堂科学课，除了必须掌握小学科学教育的基本原理和规律，还必须娴熟一系列小学科学课堂教学的艺术，如课堂导入艺术、课堂语言艺术、课堂提问艺术、课堂调控艺术和课堂板书艺术等，从而使科学教学达到最优化。

第一节 小学科学教学艺术概述

小学科学教学是一门科学，也是一门艺术。它之所以称为一门艺术，是因为科学课堂教学能给予科学教师充分自由的创作空间，使教师可以像美术家、音乐家以及文学家那样进行艺术创作。但与美术家、音乐家以及文学家的创作不同的是，科学教师的创作不仅要以独特的个性来发挥和施展自己的才能，还必须与孩子配合。孩子既是这一创造活动的对象，又是这一创造活动的积极参与者和主要受益者。科学教师只有把其创造性活动同尊重儿童的独立性结合起来，才可能掌握真正的教学艺术。

一、小学科学课堂教学艺术的内涵

小学科学课堂教学艺术，就是教师在小学科学教学活动中，以富有审美价值的独特的方式方法，创造性地组织教学，使教师与学生双边活动协调进行，使学生能积极、有效地学习，并感受科学美的精湛的教学方式。小学科学课堂教学艺术是教师在长期的小学科学课堂教学实践中积累起来的“教学经验”“教学技能”“教学技艺”发展的高级阶段和理想境界，它是教师学识和智慧的结晶，是教师创造性地运用教学方式方法的升华，是教学规律性与教学独创性的完美结合，是求美和求真的和谐统一。理解小学科学课堂教学艺术的内涵必须把握以下几点：

（1）教学艺术是“掌握”教学的一个独特视角、独特方式。教学活动是人类复杂的培育下一代的过程，只有从“远近高低各不同”的角度来看，才能真正理解、掌握教学。教学艺术从美学的角度揭示了教学活动中特有的艺术属性。

（2）教学艺术是实践艺术和过程艺术的统一，也就是特定的教学价值观与特定的教学操作方式的统一。

（3）教学艺术具备一般的艺术特点，如形象性、情感性、审美性、创造性等。

（4）教学艺术中，艺术掌握的是教学，艺术的前提是教学。教学是艺术的掌握对象，教学也是教学艺术功能的边界限定，教学艺术包含在教学中，服务于教学。

二、小学科学课堂教学艺术的类型

小学科学课堂教学是提高学生科学素养的摇篮，是培养学生综合能力的舞台，是锻炼学生生存本领的阵地，是展示教学艺术的场所。小学科学课堂教学艺术的类型主要有教学内容的组合艺术、教学结构的安排艺术、教学方法的选择艺术、教学气氛的渲染艺术、课堂教学的导入艺术、课堂教学的提问艺术、课堂教学的语言艺术、课堂教学的调控艺术、课堂教学的板书艺术、课堂教学的体态艺术10种。

（一）教学内容的组合艺术

科学知识本身就是一种艺术，包含真与美。科学教师要善于从教材里感受美、提炼美、表现美、创造美。知识本身潜在的美，是不会自发地起作用的。教师的任务在于挖掘美、渲染美。也就是说，要帮助学生去揭示知识中包含的美、再造美，使原有的美更添色彩。

（二）教学结构的安排艺术

教学过程的美首先是指教师和学生在具体教学活动中所表现出的丰富创造性。教学过程的美还指教学在动态中形成具有美的特征的组合形式，即和谐的教学过程结构。这种结构是由教和学双边活动的协调统一所形成的。教学中的完整性、有序性、节奏性等，都是和谐的教学结构的必备因素，也是其美的核心。

（三）教学方法的选择艺术

教学方法美突出表现在教学的新异美和教学的幽默美。用新颖的形式、巧妙的方法、奇特的事例去展示教学过程的矛盾，引起学生的认知冲突，刺激学生产生疑问和探索的欲望，就能产生内在美。而教学的幽默美是教学方法灵活的体现，是高品位的教学艺术。

（四）教学气氛的渲染艺术

好的课堂气氛，令学生如沐春风，如饮甘泉，人人轻松愉快，个个心驰神往。有高超教学气氛渲染艺术的科学教师在课堂上精神饱满，主动传情，学生情绪高涨，注意力集中，教学双方都沉浸在一种轻松愉快的气氛之中，都积极开启智能，共同探索着科学之谜。

（五）课堂教学的语言艺术

教学语言是知识的载体。富有感情色彩的教学语言是激发学生情感、思维、兴趣的源泉和动力，是赢得教育成功的先决条件。教师的语言准确精练、直观生动、幽默风趣、亲切自然、充满情意，学生便如临其境、如见其人、如闻其声、美不胜收。

（六）课堂教学的板书艺术

板书是教师在备课中构思的艺术结晶，是学生感知信息的视觉渠道，是发展学生智力和形成良好的思想品质的桥梁和工具。好的板书不仅在内容上概括剖析，恰到好处，自成一体，而且在形式上因内容不同，重点不同，各具特色，结构精巧，情趣横生。

（七）课堂教学的体态艺术

教师的体态艺术是教学的无声语汇，它借助表情、眼神、举止、手势、仪表等手段，来传达感情，是一种具有较高审美价值和情感交流价值的沟通手段。它要求掌握这种艺术的教师具有较高的艺术修养。

课堂教学的导入艺术、课堂教学的提问艺术和课堂教学的调控艺术后文将分节探讨。

三、小学科学课堂教学艺术的功能

对教学艺术功能的系统认识与全面表述，有助于提高认识，并在教学实践中充分发挥教学艺术的功能。小学科学教学艺术的功能主要有以下几个方面：

（一）陶冶功能

由于教学艺术情理交织的特点和感染力很强的审美形式，其形成了鲜明的情境性和非理性因素，并具有不可忽视的全方位的潜在教育功能，如融洽民主的师生关系、生动活泼的教学气氛、频繁多向的人际交往、教师出色的课堂表演等，这些都在向学生潜移默化地渗透着理性的教育，给他们留下持久性的深刻印象。正如人们说的：“只有在潜移默化中受到的教育，才能起到滴水穿石的作用。”成功的教育是学生没有感到受教育，却受到了终生难忘的教育。

教学艺术的陶冶功能，在于有效地淡化了教育痕迹。在高超精湛的陶冶教学艺术中，那“无为”的表象深层尽是“有为”的匠心，但是又不露任何斧凿的痕迹，给人以“无为”的自然感受，让学生在不知不觉中受到深刻的教育。教育家孟子曾说：“人之患在好为人师。”教学实践也证明，以长者自居，赤裸裸地以教训的口吻向青少年进行灌输教育，他们是不愿接受的。相反，淡化一下教育痕迹，在传授科学知识过程中以审美的形式寓思想教育于其中，学生就会在不知不觉中受到无形的陶冶。

教学艺术的陶冶功能，还在于教师自觉地增强了教书育人的意识。为了使教育深入学生心灵，教师加强自身修养，以其高超的教学艺术渲染了情绪高涨的教学气氛，创造出引人入胜的教学情境，有效地激励学生学习的动机、兴趣、情感、意志等动力系统，使课堂教学始终贯穿着紧张、活跃而又愉快的智力活动。教学艺术高效的陶冶作用，都是教师有意识而又不动声色地施加定向教育影响的结果，它从根本上不同于没有明确导向的、盲目而自发的教学环境对学生的潜在影响。

（二）转化功能

教学艺术高效率的转化功能，标志着教师本质力量的对象化。因为精湛的教学艺术，可以高效地完成知识的传授、技能的培养和智力的开发、品德的形成等教学任务，它以适应学生身心发展的特点为前提，马上转化为促进学生全面发展的因素。可以说，在课堂教学中，历史文化的脉搏跳动得最为铿锵有力。人类几千年所传递下来的精神文明，正像静脉输血一样源源不断地注入儿童幼小的心灵，并迅速地转化为个体认识世界、改造世界的巨大力量。

教学艺术转化功能的实施过程，使其具备了其他艺术创造过程所不可比拟的重大意义。在转化过程中，教师高尚的品德、宽阔的胸怀、渊博的知识、卓越的个性，都像画家的如椽巨笔，无时无刻不在勾画着学生完美的形象，根据每个学生的特点，将璞琢成玉，将铁炼成钢，引导学生从今天的“我”走向理想的“我”，最后使之成为各种各样的有用人才。可见，这种教学艺术产品的转化过程，景象何等壮观，意义何等重大！这确是其他艺术创造过程所难以比拟的。

其实，教学艺术的转化功能并非神秘、不可捉摸的，而是受主客观条件制约、有其内部规律可循的。这就要求教师做一个教学理论的自觉探讨者，对影响教学转化的主客观条件和内部机制及其客观规律，有比较深入的了解和掌握，以便及时地感知并准确地把握转化的最佳契机，使教学艺术的转化功能释放出最大的能量，取得最优的教学效果。

（三）愉悦功能

教学艺术愉悦功能，直接促使学生乐于学习。听一堂好课，往往用“如沐春风”来形容，春风吹在人们身上，使人们感到温暖、舒适。教学虽是严肃的事业，但是教师尽可能温和一点、轻松一点、形象一点，有时候来点幽默，却非常有利于教学的进行。

教学的趣味性乃是构成教学艺术的愉悦功能的重要因子。教学中的妙语连珠、体态情趣、幽默插曲、摹态拟声、故错解颐等，均是有效地解除疲劳，使学生乐学的“兴奋剂”。有的老师正是看到了趣味性教学的愉悦功能，才生发出“好不如妙，妙不如迷”的深刻见解。但是教学追求的趣味必须是高尚的情趣，做到“闲话不闲，笑语有益”，使学生在笑过之后能受到深刻的教育效益。

教学艺术的愉悦功能从多方面影响着学生的学习。它可以消除由紧张的思维运动带来的心理疲劳，调节单调重复的学习活动带来的生理疲劳，缓解学习生活中的焦虑情绪，恢复业已倾斜的心理平衡等，使教学艺术在一张一弛、劳逸结合中获得寓教于乐的功效。正是因为教学艺术的愉悦功能多方面影响着学生的学习，所以才使学生感到“学而时习”的愉悦。

（四）整体功能

教学艺术是一个相对完整的系统，它是依靠其整体发挥巨大的教育作用的。教学艺术是一门非常综合的艺术，它融合各种艺术表现手段（线条、色彩、语言、音响、节奏、造型等均为教学艺术所用），以大量的信息全方位地诉诸学生的视觉、听觉、触觉等多种感觉器官，直接影响到学生的思想、知识、技能、智力、个性和审美等诸方面的发展。可见，教学艺术的这种整体功能，是不可分割的有机组合。

教学艺术整体功能的发挥依靠其内部结构的最优化组合。因为只有整体内部各部分在建立相互联系中呈最佳结构状态时，才能发挥出大于各孤立部分总和的整体功能，如果教师和学生的知识结构互补，师生关系融洽，教学内容与教学方法相适应，知识训练序列与学生思维认识能力一致，备课、讲课、评改、辅导等各个环节密切配合，这样就构成教学艺术内部结构的最优组合，必能使教学艺术发挥出最大的整体功能。相反地，如果教学系统内部各部分只是孤立地静止地存在着，或者组成了一个彼此冲突的结构，那只能使其整体功能大量内耗，而不能取得预期效果。

教学艺术的整体功能的全面发挥，构成教学艺术神奇的综合魅力，能引发学生心灵深处的审美效应，对学生产生潜移默化的影响。

第二节　小学科学课堂导入艺术

万事开头难，一堂课也是这样。科学教师走进教室，站在讲台前，首先要考虑的是这样一个问题：什么样的“开场白”，才能使学生的注意力集中，才能使他们对本堂课的教学活动产生浓厚的兴趣？这里所说的“开场白”用规范的术语来说，就是“课堂导入”。艺术的课堂导入能引出紧紧抓住学生心弦的教学情境，学生在教师创设的情境中，或趣味横生，或悬念于怀，或处于新旧知识的冲突之中，或徘徊在知与不知的矛盾圈内，产生强烈的求知欲望，很自然地进入最佳学习状态。

一、小学科学课堂导入的含义

小学科学课堂导入是小学科学教师在一项新的科学教学活动开始之前，引导学生进入科学学习状态的行为方式，或者说是科学教师在进入新课题时建立问题情景的教学方式。通俗地说就是小学科学课堂教学的开头，课题的引入。它是小学科学教师谱写一首优美的科学教学乐章的前奏，是师生间心灵沟通的第一座桥梁。

二、小学科学课堂导入的功能

“良好的开端是成功的一半”，一堂课的开头开得好，就能先声夺人，使学生形成渴望、追求的心理状态，把学生的注意力吸引到特定的教学氛围之中，形成定向导入。成功的导入具有下列功能：

（一）引起注意，激发动机

学习动机中最现实、最活跃的成分是认识兴趣。当学生对某种学习产生浓厚兴趣时，他总是积极主动且心情愉快地投入。新课伊始，老师巧妙地导入是学生产生兴趣的诱因，一上课就让学生在认识上、情感上和意志上予以高度专注，使学生对本节课有浓厚兴趣。

（二）启迪思维，引发思考

思维是智力的核心。学生在课堂上只有积极地进行思考，才能促进感知、记忆和想象。任何训练的获得，也都离不开积极的思维。课堂导入的巧妙设计就是点燃学生思维火花的一颗火种。

（三）承上启下，新旧衔接

从教材编排体系看，单元与单元之间、课与课之间，都有着密切的内在联系。如果老师在讲授新课时，能按照教材本身的内在关系，设计出联系旧知识、提示新内容的导入，就能承上启下，在新旧知识之间架起一座桥梁，会大大地提高学生的学习效率。

此外，课堂导入还能起到组织教学的作用。

三、小学科学课堂导入的策略

（一）小学科学课堂导入的基本原则

1. 简洁明快，不长篇大论

科学课堂导入的语言要简洁、明白、易懂，以激发学生的学习兴趣和科学探究欲望。导入仅仅是一堂课的引子，不是教学内容的讲述，切忌长篇大论、漫无边际，占用过长的课堂时间。教育心理学研究表明，上课后 5~15 分钟是一堂课的最佳时域，应留给课的中心，否则喧宾夺主。一般导入以 2~5 分钟为宜。

2. 新颖别致，不千篇一律

科学课堂导入应力求形式新颖、生动活泼、富有趣味性，能激起学生的强烈求知欲，因此要精心设计，巧妙布局，别出心裁，让学生掉入知识陷阱。切忌千篇一律，平淡、刻板、平铺直叙。

3. 精彩凝练，不单打独奏

科学课堂导入要做到内容精练，讲解精彩，抓住关键，画龙点睛。要设法充分调动所有学生学习的积极性和主动性，让师生的情感在上课之始就得以交融，千万不能只顾自己在台上单打独奏、唾沫横飞而不顾学生的反应。

4. 奇妙悬念，不平庸鄙俗

科学课堂导入要给学生留下一点奇妙、奇怪的悬念，以紧扣学生心弦，吸引他们刨根问底。但在选择材料时，要注意其思想性，注意对学生进行思想熏陶。不能为了吸引和挑逗学生，专门去猎奇，甚至收集一些庸俗的东西来迎合学生的好奇心理。

5. 准确恰当，不牵强附会

科学课堂导入的知识点要找准确，要“导”在新旧知识的衔接处，恰当设定知识的坡度（最好先在一个水平面上），以便学生由旧知向新知迁移，实现自然过渡。导语的宗旨是为了导入新课，提高教学效果，其设计和运用一定要自然，要符合学生的心理特点和课堂教学内容，不能为导语而导语，更不能在导语中信口开河，胡编乱造，愚弄学生，分散学生的注意力。

（二）小学科学课堂导入的具体方法

小学科学课堂导入没有固定的方法，不同的科学教师面对不同的学生和不同的科学课题有不同的导入方法，归纳起来，大致有这么三大类：声讯导入、直观导入和活动导入。

1. 声讯导入

声讯导入是指以语言文字、声音讯号为载体而导入新课的方法。它主要包括如下 9 种形式：

（1）直接导入。上课伊始，教师开门见山，开宗明义，直奔主题，讲明本节课的教学目标和要求，各个重要部分的内容及教学程序，从而引起学生注意。如《声音是怎样产生的》一课就可以这样导入：老师写两个字，不知同学们认识不（教师迅速在黑板上写上“声音”两个字）？你们研究过“声音”吗（学生读出来后接着问）？那么今天我们就来研究“声音”，首先要请你们描述一下曾经听到过的声音，然后我们一起来制造声音，看看声音究竟是怎么产生的！这是一种最简单的导入方法，但由于这种导入方法比较呆板、趣味性不够，不适合低年级学生。

（2）提问导入。通过精心设计的提问引入课题，可以吊起学生的胃口，激发他们的好奇心。要求所提出的问题富有启发性，能发人深思，但又不能让学生觉得高不可攀。如《动物与天敌的自然平衡》一课就可以这样导入：许多年前，在美国西南部的山里有很多鹿，它们的数量一直变化不大，山里还有狼。从城镇来的某些人曾目睹狼群咬死了鹿群里的两只小鹿，非常震惊，结果发动了一场灭狼运动。使人们惊奇的是，在灭狼以后的几年里，鹿的数量反而明显地减少了。既然狼是鹿的天敌，为什么会发生这种情况呢？

（3）新闻导入。选择时效性强、学生关切度高的新闻导入新课，一定可以打动学生。如《探索月球的秘密》一课就可以利用2005年10月12日我国成功发射“神舟六号”这一重大新闻来导入：同学们知道费俊龙、聂海胜吗？那你们想不想成为中国的第X位航天英雄乘坐未来的“神舟X号”登上月球？那么我们今天就先来把月球的秘密弄清楚。这样大大激发了学生的学习内驱力，激起了学生浓厚的学习兴趣。

（4）事象导入。从生活实际、周围环境选取学生熟悉的事例或现象，引入课题，可以唤起学生对相关感性知识的回忆，从而使学生在平中见奇、熟中生疑，进入积极思维状态。如《雨和露》一课，露珠是学生能见到的较熟悉的自然现象，可以这样导入：夏天的清晨，你一定见过小草叶尖、玫瑰花瓣上那晶莹剔透的小露珠，一串串、一排排，那是小草、花瓣的眼泪？还是夜晚下雨留下的痕迹？……

（5）故事导入。故事融知识性和趣味性于一体，而爱听故事是儿童的天性，教师抓住学生这种心理，通过引人入胜的故事情节，揭开课堂教学第一幕，学生一定兴趣盎然。但要求故事简短、与课题紧密相关。如《雷电》一课就可以讲述科学家富兰克林的一生以及他发现雷电的故事；《探索月球的秘密》一课就可以讲嫦娥奔月的神话故事。

（6）谜语导入。通过谜语，悟出教学课题，可以达到引人入胜的目的。要求谜语不能太难，让学生能较快猜中，猜中谜底后，他们会很兴奋，会带着喜悦的情绪进入新的学习状态。如《保护眼睛》一课就可以让小朋友们猜“眼睛”的谜语导入：“上边毛，下边毛，中间一颗黑葡萄，要是猜不出，对我瞧一瞧。”再如《空气》一课的导入，可以让小朋友们猜“空气”的谜语：“伸出双手摸不着，睁大眼睛看不到，动物植物都需要，一时一刻离不了。”

（7）音乐导入。音乐最富感染力，科学课堂通过放音乐、唱歌曲的形式引入课题，可以烘托气氛，达到教者动情、学者动容的境界。如《船》一课的导入就可以唱《让我们荡起双桨》，在优美的歌曲中拉开科学探究的序幕。

（8）儿歌导入。以朗朗上口、简洁明快的儿歌导入新课，生动有趣，易被学生接受。如《月球》一课就可以通过儿歌《弯弯的月儿，小小的船》导入。

（9）快板导入。快板活泼动听，小学生喜闻乐见。如《青蛙》一课就可以用快板导入：呱呱呱，呱呱呱，人人都来把我夸，圆圆肚皮本领大，专门来把害虫抓。通过竹板的拟声，快板的节奏，把一只喜气洋洋的青蛙形象刻画在学生面前，从而顺利导入新课。

2. 直观导入

直观导入是指通过直观表象而导入新课的方法。它主要包括如下6种形式：

（1）图片导入。通过挂图、贴画的直观形象，引起学生的注意，激发学生的兴趣和热情而导入新课。如《秋天》一课就可以挂出秋天果实累累、满山红叶的风景图片导入。

（2）影像导入。采用电视、录像等现代化教学媒体播放影像导入新课，动感强，内容多，时空跨度大，可以在短时间内让学生获取大量信息，激起强烈求知欲，如《美丽的大自然》一课就可以通过播放祖国名山大川、春夏秋冬的几段美丽的风光片导入。

（3）课件导入。多媒体课件具有独特的功能，它集文字、图片、声音、动画、影像于一体，用它导入新课，可以帮助学生形象直观地思考问题，丰富想象，渲染气氛，调动学生积极思维，促进自主探究。如《杠杆》一课的导入，可设计一个动画：一辆汽车正在一条乡间小道上行驶，一块大石头挡住去路，一位叔叔下车搬得满头大汗，也搬不动。怎么办呢？开动脑筋，帮叔叔想个办法。学生情绪被画面调动起来，纷纷发表自己的见解，通过比较，大家认为用棍子撬最省力、最方便，从而自然进入“杠杆”的探究。又如《春夏星座》《月相成因》《日食和月食》这类课文，都可以利用多媒体创设情景，让学生主动探索导入新课。

（4）实物导入。把自然实物带入科学课堂导入新课，可以让学生摸摸、看看、闻闻，调动各种器官感知那些最真实的事物，激起探索的欲望。如《植物的果实》一课的导入，可以把各种各样的干果和肉果直接摆到学生的研究桌上。再如《各种各样的叶子》一课的导入，可以采集各种各样的叶子摆在教室里。

（5）模型导入。通过展示各种模型（质地有烟料、石膏、金属、竹木、水晶等，特别是一些可爱的电动小动物模型、栩栩如生的编织小动物模型）导入新课，可以满足学生的好奇心、激起探究欲。如《青蛙》一课就可以用一只呱呱叫的一蹦一跳的电动小青蛙模型导入。

（6）标本导入。通过展示动物、植物和矿物标本（特别是一些珍奇动植物标本）导入新课，一定会令学生眼花缭乱、叹为观止，学习兴趣倍增。如《昆虫》一课就可以展示枯叶蝶、竹节虫、蝗虫、长臂金龟、老爷蚊、象鼻蝉等各种昆虫标本导入。

3. 活动导入

活动导入是指以教师和学生的双边活动而导入新课的方法。它主要包括如下3种形式：

（1）实验导入。小学科学是一门综合性的以观察和实验为基础的学科，在课堂教学中，教师利用实验导入新课，可以让学生观察到直观、实在的客观事实，从中发现问题，产生疑窦，萌发出强烈的探究欲。科学教学中，常常采用这种导入方式。如《热胀冷缩》一课就可以演示“用热水烫瘪乒乓球”的实验，当学生观察到瘪乒乓球被烫鼓的实验事实后，势必产生“是谁把瘪的地方推鼓的？是什么原因促使这种物体形成推的力量？”的疑问，从而顺利进入气体热胀冷缩性质的探究。

（2）游戏导入。爱玩是孩子的天性，做游戏学生最开心了。教师通过设计精彩的游戏导入新课，可以寓教于乐，使学生在不知不觉中进入新课的学习。如《纸风车》一课的导入，老师说："这节课我们带纸风车到操场玩，看谁的办法多，让纸风车转得快。"学生像放飞的小鸟冲向操场，在玩中明白空气的流动会形成风。再如《我们的身体》一课就可以设计"瞎子摸象"的游戏导入新课。《影子》一课就可以设计幻灯下"玩手影"的游戏导入新课。

（3）魔术导入。魔术是学生喜闻乐见的活动形式，教师通过设计精彩的魔术导入新课，可以化难为易，化平淡为神奇。如《大气压力》一课就可以设计"烧瓶吞蛋"的魔术导入：老师拿烧瓶给学生看，并用"魔术棒"敲几下，里面空的，然后拿出剥了壳的熟鹌鹑蛋放在瓶口，当然按不下去，把蛋拿下；接着点燃蜡纸条放入瓶中，迅速将蛋放在瓶口，于是在大气压力作用下，鹌鹑蛋被烧瓶"吞"进肚里。此时，学生必定看得目瞪口呆。老师马上说：蛋为什么会被烧瓶吞进肚里？今天我们就来揭开这个秘密！这个设计激发了学生探索科学奥秘的欲望，为整节课奠定了良好的心理基础。

教学有方法（小学科学课堂导入的方法有很多），但教无定法（每一节科学课我们都不能拘泥于一种导入形式，不同的教学内容、不同的学生和不同的老师，导入方法不同，切忌千篇一律，千佛一面），妙在变化（要灵活多变地运用科学课堂导入的方法，做到常教常新），重在得法（科学课堂的导入要尽量做到恰如其分，恰到好处）！

第三节　小学科学课堂提问艺术

早在1912年美国的史蒂文斯就对教师的提问进行过研究，发现教师的提问和学生的问答大约占去了普通学时的80%。尤其是小学教师，平均每分钟要问2~4个问题，每天大约要问400个问题。此后，弗洛伊及莫野的研究同样表明：在所进行研究的课堂上，教学程序的核心是教师的提问，学生的回答，经常还有教师对学生的回答所作出的反应。然而这些研究者同时发现：在这众多的提问中，大多数是记忆型的问题，仅要求学生根据书本作直接的回忆或对具体事实作回答，而很少要求学生作高水平的思维。资料显示，中小学一般教师平均每堂课的有效提问仅占56%，也就是说，教师课堂提问有近一半是低水平的甚至是无效的。怎样才能使小学科学课堂提问有效呢？必须把握小学科学课堂提问的理论和艺术。

一、小学科学课堂提问的含义

小学科学课堂提问是科学课堂教学的一种"常规武器"，是指教师通过口头语言、书面语言或态势语言等方式给出信息引起学生思维和言语反应的活动。它是科学教学过程中教师和学生之间常用的一种相互交流的教学方式，是教学过程的有机组成部分，是整个教学过程推进和发展的重要动力。

二、小学科学课堂提问的功能

现代教学理论认为教学过程是一种交往过程（师生交往、生生交往），但显然这种交往不同于日常生活中的交往，因为课堂教学是在教师的宏观调控下进行的，要有效实现这种教学交往，课堂提问是必要条件。李政道博士说：“什么叫学问？是要学怎样问，就是要学会思考问题。”显然教学中的“问”包括学生学和教师问两个方面，我们这里着重讨论教师的提问。归纳起来，小学科学课堂提问有如下几种功能：

（一）集中注意，激发兴趣

课堂导入多从提问开始。好奇心乃人的天性，提问激起好奇心，使学生心理活动很快定向并集中在某一特定概念和观点上，引发学生积极思维。通过提问也可以维持课堂秩序（当教学秩序不大好时，教师一提问，课堂便鸦雀无声），调节课堂气氛。

（二）启迪思维，开发智力

“思维自问题和惊奇始。”提问引起学生思考，每一个有价值的提问，都是一根点燃学生思维的导火线。因而通过提问可以引导学生的思维方向，扩大思维广度，提高思维品质。科学教学更注重对学生思维的调动，通过提问，使学生遇到新问题，只有遇到新问题，不断地提出问题，解决问题，学生的思维才能不断得到训练、启迪，智力自然得到发展。

（三）评价反馈，调控教学

来自提问的反馈信息，是最方便、最及时，也是最真实的信息（作业有的人会抄袭，考试有的人会作弊，提问当场作答，谁能“冒名顶替”？）教师通过收集学生对问题的反应与作答情况，既可检测学生的学习效果，又可检测教师教学设计的优势，从而及时调整教学行为。而学生通过获取答问的评价信息，可以优化原有的认知结构，回答对时，则肯定与强化原有的认知结构，回答不（全）对时，就能及时调整，改变有缺陷的认知结构。

（四）促进参与，训练表达

教师一提问，学生就紧张，紧张是好事，它能促使学生主动参与学习，在参与答问的过程中获得表达观点、流露感情、锻炼表达能力的机会。在课堂提问中，教师为学生语言学习提供了一个标准的训练场所，因为提问活动既能使学生逐步学会熟练地组织语言、准确地表达自己的观点，又能很好地锻炼提高学生语言表达的逻辑性和灵活性。有时教师根据学生答问的情况，决定请不同的学生分别作补充问答，使问题答案在语言表述上渐趋严密，教师再作总结性的完整表述，这对学生形成正确的语言习惯也能起到很好的作用。

三、小学科学课堂提问的策略

（一）小学科学课堂提问的基本原则

1. 有的放矢，把握目的性

教师设计问题时，应服从教学目标，既不能不分轻重，漫无边际，也不能蜻蜓点水，一带而过。要针对教学中的难点和重点提问，针对学生思想上的疑点和学生关心的热点提问，从而做到有的放矢。《蝶与蛾》中教师自始至终围绕一个主问题“蝶与蛾有什么主要不同点？”展开探究与研讨,因为本课的教学目标之一就是要学生学会区分蝶与蛾。

2. 投石击水，注重启发性

有效的提问应像石头投入平静的水面，使之顿然注入活力，生起波澜，从而使学生的泉思喷涌，智慧之花灿然开放。那些“是不是”“对不对”的“填鸭式”的满堂问要尽量摒弃。如《蝶与蛾》里关于蛾的嘴巴讨论时教师提问“×××说蛾没有嘴巴，而XXX说他们桌上的蛾有嘴巴，这是怎么回事？”就起到一石激起千层浪的效果。

3. 拾级而上，注意梯度性

有效的提问，应该遵循教材的逻辑顺序与学生的认知发展顺序，不仅像一根链条，每个问题环环相扣，而且要由浅入深，层层递进，呈现梯度性。如“滑梯的科学”一课，如果教师一下子问“人在滑梯上往下滑的最后速度与哪些因素有关？”，这对于四年级的小朋友有些难度。如果把问题分成几个梯级，①当你从坡度不同的滑梯往下滑时，下滑的速度一样吗？②冲出去的距离相同吗？③在粗糙和光滑的坡面上滑行，哪种坡面下滑更快？”把这三个问题弄清后，上面提出的问题就迎刃而解了。

4. 抛砖引玉，体现创造性

有效的提问应该有利于培养学生的创造性思维，拓展学生思维的深度和广度，能使学生沿着不同的角度，多方位、多层次地思考，并敢于发表自己的见解。如“探索月球的秘密”，最后教师提问：“你想象月球的未来会是什么样子？”

5. 新颖别致，加强趣味性

有效的提问应注意内容的新颖别致，能做到别具心裁，使学生听后产生浓厚的思考兴趣。对于一些熟知的内容，要注意变换角度，使学生听后有新鲜感。当然教师发问时幽默的语言、风趣的面部表情和手势语言都能大大增强提问的趣味性。同是问一个摩擦起电的问题，有人问得很平淡，可路培琦是怎么提问的呢？将气球摩擦后贴在额头上，再问这是什么道理？多么风趣，给人印象很深刻。

6. 因势利导，掌握灵活性

前面探讨过课堂调控，我们深知课堂教学是千变万化的，学生的答问可能出现答非所问或干脆答不出的情况，这时教师要运用教学机智灵活处理，不能照搬事先设计好的问题，也不能在学生答不出时一个劲地追问学生，以致“哪壶不开提哪壶”。要多运用疏导性提问，铺垫性提问，以适应变化了的情况。

7. 正确评价，突出鼓励性

学生答问后，教师要给予充分肯定，在充分肯定的同时要指出不足，提出期望，给每个学生尽量以成功的体验，又指明努力方向。学生答问的过程中，教师不要做仲裁者。过早的仲裁会遏制儿童活跃的思维。对正确的答问，也不要大加溢美之词，对一时答不上的学生可适当等待，启发其思维。对答错的学生，不要下“错”的断言，要激励他自己去寻思，可以说：“是这样的吗？你坐下去再想想。”

8. 面向全体，重视广泛性

教师提问要面向全体学生，根据教学目的要求与问题的难易程度，有目的地选择提问对象。以吸引所有的学生都积极参加思考，促使每个学生都用心答问。避免只提问“尖子”学生（怕后进生答不出），时间一长，后进生就成了局外人，必定更后进。一般情况下，先叫中等生答问，并提醒其他同学“注意听他回答得怎样，再说说你的看法。”当中等生只能答出部分时，再请上等生补充。后进生可以答较简单的问题。

（二）小学科学课堂提问的具体方法

小学科学课堂提问的具体方法多种多样，下面介绍常见的一些类型。

1. 直问法与曲问法

（1）直问法。直截了当地提问，即“问在此而意在此”，它能一下子把学生注意力收拢到某一点位。学生对此种提问可以直接做出回答，而不必拐弯抹角。

（2）曲问法。曲径通幽地提问，即“问在此而意在彼，它有助于澄清杂念，疏通思路，深层次化。学生只要解答了此问题，彼问题便“不答而解。

如“水的三态变化”可以直问：“沸水为什么冒‘白气’，河水在0℃以下为什么会结冰？”同时也可以曲问：“湿衣服不见阳光为什么也会干？冬天卧室窗子玻璃上为什么会有水珠？”从侧面提出这些问题，可加深学生对水的三种状态相互变化的理解。

2. 正问法与反问法

（1）正问法。是从正面提问，教师根据教学内容从正面提出问题，让学生顺藤摸瓜，在探求问题答案的过程中获取知识，发展智能。

（2）反问法。是从反面提问，教师为促使学生深入思考，不从正面提问，而是从相反的方面提出假设，让学生通过对照比较，自己得出正确结论。

正问与反问从两个对立面出发，可以加深理解，培养顺向与逆向思维，通常交替使用。如关于植物、动物分类中，蝙蝠是不是鸟，萝卜是不是果实的问题，可以提出：“凡是鸟双翼上都有什么？蝙蝠双翼上有羽毛吗？凡是果实都应通过什么形成？而萝卜长在地里，地里面能开花吗？”这正反两方面的问题，可把蝙蝠、萝卜的归属问题完全弄清。

3. 设问法与追问法

（1）设问法。教师自问自答，目的是吸引学生注意，而不是让学生回答，这种提问常常用来实现教学内容之间的顺利过渡。但设问不可使用过多，否则教师再提问，学生就不注意动脑了。

（2）追问法。问了不仅要答，而且要连续答几问。针对某一问题，为了使学生进一步理解，在一问后再次提问，穷追不舍。后面提出的问题可以是前一问题的另一个方面，也可以是在学生答案基础上再次提问，内容可不断加深。如“树叶的蒸腾作用”可以提问：在树木较多的地方，为什么会感到空气比较湿润？将一植物用塑料袋罩起来，为什么塑料袋里会出现一些小水珠？这些小水珠是从哪里来的？叶片的表面结构如何？叶片上的这些结构对植物的蒸腾有什么作用？蒸腾对植物本身有什么作用？对环境有什么作用？这一连串问题的提出，把蒸腾从客观现象讨论到内在本质，从而使学生真正理解了植物叶片的蒸腾作用。

4. 泛问法与特问法

（1）泛问法。不确定回答对象的问题，目的是让全班同学都进行思考或讨论。当一个泛指性问题提出后，往往期望学生有多种答案。如《探索月球的秘密》中提问“月球的未来会是什么样子？大家先想象一下，然后举手回答”。

（2）特问法。指明回答对象的问题。有时先提问，接着点名回答；有时先点名，再发问。它是课堂调控的重要手段之一，为了充分发挥某些同学的作用，或发现某些同学注意力不集中而进行调控时，可以采用特问方式。

5. 疑问法与激问法

（1）疑问法。在问题的疑难之处进行提问。如“×× 问题，有人这样理解……这对不对？为什么？”

（2）激问法。激励地问，是为鼓励学生积极思维而进行的提问。如“关于热胀冷缩的实验设计”提问：“设计热胀冷缩的实验，××× 说了一种方法，谁还能再说一种方法？”

6. 快问法和慢问法

（1）快问法。又称急问抢答。教师发布快速急问，促使学生争先恐后地抢答，以训练学生思维的敏捷性和灵活性。这种提问多采用填空式和选择式，带有明显的刺激性、竞赛性和娱乐性，课堂上常先呈现一种紧张活跃，继而又轻松愉快的氛围，令教师和学生兴奋难抑。这种提问宜用于教材中较易的内容，使学生抢答时能答。

（2）慢问法。又称深求慢问。教师为了深化重点、突破难点、解决疑点，训练学生思维的深刻性和批判性，提出问题后给学生留有充足的思考时间，让学生通过周密思考组织语言，以对问题做出完善圆满的解答。这种提问宜用于教材中较难的内容和高年级学生。

此外，还有理解性提问法、研究性提问法、发散性提问法、比较性提问法、开拓性提问法、铺垫性提问法、疏导性提问法、总结性提问法和评价性提问法等，在此不一一枚举。

第四节　小学科学课堂调控艺术

小学科学课堂教学过程是一个稳定而有序的过程，即基本上是按照预定的教学程序进行的。但由于课堂的主体是活生生的人，课堂教学绝不会是死水一潭，有时它甚至会像大海变化莫测。面对教学艺术之海的千变万化，作为科学教师——课堂教学的掌舵人，该怎样有效地驾驭课堂呢？教师必须掌握小学科学课堂调控的理论和艺术！

一、小学科学课堂调控的含义

1. 广义的小学科学课堂调控

如果把小学科学课堂看作一个系统，则此系统中存在诸多要素：人的要素（师、生）；物的要素（科学课本、科学实验对象与实验仪器、各种直观教具与电教媒体）；观念要素（科学知识、科学方法、思想方法和道德观念）。这三大要素中，人的要素最基本，也最活跃。在科学课堂里，学生利用物的要素和以前习得的观念要素自主探求科学，从而习得新的观念要素。显然，学生自主探求科学的过程受到教师的宏观调控，这种宏观调控不仅表现在物的要素的提供，而且表现在观念要素的定向。

具体地说，小学科学课堂调控既指科学教师对教学活动本身的调控（教学进度的控制、教学方法的使用等），又指对科学课堂情境的调节（人际关系的协调、课堂纪律的管理和偶发事件的处理等）。前者为认知活动的调控，后者为非认知活动的调控。前面研讨的假说演绎教学法、探究研讨教学法和自然教学法都是科学课堂的认知调控方法。

2. 狭义的小学科学课堂调控

狭义的小学科学课堂调控通常指科学教师对课堂随机事件的处理，教师的这种调控能力即平常所说的教育机智或课堂教学应变能力，这些随机事件可能是认知方面的，也可能是非认知方面的。如一位教师上《摩擦起电》一课，进行研讨时，有两派完全对立的观点：一女孩说“当我把两根用毛皮摩擦过的橡胶棒互相接近时，它们互相排斥”（多数同学支持这种观点），但一男孩却站起来说“用毛皮摩擦过的两根橡胶棒互相接近时，不是排斥而是吸引”。为此，双方争执起来。这就是课堂认知随机事件。至于课堂非认知随机事件比比皆是，如一位教师上“玩注射器”一课时，同学们正在交流玩注射器的发现，忽听一女孩大声尖叫，把全班同学的注意力都吸引过去，原来是一位捣蛋的男孩用注射器吸水射到前桌女孩的脖子内了。

二、小学科学课堂调控的功能

有效的调控，能保证科学课堂教学的顺利进行。课堂教学应变能力强的教师能充分地驾驭科学课堂，当遭遇到课堂上学生学习情绪的变化及突然发生的不良行为或出乎意料的偶发事件时，能迅速做出反应，并巧妙地加以解决，从而使科学课堂教学平衡而有序且有效地运行下去。总的来说，小学科学课堂调控具有以下功能：

（一）融洽师生关系

有经验的科学教师总能利用各种手段，不断地进行自我调控和对学生进行适时的调控，用教师良好的精神风貌去影响学生、感染学生。通过调控，消除师生距离，增进师生友谊，融洽师生关系。

（二）激发求知欲望

学生的求知欲望在很大程度上取决于科学教师的“教”，教师运用敏锐的观察、灵活的思维和果断的决策根据学生的课堂信息，如学生表情、行为等，适时地调控课堂气氛，就能激发学生的求知欲望，吸引学生紧紧围绕课堂展开思维活动。

（三）完善教学方法

在科学教学活动中，借助课堂调控能不断改进、完善教学方法。即教师通过自我调控完善教的方法，通过对学生的调控，指导学生完善学习的方法。在教师的调控与学生的反调控以及双方的自我调控的相互作用下，教的方法与学的方法相互影响、相得益彰。

（四）提高教学质量

小学科学课堂教学调控的过程，就是通过不断消除教学过程中的消极因素，调动教学主体和教学客体的各种积极因素的过程。从而使教学活动始终处在最佳状态，教学质量不断提高。

三、小学科学课堂调控的策略

（一）小学科学课堂调控的基本原则

1. 沉着冷静，不惊慌失措

这是妥善处理科学课堂随机事件的总原则。遇事处变不惊，这是一种修为，作为一名教师更应加强这种修为。我们正视课堂随机事件发生的必然性，一旦遭遇，首先提醒自己要冷静分析，不慌不忙，从而迅速调整思路，做出反应。

如有一位老师在某个班上《风的形成》一课时，课前对风的形成实验装置（空气对流箱）进行了多次实验，万无一失，在前面几个班上课时都取得了成功。不料在这个班上课时有电教部门录像，教室上方安装了几盏瓦数很大的照明灯，致使屋内温度较高，空气上升很快。实验时，空气对流箱内还没点燃蜡烛，箱口处的烟就流进箱内去了。怎么办，这是本课的核心实验，关系到整个教学的成败。当时老师并未慌乱，经过冷静地分析，很快找到了原因和解决办法，使发烟物体与箱口的距离比平时实验时远一点，实验就成功了——箱内未点燃蜡烛时烟流不进箱，箱内点燃蜡烛后烟才流进箱内，从而“化险为夷”，顺利地完成了教学任务。

2. 实事求是，不文过饰非

科学课堂随机事件可能由环境、学生引发，也可能由教师自身引发。如果教学过程中因教师本人的疏忽而引发教学失误事件，教师应该实事求是，心胸坦诚地面对，不能顾及师道尊严而文过饰非，应从错误中引出教训，使大家认识深刻，或设法巧妙更正，将事故变为“故事”。

如一位陈老师在上《马铃薯在水中是沉还是浮》一课时，做“比较等量的盐水与清水重量”的演示实验，可得到的实验结果大跌眼镜——清水比同体积的盐水重。怎么会这样？陈老师迅速思考了整个实验的每一个环节，发现是自己的失误导致的——疏忽了两个烧杯的重量不一。她很快镇定下来，笑着说：“老师做的实验科学吗？我们通过实验得出的结论科学吗？”孩子们傻眼了，他们从来没有怀疑过实验结论，也从来没有怀疑过老师！经过老师这么一问，他们开始小声地议论起来，终于，出现了一组令人欣喜的交流：

龙特魁勇敢地站起来，“老师，我想看看你做实验的烧杯。”他认真掂了掂，惊喜地喊道：“我知道了！老师实验用的两个烧杯一个重，一个轻，影响了比较重量的结果！”真的吗？周围几个学生也试了试。

“这样的比较不公平！”刚才还垂头丧气的孩子眼睛一亮，叫嚷起来。

“怎样比较才公平呢？”老师忍住笑意。

刘煜没等老师叫他，已经激动地喊起来："应该用一样重的杯子。""可以用同一个杯子分别称量！"陈东东也站了起来。

"行吗？"

"行，称出两次的重量，得出两个数据进行比较。"

老师趁机向学生介绍："这个方法确实可行，我们可以叫它连续对比。大家还有什么办法吗？小组讨论讨论，老师很想知道在这个失误下还会生成些什么。"

"还可以用那个一次性杯子"。张晶晶指着实验室一角的常用材料库。

"为什么你们会这样想？"老师有些疑惑。

"因为一次性杯子很轻很轻，即使同时使用两个杯子，它们重量的差异也很小很小，可以忽略不计。"同组彭雨荷站起来补充。

老师很惊讶：三年级的孩子竟然想到了忽略不计！她没有一锤定音，而是继续跟进："大家觉得他们的想法科学吗？"

"行！"

"还可以同时比较，一次比完！这种方法更简单。"

"还可以不用底码，不用称重量，只要同时放上去，看天平是否平衡就可以进行比较。"学生想到了同时对比。

老师微笑着采纳了孩子们一致看好的同时对比法，将刚才的盐水与清水再次慎重地做了比较，在同样多的情况下，盐水比清水重，孩子们都欢呼起来！全体师生又经历了一次难忘的科学探究历程。这里，陈老师把不经意中出现的失误巧妙地转化为一次锻炼学生科学素养的契机。

3. 关爱学生，不意气用事

科学课堂中一些不良行为多由一些后进学生引发。这部分学生自尊心强，自卑感也重，他们渴望教师的关爱。碰到这类事件，教师不可意气用事，用批评加训斥简单处理，这样定会激发师生矛盾，造成师生之间情绪对立，扩大事态，要把"尽量多地要求"与"尽可能地尊重"结合起来，从关爱学生的角度出发，妥善处理。苏霍姆林斯基说过："教育，首先是关怀备至地、深思熟虑地、小心翼翼地触及年轻的心灵。在这里，谁有细致和耐心，谁就能获得成功。"

如解放前上海有位大学教授叫姚明辉，体弱清瘦，却总是宽袍大袖。入冬畏寒，姚教授头戴大风兜，远看只露出一双眼睛，一个尖尖的鼻子，一撮翘翘的山羊胡子，颇有点滑稽。一天上课，教授刚走进教室，就看见黑板上不知谁用漫画笔法画了一只人面猫头鹰，那人面活像姚教授的脸。姚先生立定看了一会儿，毫无愠色，拿起一支粉笔，一本正经地在漫画旁写道："此乃姚明辉教授之尊容也'。大家笑了，姚先生也笑了。那位恶作剧的漫画作者舒了口气，对姚教授产生了一种高山仰止的尊敬。可见爱心与教育机智是相通的，是相辅相成的。处理偶发事件，运用教育机智时，千万不能忘了“爱心”二字，否则就有可能把事态扩大。

4. 因势利导，不一概而论

所谓“势”即事物发展所表现出来的趋势。当遭遇突发事件时，教师要善于发现和挖掘事件本身所包含的积极意义，然后顺势把学生引上正路，或逆势把学生拉回正轨。

如一位刘老师接过一个差班，上第一堂科学课，她刚把手伸到粉笔盒里掏粉笔，突然触摸到一个冷冰冰、软绵绵的东西，吓得她尖叫一声。大家一看，原来是一条中指大小的冬眠水蛇，在倾倒的粉笔盒边蠕动，全班哄堂大笑。刘老师努力使自己镇静下来。待笑声稀疏了，她带着余悸平缓地说：“据说，每位接我们班的新老师，都有一份大家赠送的特殊礼物。比如，给王老师的灰老鼠，给郑老师的大王蜂……而我呢，你们送了条小蛇。”她微微笑了笑，指着那条蛇说：“我是第一次这么近看到蛇，刚才还摸着它，而且着实吓了我一跳。不过，我觉得捕捉这条蛇的同学挺行，至少他挺勇敢，有一定的捕蛇经验……”这时，外号叫“踏踏跳”的男生“扑哧”一声，嘴凑到同桌“卷毛”的耳根：“老师在表扬你呢”。“卷毛”不自在地摇了摇头。他原以为这节课像以往一样有“戏”看了，没料到老师还表扬了自己，这是他上五年级以来第一次受表扬，可就是高兴不起来，只是呆呆地听刘老师讲有关蛇的小常识、有关写蛇的文章……第二天早晨，刘老师又踩着铃声走进教室，一股清香扑鼻而来。她意外地看到，讲台的粉笔盒上插着一束野菊花，在射进教室里的阳光中闪烁着异样的光彩，教室里鸦雀无声，一双双眼睛扑闪扑闪地……从此，这个班变了，变成了全校的先进班。变的原因，就在于刘老师善于发现学生的优点，善于因势利导，变消极为积极。

总之，把握课堂随机事件的性质是科学课堂调控的关键，对不同对象、不同情境、不同层次、不同角度所发生的事件，教师要在基于上述原则的基础上采取不同措施。

（二）小学科学课堂调控的具体方法

根据科学课堂随机事件的种种表现，有两大类具体的应变方法。

1. 非言语应变

教师运用眼神、手势、点头、走动、表情等势态语调控产生问题行为的学生，使其在不受其他同学注意的窘迫中改变其不良行为的应急措施。非语言应变通常有 4 种基本策略。

（1）有意忽视法

此应变策略适合某个学生的破坏性行为中暗藏着想赢得他人注意的愿望。如果教师采取言语反应，可能会正巧迎合了该生正在寻求的目的。采用此法，实际上是向该生表明，教师对他的攻击行为完全可以保持泰然自若，无须用同样的方式回敬他，使之自讨没趣后而改变这种行为。

（2）目光注视法

当教师捕捉到有行为不当学生的眼神时，即刻以一种表示不满的、强烈的、连续的目光接触该生的目光，并同时辅以皱眉、扬眉以示提醒，使之意识到教师已经感觉到他的不良行为。使用此法可以在不影响正常教学的情况下，把不良行为扼杀在萌芽状态。

（3）短暂沉默法

此应变策略适应范围较广，当教室里出现窃窃私语、低级趣味的言语等时均可以采用此法。因为沉默既能引起学生的注意力，激发思维，又可起到维持教学秩序的作用。

（4）身体逼近法

此应变策略是指教师逐渐向行为不当的学生逼近。事实上，教师只要表露出开始向行为不当学生走近的意向，就会使该生的不当行为迅速改变。

教学活动中的非语言应变策略也是教师思想观点、知识掌握、教学技巧和整个身心能量的一种体现。它和其他因素贯穿一起，赋予了课堂教学的艺术、生机和个性。教学中我们多有意无意地使用过这些方法。

2. 言语应变

根据现场触发，教师利用计谋通过言语形式作用于学生的应变措施。主要有以下策略。

（1）旁敲侧击法

学生提出的问题，教师不作正面的回答，而是巧妙地避开话题，从侧面提出一些看似与主题无关的话题，实际上是启发学生思考，以此来达到启示、提醒之目的，让其在思考中自寻答案。此应变策略通常是针对学生提问教师正面很难一下解释清楚且易造成观点的对立和拉锯战，但又不能回绝的情况下采用的。

（2）助产分娩法

对学生提出的错误观点不立即加以正面批评和纠正，而是先给予由浅入深的暗示，提出问题促其思考，当学生作答后，才予以轻轻点拨，使之自然而然地得出教师所期待的结论。这里教师扮演了“助产士”角色，帮助学生“分娩”出正确结论的“婴儿”。

（3）切磋探讨法

当教师和学生在情绪上发生对立时，教师千万不可意气用事，使用尖酸刻薄的语言刺激学生，更不可使用恐吓以图压倒学生，或企图以口舌取胜。应使用切磋、探讨的口吻，以调节情绪，争取在融洽的气氛中把问题推向深入，以取得学生信服的权威效应而信服教师的观点，使应变成为通向真理的途径，又化作构筑师生感情的桥梁。

（4）明断暗收法

对学生提出的有价值、有见地的看法，教师作出明确肯定判断后，暗中加以吸收，并适当调整原定教学方案，使授课更严密、科学，既鼓励了学生，又使教学过程自然而流畅。如有一位教师在上《动物和环境》一课时，原计划只做蜗牛对干湿条件选择的实验，可是教学中学生提出了温度的问题，有的学生说蜗牛喜欢温暖的环境，有的学生说蜗牛喜欢凉爽的环境，并要通过实验证明哪种意见对。教师觉得学生的意见很有探究性和创造性，于是根据学生的意见，设计了一个蜗牛对凉暖环境选择的对比实验，教学效果非常好，学生也特别满意。

（5）顺水推舟法

教学过程中，学生往往有些意想不到的很有创意的看法或做法，教师在充分肯定后，顺势将整个教学过程推进。如有位唐老师上《摆的秘密》一课，学生利用桌上的材料（细线、石块、空心能打开的小球、手表、铁架台、一张白纸）自行设计实验探究摆动快慢与什么因素有关。在巡视过程中，老师发现有一组的同学没使用手表计时间（对不使用老师提供的材料的学生，一些老师往往会对他们说："那么多材料，你为什么不去用。"），当时，他愣住了，用不解的眼神看了几眼，但没有说什么。在学生汇报实验数据时，第三组同学频频举手，老师还没有来得及叫他们的时候，王宏亮同学"噌"地站起来，大声说："唐老师，我想说说我们组得出的数据。"于是，王宏亮同学一鼓作气地说出了这样的摆动次数数据。

看着数据，老师饶有兴趣地问："你们组是怎样做的？"话音落，同组的几个同学就七手八脚地操练起来，边做边讲设计方法：一个人当计时员，只说开始、停，另两个人同时放摆，并分别记下摆线长短不一和摆锤轻重不同的两个摆摆动的次数。接下来便是王宏亮同学理直气壮地来到黑板前，指着本组研究出来的数据分析道："你们看，摆线短的摆摆动的次数总比摆线长的摆摆动的次数多，而摆锤轻和摆锤重的摆，摆动的次数总是一样的，这说明摆动的快慢与摆线长短有关系，与摆锤轻重没关系。"看着他胸有成竹、信心十足的样子，同学们向他投去了敬佩的目光，同时，老师也用一种佩服的态度鼓励他们组的全体成员："你们的设计很有创意，分工明确，合作也很默契。"此时，教室里非常安静，也许是老师对突如其来的事处理得巧妙，感动了学生，也许是第三组同学的出色表现激起了他们思维的火花，片刻之后，又有一个叫朱小龙的同学站起来说："唐老师，我又发现了一个秘密。""是吗，什么秘密？""您看，8与10、9与11、13与14相差的次数较少，而10与20、8与18、6与17相差的次数比较多。"小龙指着黑板上的数据一本正经地分析着。全班同学不由地把目光投向了桌上的摆，一个一个打量，一组一组对比，其中，一个叫纪楠的学生兴致勃勃地说："2组、3组同学的两个摆的摆线长短差不多，所以摆动的次数也接近，只有5组同学的两个摆的摆线相差悬殊，所以摆动的次数相差很远。""嗯，小龙观察得真仔细，纪楠说得也有道理。"老师简短诚恳地赞许之后，便顺势引问了一句：“10与20、8与18、6与16相差的次数那么多，说明什么呢？”同学们又一次进入了分析思考之中，很快便得出“摆线越短，摆动越快”的结论。

（6）暂时悬挂法

学生提出的问题，教师不好当堂解决（包括教师不能问答避免张口结舌；时间不允许教师回答或问题与课堂根本无关——避免完不成教学任务），留到课后再行解决。千万不能恶语相向：“这是我们这堂课要研究的问题吗？”

（7）幽默调侃法

针对个别学生的“责难性”“攻击性”“挑衅性”问题或事件，根据学生发难方式，幽默地、体面地、不伤大雅地予以调侃和还击。在笑声中揭露其行为或言论的实质。如姚教授处理的“猫头鹰事件”。

（8）借题发挥法

教学过程中发生的某些随机事件，蕴含着一定的教育内涵，教师借此使全班同学都受到教育。如实验时，预先交代过的地方仍然出现实验事故（打碎仪器等）要认真听讲，否则出现更严重的事故等。

（9）变换音量法

教师运用多种音量技巧，如声调的变化，语音的高低、强弱，以及速度和停顿等来控制、捕捉和保持学生的注意力。此法应变适用课堂内有个别学生精力分散、注意力旁移现象。

（10）刻意提问法

对于有问题行为的学生（如开小差，讲小话等），教师刻意指名提问以集中学生注意力（最好不要把学生叫起来正面答问，他肯定答不出，会很尴尬。可以这样设问：某某同学，你想想看？）

（11）个别提醒法

对于有问题行为的学生，教师采用非言语应变策略却不受暗示的情况采用此法。（最好不要点名，可以这样说：我发现有一位同学在干……）

除上述11种方法外，还有诸如自外生枝法、将错就错法、妙语补失法、以褒代贬法、巧给台阶法等。这里不一一列举。

总之，小学科学课堂是变化的，应变不能一概而论，方法很多，平时要多注意积累。小学科学课堂应变既是一种技能，又是一门艺术，需要好好修炼。

第五节　基于小学科学单元教学开发STEM项目的必要性

近年来，STEM 教育已经成为很多国家的科学教育政策主导和研究热点。诸如我国就在 2017 年颁布的《义务教育小学科学课程标准》中新增了“技术与工程领域”课程内容板块，且明确指出：“倡导跨学科学习方式。科学、技术、工程与数学，即 STEM，是一种以项目学习、问题解决为导向的课程组织方式，它将科学、技术、工程、数学有机地融为一体，有利于学生创新能力的培养。科学教师可以尝试运用于自己的教学实践。”我们认为，基于小学科学单元教学开发 STEM 项目，是实施 STEM 教育的有效路径之一。

一、项目结构化设计的需求

以工程设计为中心的 STEM 和以探究为核心的科学学习有诸多相似之处——都需要基于前认知和合理设想进行内容架构，多次实验验证，依据实验结果修正和调整理论解释或问题方案。不容忽视的是，两者又各具特色。

从两者的差异性分析中可知，STEM 教育凸显学科融合思维，强调将探究的过程与方法置于复合的真实问题情境中，探究更彻底、更开放。虽然现行的小学科学教材中不乏优秀的 STEM 课例，如二年级上册“材料”单元的最后一课《做一顶帽子》、五年级下册“船的研究”整个单元的内容设计都以 STEM 理念为指引展开等，但在科学教材版面上呈现以工程设计过程为主导的 STEM 活动，往往会带有一定的局限性。其一，科学课强调用证据说话，指向最合理的解释和结论，即基本是良构问题；工程设计关注真实问题的解决，同一问题可能会有多种可行性设计，即大多是劣构、错构问题。其二，按照科学教材的编写逻辑顺序，往往会将设计制作的内容置于单元末尾或者概念习得之后，偏重实际应用，学生很少有机会体验到限定条件下的迭代设计过程。

既如此，开展基于小学科学教学的 STEM 教育是否障碍重重？开发以科学单元教学为基石的 STEM 项目更是难上加难？答案显然是否定的。

首先，科学教材的编排体系为基于单元开发 STEM 项目提供了先决条件。教科版《科学》教材坚持“科学性与教育性并重”原则，以活动为基础，重视活动之间的结构，注重培养学生的思维，关注小学生心理发展的过程，努力按照儿童认知发展的顺序设计活动和组织活动，将具有独特联系的活动构成单元，将相近活动水平的单元构成册，从而帮助学生从小形成正确的认知模式。这种大单元结构的教材编排体系为“一单元一项目”的 STEM 课程编写提供了先决条件。

其次，从科学教育走向 STEM 教育具备可行性。有学者认为，科学与工程技术的结合可让学生体验运用科学解决实际问题的乐趣，加深对科学理论的理解，应尽快借鉴。因此，以小学科学课程为蓝本，以项目化的学习活动为主要形式，开发整合与其他学科内容相关的工程设计任务，是一条切实可行的解决思路。我们把 STEM 项目学习定义为模糊的任务，这个任务被置于丰富情景下，同时具有明确目标，要求学生解决若干问题，通过学生完整的作品展示来考量学生对 STEM 所涉及的各个学科概念的掌握情况。从定义出发，不难发现造成上述困境的首要根源在于缺少项目式的结构化学本，或者说，如果直接依照科学教材上的内容铺陈来实施 STEM 教育往往会显得有些捉襟见肘。

再次，可以设计项目式的学本结构来开展 STEM 学习。STEM 项目往往以问题为导向，基于工程设计方法推演流程。鉴于此特点，再结合科学教学以探究为核心的学科特质，我们尝试了 STEM 项目的一种经典教学文本呈现范式。每个项目都分成项目简介、学习目标、项目流程、活动实施、材料清单五个部分。项目简介主要包括教材单元链接、总目标、活动时间三方面内容；学习目标是从科学、技术、工程、数学四个维度描述本项目实施中需要达到的标准；项目流程用时间轴的方式干练地呈现了操作步骤；活动实施则是通过问题聚焦、活动准备、设计制作、展示评估、拓展应用五大步骤具体呈现了教与学的过程；材料清单将整个项目所需的材料作了统计梳理。特别需要指出的是，在项目开展中多处穿插评价量表，有前置性的作品要求、过程性的操作标准、总结性的学习行为表现等。在设计这些量表的过程中，既考虑了如何通过量表来推进项目的真实落地，又考虑了不同学段之间学生的认知特点和接受水平。

综上所述，从科学单元教学出发设计 STEM 项目具备一定的可行性与可操作性，但要注意项目本身必须向结构化设计转型，避免学习浅尝辄止、效率不高、收获不大等缺陷。

二、教师专业化发展的需求

STEM 教育为不同学习领域的教师提供了一个创造性的设计空间，同时又对教师的专业素养提出了极高的要求。作为一种新兴的教学方式，STEM 教育从理念到课程，从教学到评价，最大的瓶颈是缺乏专门的教师。谁来教、如何教、如何评价，都需要从根本上去破解。但目前我国的教师培养体系中还没有 STEM 教师的专业设置。退而求其次，科学教师具备一些先天的优势条件，一方面他们有科学专业方面的学历进修，另一方面他们还有一定的科学教学经历，在正迁移的作用下更容易接受 STEM 教育中强调的设计思维和迭代理念。

我们希冀通过基于科学单元教学开发 STEM 项目这项实践研究，让教师群体的专业知识和能力构成发生变化，使其在学科知识、教育教学、学习科学、儿童研究和信息技术等方面的知识与能力获得长足的发展，并具备跨学科教学和合作教学的能力。

环视近几年省、市、区组织的大型教研及教师各类学分培训活动，或者在互联网进行搜索，STEM 理念建构、开发策略、课例设计、活动方案等资源可以说是层层叠出、遍地开花。盘点各种课程资源，却极少有成体系的、教师拿来即用的学本。换言之，随处是散落的“珍珠”，却罕见熠熠生辉的“项链”。如果说，外部器材是 STEM 教育的硬件，那么课程体系则是 STEM 的“软件”，而“软件”恰恰是目前国内 STEM 教育最为缺乏的。“软件”的缺失也导致了 STEM 教育当中理性精神的缺失，致使 STEM 教育停留在了动手的阶段，却不注重培养孩子的理性思维，而理性思维的培养是 STEM 教育中近乎“灵魂”的一环。由此，我们急需开发一套注重小学各学段之间衔接的系统 STEM 项目群并以此展开教学。

从实际操作的层面出发，可依托教科版小学科学一至六年级教材的编写逻辑，以教材 36 个单元为蓝本，一一对应开发 36 个 STEM 项目。也就是说，科学课程内容中所涉及的物质科学、生命科学、地球与宇宙科学、技术与工程四大领域和其相对应的 18 个主要概念，成为项目建设的根本水源，项目之间自然形成完整的概念结构、紧密的学段衔接，一个体系化、序列化并能对教育保持连贯性和一致性影响的优质课程资源群落呼之即出。

第六节　小学科学STEM项目的开发与实施

一、开发路径

基于小学科学单元概念体系尝试 STEM 项目的开发，首先应该考虑的是融合 STEM 教育和小学科学教学的素材生发点在哪里。STEM 教育是以不同学科的关键概念或能力为载体的项目化学习，凸显设计思维，强调创新。由此，我们以小学科学教材为蓝本，撷取了合适的教学素材，梳理了“依托典型活动”“完善单课教材”“设计同质文本”“基于单元概念”四条路径开发 STEM 项目。

1. 依托典型活动，开发 STEM 项目

所谓典型活动，是指某一课教材中现有的且适合开发成 STEM 项目的活动。比如，一年级上册“植物”单元第 3 课《观察叶》中的“拓展”部分的活动“做叶画”。本课中“探索”部分涵盖了“观察各种各样的叶”“比较同一棵植物的叶”“画一片叶”三个活动，内容充实，“拓展”部分“做叶画”这个活动适合放到 40 分钟课堂之外去完成，更重要的是“做叶画”这项活动符合刚刚入学的一年级小朋友的认知水平和动手能力，他们乐于接受这种富有一定挑战性、创新性、美观性的项目。

2. 完善单课教材，开发 STEM 项目

我们可以把一些具备改编可行性的单课教材改编成一个项目活动，让孩子们在更长的时间中去体验经历、获得发展。比如，二年级上册“材料”单元第 6 课《做一顶帽子》。

3. 设计同质文本，开发 STEM 项目

同质文本，是指开发与教材内容本质相近的项目活动。这里的“同质”，并非简单重复，而是有改进、提升、补充的含义：比如三年级下册“物体的运动”单元，学生完成教材中的“过山车”探究后，继续完成升级版的“挑战‘机关王’”项目，再如四年级上册“声音”单元第 8 课《制作我的小乐器》，教材中呈现的材料是碗、皮筋、吸管等，实际操作时还可以让孩子们完成更具吸引力和挑战性的项目化活动“神奇的鸟笛”。

4. 基于单元概念，开发 STEM 项目

基于单元概念进行 STEM 项目迁移，科学教材中的主要概念（大概念）是迁移之锚。如六年级上册“微小世界”单元指向的主要概念是“地球上生活着不同种类的生物”，我们可以开发项目“‘微’亦足道”，组织学生培养、观察微生物，测试微生物的应激反应，真真切切地带孩子走进微观世界。

通过上述四条路径开发的 STEM 项目都必须源自真实情境下的真实问题，实践过程中强调知识的应用，指向学习者系统逻辑思维的培养。将理论性的科学思维、试错性的工程思维和现实性的设计思维有机统一，使学生真正实现“认知学习”和“人的社会成长”的平衡发展，具备这样标准的学本资源为 STEM 教育理念的落地生根提供了可能。

二、实施策略

早年做过 STEM 教育国家政策比较研究的北师大物理系教授李春密认为让 STEM 真正落地的核心路径有两条：其一，与传统学科教学进行融合；其二，构建 STEM 课程体系。我们尝试融合小学科学学科构建 STEM 项目群，是出于一种“鱼和熊掌兼得”的考量。从操作角度出发，重新梳理从四条路径中开发出的内容，可将项目化的 STEM 学习分成四个维度，分别是“创造型：正向工程教学”“制造型：逆向仿制教学”“探索型：常规探究教学”“验证型：试错求证教学”，每个维度又有相对应的实施流程。

1. 创造型：正向工程教学

正向工程教学法本质上是现今 STEM 教育中最普遍，也是比较常规的一种项目教学方法。这种教学方法以学生为主体开展活动，一般以真实情境为背景，以如何解决真实情境中的问题为主体教学内容，用制作作品过程中的表现和最终成品对学生进行学习效果的评价。其活动过程可粗略划分为五个步骤：确定需求分析、可选方案设计、制作作品模型、测试作品效能、N 轮作品改进。例如，在四年级下册“电路”单元学习中，可

设计项目活动“卧室照明”，用大纸箱模拟毛坯房内的房间，设计、安装照明电路；在五年级下册“船的研究”单元中，可利用塑料吸管、细木条、泡沫棒、铅锑合金保险丝、油性橡皮泥等材料，让孩子们设计、制作、改进比重计等。

正向工程教学一般会要求学生从零开始形成一个完整的作品，足够的时间和材料是不可或缺的，对学生而言执行难度相对较大。但这种教学活动能够从生活中的实际问题出发整合成一个跨学科的教学项目，基本完全依靠学生自己或团队完成，全方位锻炼了学生的创新能力、想象力和动手能力。

2. 制造型：逆向仿制教学

逆向仿制教学法是一种产品设计技术再现的过程。通过对一件完整的生活中常见的物品进行拆分、分析或者研究，了解成品的每一个零件、部分，分析组成成品的零件作用，从而倒推出该成品的设计要素，如基本结构、设计流程和功能要点，再通过这些得到的信息制作出具有相同的功能但又不是完全一样的产品。在这个过程中，可能一些产品不便分解，可以让学生在网上查询资料，丰富相关知识面，再来集中讨论，集体对产品进行剖析，因此产品的分解与复原是整节课的关键内容。逆向仿制教学法的教学过程分为产品功能分析、产品分解复原、再设计微创新、原型产品再造、比较评估改进五个步骤。如五年级下册“热”单元中研究了保温瓶的保温原理，而后我们结合电影《冰雪奇缘》里的小雪人奥洛夫梦想在夏天游玩的场景，提供一些生活中常见的材料和工具，让学生设计并制作一个让冰块融化得尽量慢的产品。再如学习了一年级上册“天气”单元后，再让学生自制校园气象站模型；学习了五年级上册“计量时间”单元后再模仿制作简易垂体时钟等。

逆向仿制教学与正向工程教学最大的不同在于学生已经在前几节课掌握有关该产品本质的物理或者化学原理，学生在分解还原产品的过程中巩固与应用知识，了解该知识在日常生活器具中的应用。此外，逆向工程不只是单纯的仿制，再设计与微创新也是重要的一环，以便让学生在“认识原型——再现原型——超越原型”的过程中深化学习。

3. 探索型：常规探究教学

常规探究教学法与平时教学中采用的科学探究法非常类似，一般把科学问题作为课堂方向，用一些 STEM 教育理论辅助指导，学生设计和实施科学探究活动，并做出科学报告与记录表，实施这种教学方法要经过五步流程：创设问题情境、制订实验方案、收集整理证据、得出科学解释、分享交流评估。如学习五年级上册“地球表面的变化”单元时，可设计项目“良渚沙盘”，推演古村落依山傍水的布局特点以及历史变迁。再如，学习五年级下册“生物与环境”单元后，可引领孩子培植一次豆芽菜，亲历植物生长与环境变化之间的关系等。

在设计常规探究教学活动方案时，教师应当充分考虑到当前学生所掌握的科学知识及其他各科知识，在既有知识的基础上进行呼应和适当的延伸以拓展学生的知识和能力。

4. 验证型：试错求证教学

试错求证是指给学生一个学习情境或一个问题，经过几次错误的尝试，最后找到解决办法或者正确答案的一种教学方法。这种教学方法有时也需要教师提供一些已经损坏的残缺产品或者错误的任务报告，让学生进行纠错，发现错误产生的根源，在错误中学习知识。简单说，让学生经历"错"或是"从错到对"的过程，学习就发生了。在试错求证的教学过程中，学生几乎相当于一张"白纸"，老师把需要测试的产品或者原理启发，让学生在相当长的一段时间内对测试品进行实验，可能实验中有错误或者意外情况发生，但是学生通过对这些情况的体验，初步掌握测试品的使用方法或者原理，教师经过引导和修正，传授本节课的知识。试错求证教学的实施过程大体可以分为五个步骤：遴选真实问题、尝试初步测试、分析错误原因、完善测试流程、汇报测试结果。如学习了四年级上册"呼吸与消化"单元后，设计一个"面筋和凉皮"的项目活动，让孩子从"洗面粉团"和"洗米粉团"的试错活动中逐步知晓如何得到面筋和凉皮的原料，而后来鉴别这两种食品的主要营养成分。

试错求证教学与逆向仿制教学相似的一点是，它们都是从现成的产品的使用和观察出发；不同的是，试错教学并不需要重新设计制作一件新作品，重要的是从已有的产品中发现问题并尝试解决。

审视上述四类项目类型，从学习结果角度剖析，正向工程教学和逆向仿制教学主要以形成可视化的成果为目标，属作品开发取向；常规探究教学和试错求证教学主要以获得知识和能力为目标，属科学探究取向。从学习流程角度剖析，正向工程教学和常规探究教学遵循认识事物的顺序，属正向教学范式；而逆向仿制教学和试错求证教学则反其道而行，属逆向教学范式。

第四章　小学科学教学STEM项目活动的设计思路研究

第一节　选择STEM课程学习主题

STEM 教育是跨学科整合课程的一种方式，其课程的学习主题不同于一般的学科教学。STEM 课程学习主题的教学目标应具有多样性，除了学科知识和学科专项技能，它还注重跨学科知识、跨学科技能的学习及跨学科思维的培养。STEM 课程的学习主题还必须具有实践性，学生需要通过“做中学”来操练相关跨学科技能，以实践为依托将知识技能内化和外化。

一、STEM 课程教学活动设计与实施的出发点

（1）基于真实情境的学习主题。

（2）以培养科学精神和跨学科方法为目标。

（3）以问题驱动并通过科学探究获得知识。

（4）以工程设计并通过技术制作展示成果。

（5）鼓励协作学习并关注学生学习全过程。

（6）通过学习反思和自我评价检验学习效果。

二、STEM 课程学习主题的选择

STEM 教育强调学生对知识的情境化应用。STEM 项目应该是真实的，是学生可以识别和理解的，并能产生社会效果。学生从研究项目出发，对多种学科知识进行获取、加工、处理、转化、融合，通过综合应用已有知识完成模型制作。STEM 课程的学习主题可以从以下几个方面去选择。

（1）自然现象或问题的研究，如水资源研究、植被研究、能源研究、环境生命科学研究等。

（2）社会问题的研究，如社会或社区的历史变迁、社区文化传统、地区风土人情的考察与探讨等。

（3）社会实践的研究，如社会服务活动、对社会现象的考察活动、社会公益活动等。

（4）科学技术与社会的研究，涉及个人、群体与制度的研究等领域。

（5）生活学习的研究，如与学生生活能力、适应能力相关联的实践性学习等。

总之，这些跨学科课程主题内容要能体现综合性、研究性、生活性和实践性等基本特征，通过对这些主题内容的学习，学生能够发现问题、学习知识和提升能力。

三、STEM课程主题的类型

STEM课程主题按学习任务可分为以下几种类型。

（1）验证型主题。其学习任务是对已知定律和现象进行验证，如“东西部地区是否存在时差的验证”“大城市是否存在热岛效应的验证”。

（2）探究型主题。其学习任务是对一些现象进行探究并解释，如“探究太阳能热水器倾斜角度”“探究植物攀树的秘密”“发现身边的历史”等。

（3）设计型主题。其学习任务是根据一定的条件，设计符合条件的物品，如设计再生纸、设计喂鸟器、设计环保清洁剂、设计净水系统等。

（4）制作型主题。其学习任务是根据一定的科学原理制作出符合科学原理的物品，如制作量雨器、制作发电机、制作喂料器、制作饲料盒、制作LED遥控器、制作防盗监控装置等。

第二节　教学工具与教学资源的准备

一、关于教学工具

教学工具分为硬件工具和软件工具，硬件工具包括日常五金工具、数字电路板、传感器、3D打印机等设备，软件工具包括与项目相关的带彩图的文字资料、视频资料、可视化编程工具、概念图工具、可视化图谱、3D建模工具等。教学资源不仅包括网络平台、微视频、导学手册、练习册等，还包括校内教师、校外专家等资源。

二、教学资源的准备

根据项目的内容，设计学生活动指导材料，包括实验操作指南和社会参观、调查活动指南。设计学生学习工作纸，包括各种学生活动记录表，如测量数据记录、问题思考表述、问题探究过程记录、工程设计表格、制作过程记录以及学生自主学习反思与评价表格。

三、STEM 教育开发利用的有效途径

在学校教育内容仍然是以单一的分科课程为主的情况下，基于现有学科、融合课内外教育，是目前 STEM 教育开发利用的有效途径，具体有以下三种情况。

（1）基于科学课程的 STEM 教育资源开发——基于科学情境，结合技术与工程活动。

从现在科学课程的课堂教学切入，强调跨学科的 STEM 化的体验和探究，将科学知识学习和考察探究、设计制作、创意创造等融合起来，激发学生对科学问题探究的兴趣，运用技术和工具的创新使用、数学的模型建构和数据分析、成果的物化表达与交流评价来开展 STEM 教育。如讲解初中生物“昆虫”这一深层知识，可以通过思维导图，讲解昆虫的形态、结构、功能，让学生了解和探究生活中对仿生的应用，进而尝试开展生活中的仿生设计和制作。

（2）基于综合实践和通用技术课程的 STEM 教育资源开发——基于工业情境，融合科学问题与工程技术。

2017 年教育部颁布的《中小学综合实践活动课程指导纲要》明确了“创意物化”是综合实践活动课程目标之一，并提出“设计制作”是该课程的主要活动方式和关键要素，并在附录中推荐了大量具有 STEM 教育性质的活动主题。所以基于综合实践活动的 STEM 教育资源开发具有较强的可操作性，应通过设计调查、考察、参观、访问、实验、探究、设计、制作等活动方式，实现综合实践活动和 STEM 教育的高度整合。如环境保护系列主题活动，从收集环境问题的资料入手，使学生初步了解人类面临的环境污染问题，然后设计实验，引导学生深刻感受环境污染给人类生活带来的危害，提出解决环境问题的策略，开展有关环境治理的技术实践，利用工程技术、人工智能等进行环保装置的改进和发明创造。

（3）基于科技活动的 STEM 教育资源开发——基于生活情境，巧妙结合科学、技术和工程问题。

如自封袋是学生生活中常见的用品，通过不同的连接方式，使两个部分牢固地锁在一起，可起到密封的作用。其中包括材料的特征和特性、连接的方式和方法、受力的控

制等科学原理和工程技术。学生通过观察和研究常见的各种自封袋，了解力可以通过多种方式进行传递，可以用一些装置控制力，以实现自由地打开和闭合；了解这样的装置中有的部分需要能移动和旋转，有的部分必须牢牢地固定住；理解在设计结构时要考虑用途和条件的限制，要考虑材质的选择和连接的方法。在这个项目中，解决袋子自由打开和紧密闭合这个实际问题成为一个贯穿始终的线索，将科学学习、设计和技术运用结合起来。在我们的科技活动和各类科技竞赛活动中，有大量的实例和问题可以开展这种形式的 STEM 教育。

第三节　确定STEM课程的教学目标

一、含义

STEM 课程的总体教学目标是综合运用多门学科知识，在真实问题情境中进行探究式学习，从而培养学生的创新能力、实践能力、探索精神、协作意识和科学素养。

二、描述角度

在遵循总目标的前提下，STEM 课程的教学目标可以分别从知识与技能、过程与方法以及情感、态度与价值观等不同角度进行描述。

三、确立目的

学生在教师的引导下，以小组为单位，利用多学科知识和方法，运用多种工具资源进行探索式的学习，通过观察、思考、实践和感悟，掌握分析问题和解决问题的方法，通过真实体验和探索实践，激发动手解决问题的兴趣，培养勇于探究、主动参与、互帮互助的精神。

例如，有一个 STEM 课程“制作雨量器”，其项目教学目标描述如下。

（1）初步了解降水等级名称及不同等级的判定标准；认识雨量器，简单了解雨量器各部分的构造特点、用途和使用方法。

（2）能根据雨量器的特点，小组合作制作简易的雨量器，并在实践中不断改进；选择自己擅长的方式表述自己的研究过程和结果；培养实验能力和解决问题的能力。

（3）在活动过程中学习科学观察、科学思考与操作的方法，体验科学探究的乐趣，保持和发展探究周围事物的兴趣和好奇心，愿意合作与交流。

这一目标描述就包含知识和能力、过程和方法以及情感、态度与价值观等要素。

四、目标实施（附教学设计）

活动一：观察雨量器，了解雨量器的组成和特点

师：同学们，昨天晚上的天气怎么样？

生：下了一场雨。

师：雨下得大吗？

生：大！

师：你们是怎么知道的？

生 1：因为我看到外面的土地因为雨水变得非常泥泞。

生 2：我听见雨打在窗户上非常急而且很响。

生 3：昨天家里忘了及时关窗，只一会儿就积了很多雨水。

师：看来雨的确下得很大。大家也都是生活中的有心人。

评点：本课开始，老师巧妙地抓住了生活中的教学资源，从前一天晚上刚刚下过的一场雨谈起，引发学生关于雨的大小的讨论，将学生很自然地带入本节课的教学情境中。

师：不过，这些都是大家的感受，其实要确定一场雨究竟下得有多大，是有标准的。

师：（出示课件中的表格）我们来看大屏幕，这是一张降雨等级表，在 12 小时时间范围内，降雨量小于 5.0mm 的为小雨，降雨量在 5.0mm-14.9mm 的为中雨……

生（齐说）：15.0mm-29.9mm 是大雨，30mm-69.9mm 是暴雨，70mm-139.9mm 是大暴雨，大于 140mm 是特大暴雨。

师：在 24 小时时间范围内，不同降雨等级又有不同的标准。你们知道气象台的叔叔阿姨是使用什么仪器收集雨水得到数据，从而来判断降雨等级的吗？

生：不知道。

师：老师来告诉大家，他们有一种专门测量降水量的仪器，叫作雨量器。

师：大家见过雨量器吗？想亲眼看看真正的雨量器吗？你们瞧！

教师将实验室使用的雨量器展示在学生面前。

评点：老师通过“我们怎样才能知道雨下得有多大”这句话引发学生进行深入探究。考虑到单纯地抛出这个问题学生无从下手，老师顺势引出了一张降水等级表。通过对这张表的观察，学生在初步了解降水等级名称及不同等级的判定标准的同时，也从中初步感知了降水量的概念，知道了判断一场雨的大小的科学依据是在一定时间内的降水量的多少。雨量器作为测量降水量的专用仪器随之被引出，观察雨量器也就成了学生探究活

动的需要。另外，降水等级表的出示也暗示学生在进行雨量器刻度制作时，可仅对雨级临界值进行简单标注，制作出能直接读取雨级的雨量器。

师：让我们仔细观察一下，看看经过观察，我们都能发现雨量器的什么特点。

学生由外到内、由整体到部分进行充分的观察。

师：看来大家都观察得很仔细，都有些什么发现？从观察中你们发现了什么？

生 1：雨量器是两层的，上层有一个漏斗。

生 2：通过漏斗可以使雨水漏到下面一层。

师：（手拿储水筒）不知道大家注意到这个部分没有，你觉得它有什么作用？

生 3：装雨水用的。

师：不错，它是用来储存雨水的。我们也给它取了个名字，叫作储水筒。它有什么特点呢？

生 4：它有一个明显的特点——上下是一样粗细的。

师：（手指黑板）这些就是组成雨量器的主要部分。

师：只凭这些我们能判断出一场雨的降雨等级吗？

部分学生：不能。

学生思考。

师：其实在雨量器中还有一个配套的量杯，利用它，我们就能测出储水筒中雨水的高度是多少毫米，从而来判断雨级。

评点：教师引导学生通过仔细观察与思考找出雨量器的主要组成部分及其特点，为下面学生制作雨量器活动做好准备。

活动二：学生自制雨量器

师：根据雨量器的特点，如果让你来做一个自己的雨量器，你想怎么做？

生：需要一个大的瓶子。

师：大就可以了吗？

生 1：最好上下一样粗细。

生 2：还需要一个筒盖。

生 3：还需要剪刀、胶水、透明胶。

师：我们在使用剪刀的时候可要——（学生齐声说）注意安全。

生 4：还应在瓶子上画上刻度。

师：为什么？

生 5：因为我们这儿没有配套的量杯。

生 6：有了刻度，我们再看雨水有多高的时候就能一目了然。

师：请同学们根据你们的设计，每个小组派一名同学到台前来领取自己需要的工具和材料。准备好后就可以开始制作了。

教师巡视指导学生制作，学生制作兴趣高涨。

师：大家的雨量器都做完了，哪个小组的同学愿意上台来交流一下，说说你们是怎么做的？

生 1：我们把瓶子的上半部分剪下，倒扣在上面做漏斗；把刻度画好贴在瓶子上，然后用透明胶贴在刻度上，防止画好的刻度被雨水淋湿。

师：你们的零刻度为什么不在瓶子底部？

生 1：瓶子底部粗细不均匀。

师：落到瓶子底部的雨水测量不到，这样的测量结果还准确吗？

生 1：在测量前，我们会先把瓶中添上水，到零刻度。

师：这个办法不错，看来大家不但观察仔细还很善于动脑。

师：还有哪个小组来补充说明？

生 2：我们在刻度上只标明了 5rnm、15mm、70mm、140mm，既简单，又可以直接判断出雨级。

师：（手指屏幕）看来你们是受到了这个表格的启发。很不错！

第四节　STEM课程学习活动的设计

STEM 课程学习活动是学生获取知识、认识客观世界的中介。STEM 课程的学习不是简单地将科学、技术、工程、数学等学科知识组合起来，而是让科学、技术、工程、数学等学科知识通过项目学习活动形成连贯的、有组织的课程结构，学生的认知与学习发生在完成任务和解决问题的过程中。STEM 教育（课程）强调学生不是直接从书本或教师处获得知识，不是让学生掌握孤立、抽象的学科知识，而是把知识还原于真实生活情境，利用合作和多种资源来构建学习环境，通过参与富有挑战性的项目，让学生体验真实的生活，获得社会性成长。

一、含义解读

STEM 课程学习活动的设计，就是教师根据教学目标、教学内容、教学情境灵活选择和设计学习活动，让学生通过参与活动进行学习，促进知识的内化，真正提高学生的学习效率，促进学生学习。STEM 课程的学习活动包含多个教学环节，不同教学环节和程序安排有不同特征，各个教学环节之间有其自身相对固定的活动逻辑步骤和每个环节应完成的教学任务。不同环节的活动序列组合自然形成不同的教学模式。

二、活动内容

可以把学习活动内容分解为五部分。每一个学习环节，需要设计教师指导活动、学生实践活动与学生工作、学习资源的支持、器材准备等。

1. 课题导入活动的设计

（1）科普资料。这些科普资料应包含与课题相关的术语和概念，也可以提供一些扩展性资料，如介绍项目近年的最新成果。

（2）利用图片、视频，介绍当地与项目相关的真实情境。

（3）到与项目相关的企业、工厂、农场或其他活动真实的现场参观。

（4）做简易的小实验等。

这些方式的引入，是要为学生创设解决问题的真实课堂情境，研究的项目是真实的、有现实意义的。在学生进行上述活动之前或之后，教师必须提出具有思考性的问题，激发学生头脑风暴，让学生发现问题、提出问题，最好还让学生把与本项目相关的所见所闻用几个关键词进行归纳概括。

2. 科学探究活动的设计

STEM 项目学习的任务之一就是通过科学探究活动培养学生的科学精神和让学生掌握科学探究的方法。它包含两个主要环节：一是探究问题的提出。可以采用多种方法，如通过展示情境，激发学生思考，进入主题。由教师提出问题，让学生阅读资料，观察现象，发现问题；由学生提出问题，在问题提出后，教师要引导学生分析问题，并分清主次，思考问题，形成初步假设。二是探究问题的方法。教师要引导学生按照科学的探究方法，有步骤地进行探究，包括以下内容。

（1）提出问题，做出假设。

（2）科学实验（或社会调查、现场参观、实际测量）。

（3）观察记录，获得数据，收集资料。

（4）比较数据，分析数据。

（5）显示特征，发现关系，比较差异，形成结论。

3. 数学练习活动的设计

在 STEM 课程的学习过程中会涉及许多数学知识，如模型制作的成本核算，学生制作模型都要按比例缩小，这里包含比例尺、计算等数学知识的应用和数学知识与技能的支持。数学作为 STEM 项目实践数据处理和分析的工具，使得工程设计更加严谨、准确。在 STEM 活动中科学、技术、工程、数学等学科知识的融合，绝不是知识点的堆叠，而是综合各学科的优势，使科学、技术、工程和数学互相补充和促进，这样的模型制作活动能有效培养学生综合解决问题的能力，提升学生的科学素养。

在 STEM 项目实施中，主要要求学生做到以下几点。

（1）用标准单位进行测量并记录不同类型的数据，使用国际单位制和测量工具对常用数据进行测量，如质量、温度、长度、时间和液体体积等。

（2）利用表格显示数据的关系。

（3）利用图形显示数据的关系。

（4）利用数学公式表达变量的关系。

4. 工程设计与技术制作活动的设计

STEM 课程学习的另一个重要任务就是通过工程设计和技术制作过程，让学生利用简单的工具和材料设计、制作作品。在活动中，学生以制作作品为基点，通过确定作品制作的需求和任务，明确设计选项及其约束条件，制订计划，建造模型，进行测试，在不断改进与完善工程设计中制作出自己满意的作品。在工程设计和技术制作过程中，学生用尽可能多的方式进行“头脑风暴”，寻求解决问题的方法。有效的“头脑风暴”需要迅速地产生想法，但并不要求学生进行对错判断，而是让学生用设计图来解释自己的想法，然后分享交流，优选图示模型。学生选择自己所需材料并进行成本核算，然后依据设计图制作出作品。

在工程设计和技术制作过程中，要让学生明白，制作模型过程中失败时有发生，要学会测试与改进作品，并对制作的原型进行测试，找出失败的原因，进而改进与完善自己的工程设计方案。学生经历这一过程，逐步理解和掌握在工程学中提出需求、约束条件到明确问题、设计方案、优选方案、制作产品、产品测试和优化改进等系统性步骤。

工程规划活动的内容包括：第一，需求分析，明确任务；第二，初步设计，画出草图；第三，选择材料；第四，深入设计（画图，表明各部分材料和功能）；第五，制作原型；第六，测试效果，发现问题；第七，修改原型，使作品定型。

5. 学习扩展与联系社会活动的设计

学习扩展与联系社会活动是指学生通过科学探究和工程设计与制作活动，对主题内容的相关知识和能力获得认知。STEM 课程需要让学生通过查找信息、访问现场、人物专访等活动，激发、拓展和加深学习知识的兴趣。

第五节 STEM课程学习支架的设计

一、含义解读

学习支架是一种支持学生有效学习的方式。它针对学生在不同的学习环节（学习活动）出现的不同情况给予及时反馈和帮助，指导学生开展独立探索或协作，调动学生参与的主动性，帮助教师在学生解决问题过程中设置关键的控制点，规范学生的学习，同时也有利于学生反思、深化所学知识。

二、学习支架的形式和方法

在STEM项目学习中，最常用的有问题研讨型学习支架、实验探讨型学习支架和活动进程型学习支架，这些支架提供不同学习环节的进程顺序。

（1）问题研讨型学习支架，提供在某一个学习环节中提出问题和开展研讨的活动方式。

（2）实验探讨型学习支架，提供在某一个学习环节中诸如实验操作步骤、实验现象观察、实验数据获取等方法。

（3）活动进程型学习支架，此支架用框图表示不同学习环节的顺序。图中的顺序并不固定，可以因学习内容不同有所调整，同一类环节也可重复多次使用。其中不同的环节也可以包含实验探讨型学习支架或问题研讨型学习支架。

第六节 STEM课程学习评价的设计

一、含义解读

学习评价设计是STEM课程的一个重要环节，其目的是检验学习者是否达到课程目标、达成效果如何，以及为改进课程提供依据。STEM课程的核心目标是培养学生的问题解决能力、协作能力和创新能力。

二、评价方式

由于 STEM 课程目标的多元性以及 STEM 学习活动的复杂性，STEM 课程的学习评价是将过程性评价和总结性评价结合起来，综合运用多种方法进行评价，典型的有观察记录、量规评价、汇报展示等方式。在运用这些具体方法时，应根据课程主题以及课程实施的实际情况选择和开发相应的评价工具。常见的有协作学习评价量表、问题解决能力评价量表、STEM 作品评价量规等。

STEM 教育的评价应以过程性评价为主、总结性评价为辅，并采用多元评价对象（教师、社会专家学者和学生均参与评价），主要是对学生的创造意识、问题解决能力和创造能力进行评估。

1. 过程性评价方面

教师和社会专家主要评估学生在学习过程中表现出的 STEM 素养、实践能力和探究意识。具体可以采用视频行为采集、过程记录表、在线学习行为记录、随堂测试等方式。

学生互评主要是对同伴在学习过程中的表现（比如参与度、积极性等）进行评价，促使同学之间互相鼓励。

学生自评主要是学生对自己的表现情况进行评价，如利用 PMIQ 表对自己的学习情况进行反思。

2. 总结性评价方面

在教学活动结束之后，教师和学生对学习效果进行检验，看是否达到预期效果。

在这里需要强调，评价不是目的，只是一种手段。STEM 教育的真正目的是让学生体验真实情境中探究学习的过程，达到热爱学习、热爱生活的实质性目标。

第七节　STEM活动设计应注意的问题

根据现有科学探究活动，该怎样设计 STEM 活动？要解决这个问题，有必要先找出中小学阶段科学探究活动、工程与技术活动之间的交集，并分析现有科学探究活动缺乏的是工程与技术方面的哪些元素，这样，就不难理解如何从工程和技术的角度设计科学探究活动了。鉴于此，本节首先分析科学探究活动、工程与技术活动的联系与区别，随后试图阐述如何设计科学课程中的 STEM 活动，以及设计过程中有哪些要求。STEM 活动设计应注意的问题包括以下几个。

一、科学探究活动、工程与技术活动的联系与区别

科学在于认识世界，解释自然界的客观规律，而技术和工程则是在尊重自然规律的基础上改造世界，实现对自然界的控制和利用，解决社会发展过程中遇到的难题。科学与工程、技术都尝试使用最合适的方法和工具来完成任务，它们都是创造的过程，都不只使用一种方法，都具有重复性和系统性。

正是由于科学与工程、技术之间的这些异同，在目的和任务、形式、研究方式、成果、评价标准及与数学的联系等方面，科学探究活动与工程技术活动既存在一定的联系，又有所不同。下面的阐述主要依据2012年美国国家研究理事会（NRC）颁布的《K-12年级科学教育框架》。

1. 目的和任务上差异较大

科学探究活动是为了解释关于某个现象的问题，如“天空为什么是蓝色的”或“为什么杯子里的热水会变凉”，学生的主要任务在于认识和解释科学概念；工程与技术活动则是解决一个由困难、需要或期望所引发的问题，如“如何用LED灯设计一个有用的工具”或“怎样让房屋更保暖”。学生的任务是明确一个成功的方案应当达到的标准和面临的限制，并在理解科学概念的基础上实现对其的利用，解决遇到的问题。

2. 计划并开展实践是二者共同的形式

科学探究活动中，学生需要明确记录什么；如果可以，还需要明确自变量和因变量分别是什么（变量的控制）；像科学探究活动一样，在工程与技术活动中学生必须确定相关变量，决定怎样测量变量，并采集分析所需的数据。因而，计划并开展实践是二者共同的形式。

3. 研究方式上都需要用到模型、推理和辩论，都以实证为基础

科学探究活动、工程与技术活动都要用到模型和推理、辩论等。在科学中，使用模型使得超越可见范围想象一个尚未看到的世界成为可能，而推理和辩论是识别一系列推论的优点与不足以及找出自然现象的最佳解释的基础。工程上使用模型来分析现有体系以寻找哪里可能存在缺陷，或测试新问题的可能的解决方案，而推理和辩论是找出一个问题最佳可能解决方案的基础。

4. 由于目的和任务不同，其成果也不同

科学探究活动的成果主要是在活动中观察和收集一些数据，用来检验现有的理论和解释，或修正并发展新的理论和解释；而工程与技术活动的成果则是在多个研究之间寻求平衡，提出一系列解决方案，并有一个最优之选。

5. 在不同的目的和任务下，对学生的评价标准也会有所不同

科学探究活动中对学生的评价标准包括：学生能够结合他们当前对科学或科学模型的理解，对某一现象建构逻辑上连贯的解释，并且这种解释应当与可取得的证据保持一致；学生必须能够清晰而令人信服地传达他们的发现，并能了解他人的发现；学生能够通过口头和书面方式，使用表格、图示和公式，与其他学生一起参与讨论，交流观点和探究结果。而工程与技术活动中对学生的评价标准包括：学生的解决方案需要满足很多方面的标准，诸如预期功能、技术可行性、成本、安全性、美感及对法律的遵守；学生必须清晰而令人信服地交流各自设计的优点；学生应能够通过口头和书面方式，使用表格、图示、绘画或模型，与其他学生一起参与讨论，来表达他们的观点。

6. 二者都与数学有密切联系

数学作为重要的研究工具，对科学探究活动和工程技术活动来说都是不可缺少的。科学探究活动中产生的数据必须经过分析才能呈现意义，数学和计算是表达物理变量及它们之间关系的基本工具。它们被用于多种任务，如统计分析数据、表达数量关系，以及结合一系列的数学工具（包括表格、图表解析）找出数据的重要特征和模式。在工程与技术活动中，从研究和对其设计所进行的测试中所获得的数据，能帮助学生确定在既定限制下哪种设计能最完美地解决问题，以及能否在可接受的预算内完成设计任务。同时，用数学或计算方法对已经建立的关系和原理进行表征是整个设计的一个组成部分。与在科学探究活动中一样，工程技术活动也需要一系列数学工具来确定主要模式并解释结果。

二、如何设计科学课程中的STEM活动

一个好的STEM活动，不仅要有富有吸引力的内容，还要体现以学生为中心的教育理念和科学、技术、工程、数学的相互碰撞，更应着重培养学生综合解决问题的能力和创新能力。因此，STEM活动的设计并不是简单地将科学与工程技术组合起来，而是要把学生学习到的零碎的知识与机械过程转变成一个探究世界相互联系的不同侧面的有机过程。

1. 要吸收工程与技术活动的思路和方法

工程与技术活动的思路和实施方法大多围绕相应的科学本质，其之所以和科学探究活动看似有很大的不同，是因为科学探究活动源于自然，源于某一现象的问题（如“为什么杯子里的热水会变凉”），而工程与技术活动源于工程学中需要解决的某个难题（如“怎样让房子更保暖”），这两个活动的科学本质都是热学中能量传递的问题，是一条隐形的线索。围绕这条隐形的线索设计STEM活动，就可以将科学与工程技术有效地结合在一起。再如，根据水垢与酸会发生反应、酸性越强反应越快的知识，可以带领学生

开展“如何尽可能快地去除水壶中水垢”的活动；通过调查并学习工厂净化水的原理，可以让学生设计并制作一个简易净水器。

2. 要善于发现身边的工程与技术，综合 STEM 的多种视角

激发学生的好奇心和学习积极性是基础教育课程的共性，STEM 活动的设计也要具有开放性。教师要善于利用身边任何常见的事物开展 STEM 活动，让学生通过解决问题或完成任务的方法将科学、技术、工程和数学结合起来。

3. 要实现科学探究向 STEM 的转变及科学、工程与技术的共同发展

通过科学本质这条隐形的线索，科学探究活动可以很容易地转变为 STEM 活动。如“做弹球”和“吹巨型肥皂泡”活动，如果只是让学生做出一个弹球或配置泡泡液吹出泡泡，则仅涉及科学与技术；但要求学生思考方法，如调整弹球配方或泡泡液配方，使弹球弹得更高或吹出更大的泡泡，就融入了工程，转变为一个 STEM 活动。这不仅使活动得以深入，也起到了促进 STEM 共同发展的作用。

类似的可以转变为 STEM 活动的科学探究活动还有很多，如“温度怎样影响球的弹跳”可以转变为“如何使球弹得更高”、“水温怎样影响泡腾片小火箭的飞行高度”可以转变为“怎样使泡腾片小火箭飞得更高”。还有其他形式的科学探究活动，如调查类活动“教室外的噪声调查”可以转变为“如何降低教室内的噪声”、交流与辩论类活动“蒸馏法淡化海水的可能性”可以转变为“如何快速淡化盐水”。

根据问题和任务的不同出发点融入工程与技术，并依据其内在的科学原理，科学探究问题可以转化为 STEM 问题。又因为解决工程问题时必然会涉及科学知识和原理，所以从工程技术角度出发设计的活动更容易实现科学、工程与技术的共同发展。

三、STEM 活动设计的具体要求

1. 要注意教学时间和教学内容的矛盾

一个科学探究活动转变为 STEM 活动后，所涉及的范围，如“温度怎样影响球的弹跳”转变为 STEM 活动“如何使球弹得更高”之后，除温度之外，增加了很多可考虑的因素，如地面的软硬程度、球的充气量、拍打的力度等。如果给学生的限制条件太多，甚至直接要求学生探究温度，将大大减少对学生工程技术素养的锻炼，STEM 活动最终会流于形式而效果不佳。但要在一堂课的时间内展开对这么多因素的探究，在教学时间上是不允许的，也无法达到预期的效果。

由于 STEM 活动涉及工程学方面的系统化流程，通常可以将一个 STEM 活动拆分为几个课时，如用三堂课的时间分别来寻找问题解决方案和展开讨论，开展实验和进行调整及展示与交流等。还有一种方法是给学生一周或几周的时间思考方案或完成实验，最

后在课堂中开展实验或展示交流。

2. 科学教师要提高自身 STEM 综合素养

STEM 的教学需要多种知识（包括自然科学、社会科学等方面的知识），需要科学方法和工程技术手段的整合。科学教师不仅要有创造性思维，而且在遇到设计问题时还要有设计的灵感。只有教师有创造性，学生才能有创造性。

工程技术是不断发展的，尽管已有许多非师范院校的理工科研究生或本科生充实到教师队伍中，但由于 STEM 的教学具有适用面广、实施条件灵活等特点，其对科学教师的能力要求远远超过其他学科；STEM 课程尚处于探索期，没有相关教材，内容没有其他学科成熟；学生的基础差别很大，需要教师根据学生情况灵活调整。STEM 课程是面向应用类的，因此需要经常充实新的内容，而大部分内容需要科学教师通过自学或者继续教育完成。

3. 要打破学科界限和内容限制

目前的科学课程和科学教材中的每个单元都对应一个学科领域，如物质科学领域、生命科学领域等。教师容易受到学科界限和学科内容的限制，进行 STEM 活动的设计时容易受到自己固有思维的制约。

打破学科界限往往能取得更好的效果，如“制作一朵花”活动，属于生命科学领域，但如果将其改为“制作一朵能自动打开的花”，就融入了物质领域中的“力与运动”，增加了工程设计的比重。随着世界各国对“工程设计”的强调，科学教师应当着重开发一些设计类的 STEM 活动，如利用 LED 灯设计一种实用的工具或设计一辆动力小车等。这样不仅能融合科学、工程与技术，更能激发学生的创造性思维。

总之，融入工程与技术是丰富现有科学探究活动的有效策略，是提高学生 STEM 素养，让学生实现深层次学习、理解性学习的重要方式。所以我们应尽快将 STEM 教育引入科学课堂。只要了解科学探究活动、工程与技术活动以及它们之间的关系，就一定能设计出精彩的 STEM 活动。教师只有不断探索、不断实践，在课堂中发现问题、解决问题，才能开发出更多基于科学探究的、可行和有效的 STEM 课程。

第五章　小学科学教学STEM教育的推进策略

STEM 课程是实现 STEM 教育理念和教育目标的载体。课程资源的开发要多渠道、多类型、重实践，体现时代性、地区特色资源的开发。

小学在 STEM 课程资源和课程建设中，以融合 STEM 教育理念的教育科研为突破口、以 STEM 师培为基础、以 STEM 课程开发为途径、以科学教学课堂和科技活动为平台、对 STEM 教育的实践进行了深入的探索。

第一节　对照科学课标对、应课堂教学、对接实践活动

《2017 中国 STEM 教育白皮书》的发布正式启动了“中国 STEM 教育 2029 创新行动计划”。“协同、合作、开放、包容、创新”是计划的推进主旨，“探索与推广 STEM 教育的成功模式”是计划的主要内容与具体实施中的重要工作。基层学校的成功推进案例、区域有效的推广办法，是落实、落细、落小计划要求的成果呈现的重要方式之一。学校非常重视学生的跨学科学习经历与多元能力的发展，对项目式学习与问题发现式的学习方法也有一定的研究基础。当 STEM 教育进入学校视野后，学校更清醒地认识到国家的发展需要创新型人才，同时也需要创造性劳动者。因材施教、个性化学习要在学校教育中得到落实，STEM 教育是非常重要的载体。STEM 教育能综合地培养学生的科学探究能力、科技实践能力、知识迁移能力和跨学科整合能力等，能促进学生高阶思维、高阶认知水平的发展。因此，学校正式启动了 STEM 教育的推进工作。

一、成立领导小组、创建研修团队，明确需要解决的问题

如果没有学校层面的顶层设计和支持，STEM 教育的推进就可能遇到困难。因此，在学校启动 STEM 教育推进工作之初，就成立了以校长为组长的“某小学科学教学 STEM 教育推进领导小组”，领导小组以教导处、教科室、办公室、后勤处主要领导为成员，旨在为 STEM 教育在学校的顺利推进打开通道。

“领导小组”的成立在行政上打通了关节，但具体的研究实施需要资深教师的支撑，“领导小组”经过商议确定创建以名师领衔的 STEM 教育科研团队，成立了以学校两位

特级教师为主导的“某小学科学教学STEM教育项目推进小组”。推进小组成立以后，随即对STEM教育在学校推进将会面临的问题进行了分析和研究。

（一）教师认识问题

教师是教学的主要执行者，他们在思想上对STEM教育的接纳水平，将影响到该工作在学校、区域推进的难易程度与最终能够取得的成效，STEM教育的推进首先需要提高教师的跨学科素养，这需要教师要进行一定量的自主学习，在工作负荷满载的情况下、在还未看到对自己专业提升和终身发展有极大帮助的前提下，教师是否愿意自主学习，这是需要解决的认识上的第一个难点。STEM课程的实施过程，需要学生付出一些时间，受应试教育的影响，特别是语、数、英教师在没有直接感受到STEM教育对学生的学业成绩也会产生积极作用的情况下，他们是否愿意积极主动地参与项目的推进，这是统一教师认识的第二个难点。

（二）社会、家长的认可问题

STEM教育作为一种新的教育理念和新的教学手段，它的出现虽然引发了教育学界的热议。但教育界外的人们对它的重要性认识却不够深刻，这将影响到社会、家长对STEM教育的认可度，进而影响到他们对STEM教育在学校、区域推进的支持力度。

（三）STEM教育实施时间保障问题

“在校时间，学校课程排得满满的；校外时间，作业、辅导、兴趣班排得更是满满的。”这是对当今小学生的时间捉襟见肘的真实写照，没有时间保证的教育，只能是蜻蜓点水、走马观花，得不到应有的效益，体现不出应有的价值。

（四）STEM课程资源建设问题

课程资源的匮乏，特别是适合现有学情又能兼顾科学、技术、数学、工程四大元素的跨学科课程资源的匮乏与短缺，也是在学校推进STEM教育的一个难题。

（五）STEM教育的推进是否会加重学生学业负担的问题

现在我国小学生的学业负担已经太重，如果在STEM教育的推进过程中再加重学生学业负担的话，将违背STEM教育的初衷——“通过兴趣驱动学生学习的自动发生”。过重的学习任务叠加，甚至有可能让学生兴趣完全丧失，甚至对STEM产生厌学与抵触情绪。

（六）STEM教育师资短缺问题

对STEM课程的执教，需要教师单科知识扎实，并具有较强的跨学科知识整合能力，还要具备善于捕捉课堂生成的灵动与睿智。就目前来看，具备这类素质的教师较少，这又成了在学校与区域推进STEM教育亟待解决的问题。

“麻雀虽小，五脏俱全；问题不少，规避不了”。在基层学校推进STEM教育，不能逃避上述的任何一个问题。任何一个问题解决不好，都会影响 STEM 教育在学校中的有效实施，甚至还有可能导致推进工作的停滞。这就是在基层教育工作中进行改革创新、推广新事物的最难点。

二、里清思路，树立正确的认识，找准解决问题的办法

面对上述问题，真有一种剪不断理还乱的感觉，更有一种问题太多而无从下手或根本解决不了的想法。但要有效地在学校、区域内推进 STEM 教育，就必须解决好上述每一个问题。“创新”在教育中的贯彻，首先需要变革的是学校领导和执教教师的思维方式。教育需要创新、教学需要创造。“遇到问题不要着急去找答案，先要去找关键”是有关创新思维能力培养的方法，为我们提供了一条解决问题的新思路，“找到问题关键，提出关键问题”是解决复杂问题的第一步，也是成长为 STEM 教师所必备的关键能力之一。

针对以上问题，领导小组和科研团队结合 STEM 教育的特点，对学校的现有学科、师资情况、学校开设的实践活动以及课时安排进行了综合调研与思考探讨，最终确定了用“对标、对本、对接”的理念推进 STEM 教育在学校的落地生根，用“落实、落细、落小、落地”的原则推进 STEM 教育在学校的具体实施。

（一）“对标、对本、对接”——推进 STEM 教育在学校的落地

1. 对标，指对照课程标准

“小学科学”是学校现开设的学科中唯一将 STEM 教育写入课程标准的学科，表明该学科与 STEM 教育理念的融合具有先天优势——知识结构上的优势、能力整合上的优势、师资素养上的优势和国家教育政策导向上的优势。“综合实践”的课程标准要求与 STEM 教育倡导的跨学科整合、基于真实情境解决实际问题达到目标一致，且学校拥有该课程内容安排的自主权。基于此，学校确定了挖掘科学教材内容，整合综合实践的课时时间，通过融合 STEM 教育理念重构科学课堂教学与基于科学教材内容开发 STEM 校本课程两条途径，推进 STEM 教育在学校的落地工作，并提出了 STEM 教育最初在学校的推进要以科学教师为主导的推进思路。

2. 对本，包含两方面

一是对应科学课本，STEM 教育的实施需要相应的课程。面对 STEM 课程资源匮乏的情况，学校通过商议，根据 2017 版《义务教育小学科学课程标准》中有关 STEM 教育实施建议的相关内容“科学教师可以尝试将此模式运用于自己的教学实践之中”的要求，确定了解决课程资源匮乏问题的思路：在科学课堂教学中融入 STEM 教育理念，重构课堂教学，还原真实学习；以现有科学教材内容为基础，对其进行挖掘，在此基础上进行 STEM 校本课程开发。二是对应本有的教学时间，在科学课内实施 STEM 理念与科学融合后的重构案例，利用综合实践课堂教学时间、课后服务时间进行 STEM 校本课程

的实施，这样做也不会加重学生的学业负担与时间负荷。

3. 对接，STEM 教育与学校已有的科技实践活动对接

整合现有的“科技节”主题活动，用项目驱动促进 STEM 教育在学校的推进工作，在活动中通过让家长参与、新闻报道等方式解决社会家长认可问题。

（二）“落实、落细、落小、落地”推进 STEM 教育在学校的实施进程

落实师资建设，STEM 师资队伍建设分为两个阶段，第一阶段是落实最初带头执教的教师问题，第二阶段是培训更多的教师成为具有 STEM 教学能力的教师。

落细时间保障，通过用排科学课的课表，整合综合实践课时的时间、优化课后服务安排等方法，落细在科学课教学中实施融合 STEM 教育理念新设计的时间；利用综合实践、课后服务的时间落细 STEM 校本课程实施的时间，以达到让 STEM 教育走进学校教育最重要的阵地——课堂教学，渗透于学校的课内外与实践活动之中的目的。

落小课程资源，以科学教材为基础进行课程资源开发。分学段进行基于科学教材内容的 STEM 课程案例开发，分年级进行科学课堂教学中融合 STEM 理念的策略研究。

落地成果呈现，创新学校现有的科技实践活动，创设有利于 STEM 教育成果展示的平台。

三、方法和举措

“对标、对本、对接”为STEM教育在学校的有力推进提供了理论依据，“落实、落细、落小、落地”为 STEM 教育在学校的有效实施提出了具体要求。学校结合“中国 STEM 教育 2029 创新行动计划”提出的“协同、合作、开放、包容、创新”的 STEM 推进指导纲要制定了以下方法与举措。

（一）协同——聚集区域力量，以教育科研、课题开展为推手，推动 STEM 校本课程建设

科学在小学教育中属“小学科”，课时少、专职教师数量少。从辩证的角度分析这既是劣势也是优势。虽然学科的教学科研只能以区域为单位，集合周边学校的专职教师才能有效开展，但 STEM 课题的研究恰好能利用学科区域教研的优势，以“中国 STEM 教育 2029 创新行动计划”立项的 STEM 课题“STEM 教育理念与小学科学教材（教科版）深度融合实践研究”为载体、为引领，让区域内所有科学教师参与研究，共同进行基于科学教材的 STEM 课程开发和科学课内融合 STEM 理念重构课堂教学的创新设计。

（二）合作——搭建与东部学校在 STEM 学术研究上的互通桥梁，共建、共享课程资源

STEM 课程资源的建设以课题研究为抓手，以名师引领为主导。除通过区域教研对

课程资源进行开发外，为了避免因地域劣势带来的“自封闭、内循环”，学校与STEM教育研究较早、成果较多的东部STEM名师与部分学校建立了合作关系。引入东部名师作为主研共同参与课题的研究，纳东部青年骨干教师为课题组成员，对两地开发的课程案例进行异地试教检验。学术上的交流可以互通有无、取长补短共建资源，实践中的合作既是研究成果的共享又能确保研发成果具有普适性。

（三）开放——让更多的人关注，让更多的力量参与，共同促进STEM教育在区域内的生长

教育科研平台对区域教师开放、学术研究成果与业内共建共享、创设实践活动让家长参与、搭建展示平台引起社会更多关注。STEM项目倡导结果具有开放性、学校推进STEM教育更需要开放，对区域学校开放、对学生家长开放、对社会各界愿意参与的力量开放，在学术上开放、在课程建设上开放、在实践创新成果上开放。开放会引起更多的人关注，开放会导致更多力量的聚集，团结区域力量共同推进学校STEM教育的建设，推动区域STEM教育的发展，推广STEM教育成果，辐射更多的学校与教师，为未来培养更多更好的创新型人才和创造性劳动者贡献力量。

（四）包容——对勇于尝试STEM教学的教师在考核评价办法上有所倾斜

创新需要成本，创造也会有一定代价，创新是需要投入和付出的。任何新事物的产生与推广都是试错与试对的往复交替的过程。对于探索过程中的“试错”，要用包容的态度去对待和理解。对于勇于尝试STEM教学的教师，学校在教师考核评价标准上进行了倾斜，在所任教的学生的量化学业成绩上有基本加分，对取得了成果（获奖或有价值的论文发表）也有成果奖励，并在绩效分配上进行一定的考虑。宽松的环境、包容的态度激励着“敢吃螃蟹”的教师，让他们能放手去做，敢于创新、勇于探索，最终成果不断涌现。

（五）创新——用项目驱动方式促进师生对STEM的学习

将学校每年开展的科技节中的项目进行升级，把其中“务虚”的内容进行更替。开学之初即向全体学生公布科技节竞赛项目，这里具有STEM元素的项目需要学生在课堂上习得必要的STEM能力，并在课外要经过较长时间的探究和实践才能完成并且生成物化作品的项目；明确要求，家长只能指导，不能动手制作。取消原有的“小制作”“科学小报”等项目。根据多年观察，这些作品大多出自家长之手或是学生为了完成任务而进行科学知识的简单文字摘录。

在STEM教学研讨和科技节现场项目比赛中，开展以年级为单位的STEM教学活动。STEM能力较强的教师负责年级导学环节，其他教师在观摩学习的同时完成对学生的分组指导与评价。这类模式，不但能暂时解决学校开展STEM教育师资短缺的问题，同时也能促进普通教师向STEM教师成长的进程，让教师与学生一道“在参与项目式教学中，

学习项目式教学”。

四、推进学校 STEM 教育的具体实施过程

（一）确定阶段目标任务

以让研究成果更具教育性、普惠性、趣味性、团队性、参与性、实践性、可玩性为宗旨设定目标任务。

1. 阶段目标

（1）通过教学研究，让更多的科学教师掌握基于 STEM 理念的科学课教学方式与基于科学教材开发的 STEM 拓展课程的策略、办法；

（2）通过实施基于科学教材开发的 STEM 拓展课程与基于 STEM 理念重构的科学课堂，多方位地提高学生的 STEM 能力。

2. 具体任务

（1）完成本期基于小学科学教材内容融合 STEM 理念的教学研究与课程设计，为进一步的研究打下基础；

（2）在科学课堂教学中融合 STEM 理念进行教学，提高师生 STEM 能力；

（3）利用综合实践课时时间，实施基于科学教材开发的 STEM 课程案例，以达到满足学生经历与体验的需求，以及系统地参与 STEM 学习全过程的目的；

（4）举办学校科技节，以此为抓手促进学校 STEM 教育和科技实践活动的开展，并利用此平台对师生的 STEM 能力进行对比检测；

（5）通过科技节邀请全县科学教师、家长团与新闻媒体的参与，扩大 STEM 教育的影响力，达到让社会更多地关注、参与 STEM 教育的目的。

（二）具体实施过程

活动分为三个阶段：准备阶段、实施阶段、成果检验与总结归纳阶段，具体安排见表 5-1。

表5-1 某小学科学教学STEM教育推进安排表

活动时间	活动地点	活动内容	参加人员	负责人
2021年4月	学校	举办“基于STEM理念的科技节”全校总动员，并布置项目任务	全校师生	徐江
2021年4—7月	学校	第一阶段准备： 设计“基于小学科学教材渗透STEM理念”与“基于小学科学教材拓展开发的校本STEM课程”	区域内科学教师与县教研室教研员	吴逢高
2021年4—11月	学校	第二阶段实施： 融合STEM理念的科学课与基于科学课拓展的STEM课程在全校分学段实施	全校师生	吴逢高 孙蓉 张莉 赵良友
2021年12月	学校	第三阶段检验总结： 以“科技节”为载体，以STEM教学活动为抓手，检验学生“基于STEM理念的科技实践活动”效果，并通过归纳总结及反思形成成果	全校师生	徐江 吴逢高 蒲庶

1. 准备阶段（2021 年 4 月 9 日—7 月 23 日）

（1）活动定位：STEM 教育的推进以科学教材融合开发为基础，以科学、综合实践课时时间为保障，不加重学生的课内外学业负担，不影响学生对科学的兴趣，不给家长指派更多课外任务。在上述情况下，通过融入 STEM 教育理念的科学课与 STEM 拓展课程的实施，提高学生的知识迁移能力、科学探究水平、实践应用能力与创新创造精神。

（2）问卷求证：在推进 STEM 教育的过程中，不加重学生的学业负担，不影响学生对科学的学习兴趣，是我们这次活动必须坚持的底线。虽然我们前期结合儿童心理学对学生的学习现状进行了较为全面的分析，但还缺乏数据的支持。

（3）成效：在清晰的目标与合理的任务定位指导下，教师们开始了认真的学习、教研与基于教材的 STEM 校本课程的开发。

通过理论学习、教学研讨、试讲试教，骨干教师初步具备了开展 STEM 教育的能力。学习的同时，在县教研员的帮助下，还成立了由全县科学骨干教师组成的 STEM 教育专项研修团队，承担挖掘教材结合 STEM 教育理念重构科学课堂教学与开发 STEM 校本课程的任务。由于 STEM 教育强调学科整合、跨学科学习，因此还有许多其他学科的教师也参与了课程的开发与教学的设计。在大家的努力下，陆续开发出了一些适合各个学段的学生特点的项目：

学段	基于科学教材的STEM拓展课程案例
一年级	《墨功》
二年级	《咯咯杯》
三年级	《机线人》
四年级	《红绿灯的历程》
五年级	《我们都是小乐手》
六年级	《我的飞行梦》

2. 实施阶段（2021 年 4 月 20 日—11 月 20 日）

（1）STEM 教育在全校的推进、实施过程与呈现出的现象

①科学课中融合 STEM 教育理念，重构科学课堂教学

STEM 教育理念的融入丰富了小学科学课堂教学的内容，跨学科的教育理念为学科整合提供了理论基础，使学生在提高科学素养的同时还能发展其他学科能力；STEM 教育倡导的项目驱动理念的融入，促使教师的课堂教学策略发生改变，在教学中既要保证探究的有效性还要兼顾学生实践能力的发展；STEM 教育中问题引领理念的融入，提高了学生的学习兴趣与自主学习的质量；STEM 学习方法的融入使培养学生科学素养的方法更加多样化，对提高学生的综合运用知识能力与核心素养的养成有较大帮助；同时 STEM 教育中的设计思维的引入还能促进学生全脑思维的发展，极大地提高了科学课堂教学的效益。

②综合实践课、课后服务活动中进行拓展课程的实施

科学课堂教学融入 STEM 理念，是对学生 STEM 能力的“点状”训练。深度挖掘科学教材内容，开发出的 STEM 校本课程能较为系统地对学生的 STEM 能力进行结构化的训练与培养，能有效地把学生在科学课中形成的碎片化的 STEM 能力集成并提供进行全面的训练的机会。

③ STEM 教育实施过程中呈现出的现象

STEM 教育的诞生就是因为美国学界尝试通过“玩得高兴、玩得开心”将更多的学生吸引到理工科的学习上来。习惯了单学科学习的小学生，遇上 STEM 后，惊奇地发现自己平时课堂上学习的学科知识能在实践中得到应用，这既满足了自身“动手”的需求，又能让学以致用的愿望得到实现，同时每个学生还能在活动中根据自己的特长，找到适合自己的位置。这样一“玩”，玩出了“乐不思蜀”的感觉，即使下课了，还抓着器材继续研究不想离开，他们或是拿着设计图纸缠着老师指点，或是整个小组继续争论方案，甚至有的学生午餐时在餐巾纸上写写画画，餐巾纸上的内容居然是通过重新构思后修改的设计方案，更有甚者，放学了都还不肯回家，非要把自己负责的任务完成……

学生学习兴趣高涨的同时，学习能力也在悄悄地发展。科学、数学、美术、音乐等学科知识的迁移应用变得越来越容易。六年级学生在研究“时差问题”时把数学课上的“栽树问题的‘一不栽、两不栽’”的思维方式应用于科学推论；在试管中加水改变音高的活动中，学生发现加水的多少是可以用数学规律进行计算的；有学生还把科学实验引用到了体育课上，去探究运动的技巧。在活动中创新创造出的生成发明也不断涌现，纸飞机最远的世界纪录是 40 多米，六年级有学生用一张 A4 纸做的纸飞机能飞到 23 米，有学生为了深入研究空气动力，将看不见的空气用图示的方式创造性地进行具化表达；有的学生周末邀约同学到家，把家里的厨具改造成乐器开办厨房音乐会；有同学自主研

究水火箭中水与气的比例，让水火箭喷射的高度超过六层楼……最让老师欣慰的是，通过团队不断的活动，孩子们相处得越来越融洽，除在 STEM 活动中他们相互合作、取长补短外，在其他学科的学习上他们也自发地相互帮助。

（2）策划科技节活动，检验 STEM 教育推进成果，扩大 STEM 教育影响

①活动特色

a. 用 STEM 教育倡导的项目式学习作为驱动，以解决基于真实情境中的实际问题为目标，进行活动设计。

b. 活动参与的主体必须是学生，家长和老师只能以引导者的身份对学生进行帮助与支持，不能动手操作。

c. 要求学生以小组为单位全员参与，在团队中每个学生根据自己的特长找到适合自己的位置并发挥应有的作用。

d. 评价方式多元化，物化作品、设计图纸、团队合作效度、跨学科知识整合能力、创新创造的呈现都纳入成果评价体系。

②活动框架

③具体过程

a. 项目任务布置

STEM 教育带给学生的改变是动态渐进的，通过活动让“学以致用”得到了逐步实现，在不加重学生学业负担的情况下，学生得到了更为全面的发展。为了检验前期的成果，总结已有的经验，学校决定于 2021 年 12 月举办学校首届科技节。科技节由以下内容组成：

参与学生	项目
全校学生参与，分年级评价	让鸡蛋飞
二、三年级学生参与，分年级评价	纸牌叠塔
四、五、六年级学生参与	我是科学小学霸
五年级全体学生参与	意面搭高塔
六年级全体学生参与	轮子

b. 项目介绍

“让鸡蛋飞”：全校同学共同参与的 STEM 项目，要求在一个月的时间内通过自己的探究与实践，运用不同的设计方案完成“熟鸡蛋”从高处自然坠落摔不碎的任务。高度标准是一、二年级的学生站在凳子上，三、四年级的学生从三楼，五、六年级从四楼让鸡蛋自然坠落到地面，评价标准是既要保证鸡蛋不碎，还要结合科学知识、美学知识以及成本控制等要素进行综合评价。

“纸牌叠塔”：这是由小学科学二年级教材拓展出的 STEM 活动，参与人员为二、三年级学生。比赛要求在 20 分钟内，以实验小组为单位（5~6 人 / 组），用一副纸牌，选择任何一种方法搭建纸牌高塔，叠好的塔在一分钟内不倒。谁叠的塔最高谁获胜。

“我是科学小学霸”：参与学生为四、五、六年级学生。主要是为前期在“基于STEM理念的科技实践活动”中涌现出的学生的创新创造作品，搭建展示的平台。以此凸显榜样引领，为广大学生学科学、爱科学明确正确的导向。（作品必须为学生自主完成，家长不能动手参与）

以上3个活动都是在前期给学生布置了项目任务的基础上，利用科技节平台对项目任务的完成情况进行检验、展示和评价，以此达到互相交流，进一步促进学校STEM教育的推进工作与科技实践活动深度融合发展的目的。

“意面搭高塔”“轮子”：这两个活动是本次科技节的重头戏，所用的课程是平移浙江名师吴建伟老师引进美国STEM活动并本土化后的“意面搭高塔”和原创的“轮子”两个案例，参与学生是五、六年级的全体学生，并邀请了汶川县小学科学教研员、全县科学老师与几十个家长代表，到现场观摩、感受、交流。旨在检测学生的STEM能力发展的水平，同时课题组也想借助此次活动，进行一个大胆的尝试——“以年级为单位”开展基于STEM教育活动，由一位教师完成执教导学的任务，由班主任教师参与学生的实践操作过程。借此尝试对西部STEM师资培养办法的探索。

c. 学生自主探究、设计、实践阶段

接受项目式的任务后，全校学生开始了自主的探究、设计与实践。在校内、在校外总能看到学生积极研究的场景——在学校教学楼的大厅的地上，常能看到两三个学生有明确分工的“纸牌叠塔”演练；在课间十分钟总会有一群孩子冲到实验室与科学教师探讨自己的设计或是请教有关的科学知识或是提问求解；在上学放学的路上总能看到学生拿着图纸窃窃私语并不停地用手比画着什么；食堂的师傅也向学校反映“最近早餐吃鸡蛋的同学明显增多”；有家长在群里爆料“自己的孩子研究‘鸡蛋摔不碎’，失败一次吃一个鸡蛋，有一天一口气吃了6个鸡蛋”……源于项目驱动与问题引领的魅力，学生的学习兴趣被完全激发出来，伴随着跨学科知识的整合应用与学生自主合作的反复探究与实践，学生的学习能力、探究水平、实践应用、创新创造能力等如雨后的幼苗般悄悄地生长……

3. 成果检验与总结归纳阶段（2021年12月24—26日）

终于等到12月24日，科技节开幕了。科技节活动分3天下午举办。具体活动如下：

时间	参与学生	项目
12月24日下午	全校学生	让鸡蛋飞
12月25日下午	二、三年级	纸牌叠塔
	五年级	意面搭高塔
12月26日下午	四、五、六年级	我是科学小学霸
	六年级	轮子

（1）全校总动员“让鸡蛋飞”检验工程设计与制作工艺

开幕式上，校长做了简短讲话后，便正式进入比赛。首先开展的是“让鸡蛋飞”项目，先由一、二年级同学在操场上进行比赛，全校师生观摩。稚气的小朋友们显示出了超高气场：有的同学把熟鸡蛋用纸包了又包，有的同学把鸡蛋放在有泡沫球的盒子里，有的同学把熟鸡蛋固定在4个气球中心，甚至有的小朋友直接把鸡蛋放在枕头里，有的小朋友为了美观把小鸡蛋画成了“哆啦A梦”，栩栩如生。最调皮的小朋友是直接空手上场，老师问他鸡蛋的去向，他笑一笑说：“教室里准备的时候不小心弄破了，就把破的熟鸡蛋直接吃了。”让大家忍俊不禁。最有创意的是一个一年级同学的黑科技，他将鸡蛋放在有水的塑料袋里，再把塑料袋放在充满水的塑料瓶子里，这能让鸡蛋在瓶子里始终保持悬浮状态，这种造价又小、效果又好的设计一举拿下了该组的第一名。

中高年级的赛场设在学校办公楼，根据年级的高低分别从不同的楼层向下抛扔熟鸡蛋。高年级的同学挺牛，为了显示自己工程作品的牛气，在从楼上向下扔鸡蛋时，还故意向上抛投一两米，结果当然是没有摔碎。同时，这些学生在长达一个月的实践、研究，学科整合的成果也在作品中得到了呈现。降落伞的使用成了常态，水减震、气减震的设计数量也不少。特别是框架结构加悬浮的减震系统设计，让当裁判的老师都啧啧称赞。有了工程思维和设计能力的学生，真把科学知识、数学知识还有技术设计完全整合起来，完成了一个又一个高质量的工程任务。

（2）纸牌叠塔又高又快

第二天的“纸牌叠塔”，让低年级的孩子又火了一把。在学校体育馆内，低年级的孩子以小组为单位进行以“叠高”为标准的比赛，把纸牌折成不同的形状，把不同形状的纸牌根据需要进行有结构的搭建，在搭建过程中分工合作的团队精神也呈现出来，一旁观战的家长们都不敢相信自己的孩子这么有能耐。看来STEM理念下的工程项目，在满足学生动手需求的同时提高了学生的团队意识。

（3）意面搭高塔高度挑战

在低年级同学叠塔的同时，在阶梯教室里的五年级同学在吴老师的引导下，已经开始对塔进行科学研究。平移东部名师的“意面搭高塔”项目，并以年级为单位开展活动。就形式本身而言已叫学生激动，当项目任务公布后更引发了学生的学习兴趣。20根脆脆的意面、一小包软软的棉花糖，就这两种材料要搭建出不低于50cm的高塔，这对五年级的孩子来说的确是不小的挑战。

在导学中，教师引入了PBL5E的教学法。教师在导学中通过精心设计的引入，激发学生独立思考，小组讨论，全班交流探究。教师对所要解决的现实问题的核心与解决问题所需要的跨学科知识进行分析解释后，学生豁然开朗。阶梯教室内不时传来激烈的讨论……40分钟后各小组带着他们的设计转场到了体育馆开展搭建活动。体育馆内近150名学生顿时分成20多个小组，热火朝天地开始搭建。观摩的家长团也不甘落后，向老师索要了搭建材料也开始了搭建。讨论、工程图纸设计、领取材料、建造，60分钟后一座座各具创意特色又不失科技含量、精心计算的“意面高塔”耸立在体育馆的地面上。

经过最后测量最高的塔高达95cm，远远超过了家长团的74cm。家长团汗颜道“想不到现在的小孩子这么具有创造力，想不到近2小时的活动孩子的兴趣一直不减，想不到自己真的老了，居然没有比过五年级的学生”，现场观摩的全县科学老师对“基于STEM理念的科技实践活动”也深有感触，这样的活动对学生的吸引力太大了，这样的活动对孩子的终身发展与科学素养的建构太有用了，这样教育培养出来的孩子将来的发展不可限量……当活动终止的哨声吹响时，全场100多名学生共同发出呼喊：“老师，再给我10分钟，我还要改进……”

（4）我是科学小学霸

第三天的活动在同学们的盼望中开始了，首先是“我是科学小学霸”的展示活动。申报学霸的同学已经备战了一个多月，早已憋足了劲。在台上通过富有深情的演讲与工程创新作品的展示，博得了老师、同学和参会家长团的阵阵掌声。最吸引眼球的是六年级倪望舒同学的工程作品“创新水火箭”，他把大家熟知的水火箭的“燃料”进行了改良，仅用一支小打气筒在极短时间内就能把水火箭送上高空（超过了教学楼六楼的高度），让全场叹为观止、欢呼雀跃。遗憾的是，这位小倪同学至今不愿把自主研发的“燃料配方”拿出来分享，想不到小小年纪就有了“知识产权”的保护意识了。

（5）轮子，建造速度与创意、距离与平衡的比拼

“我是科学小学霸”展示结束后，到了六年级同学最心动的活动——工程项目“轮子”的设计与建造，并要让自己制造的“轮子”在规定斜坡上利用重力尽量滚得最远。本案例也是平移浙江名师原创的作品，也是以年级为单位实施STEM课程的活动。通过昨天对活动问题的归纳与总结，今天的数学元素更加凸显，学生的思维在教师的引导下聚焦得更为精准。以年级为单位的评价方式也彰显出特别的效能。学生最后生成的创意作品，特别是一个学生首创的“直杆平衡”的设计创意让人耳目一新。在观摩家长的热烈掌声中，参会的全县科学教师们陷入了更深的思考。

（6）评价、颁奖引导学生将活动继续

各项比赛结束后，学校举办了盛大的颁奖典礼，典礼由优秀工程作品展示、活动精彩瞬间分享、活动收获与反思交流与奖状奖品颁发等环节构成。校长在最后的总结发言中深情地说道：“颁奖只是STEM教育活动延续的开始，学校今后每年都要举办一次类似的科技节，希望全体同学在日常学习生活中多学习、多思考、多探究、多实践、多创新，希望在明年的活动中涌现出更多更好的创意与作品。”有效的评价手段，总会带来正确的导向，正确的方向将引发孩子们更加主动地学习与参与，我们期待明年的节日。

五、具体成效

（一）学生层面

STEM 教育在学校的落实、落细、落小与落地，通过与科学课堂教学进行融合、基于教材内容开发建设 STEM 校本课程两条途径实施。在课内外的融合中，以项目为驱动，用问题进行引领，符合学生的认知特点与水平，通过教师的导学与自主学习过程消除了学生学习过程的一些障碍，满足了学生动手、思维建构与团队合作等的发展需求，为学生经历“像科学家一样地探究”与“像工程师一样地创造”提供了平台，激发了学生对科学的浓厚的学习兴趣，训练了学生的学科整合技能，培养了基于真实情境解决现实问题的能力，在潜移默化中提升了学生的探究、实践与创新能力，具体表现为以下几个方面。

1. 不加重学生的学业负担与时间负荷，学生的学习兴趣得到了激发与保护。

2. 跨学科整合的学习过程，为学生的知识迁移能力的培养提供了良好的平台。

3. 项目式的任务驱动，为学生将已有知识与现实情境建立联系，满足了“学以致用”的需求。

4. 通过活动，促进了学生“学习共同体”的建设，并能将这种协作能力延续到其他学科的学习之中。

5.STEM 教育本身具备的趣味性、合作性逐步改变着学生的学习动机，由被动参与学习向主动参与学习发展，为自主学习习惯的形成提供了良好的氛围与条件。

（二）教师层面

STEM 教育在学校的推进与实施的过程，对更新教师教育理念、提高学科育人认知、改变教师行为起到了积极作用。东西部的合作研究、全县科学教师的实践参与、以年级为单位开展活动的尝试，也为 STEM 教育在欠发达地区的区域推进提供了新思路，具体收获如下：

1. 原创案例与平移东部名师案例相结合的方式，为西部 STEM 教育的发展、STEM 课程的开发，以及教师 STEM 能力的提高，提供了最直接的学习平台，对西部学校推进 STEM 教育起到了积极的促进作用。

2. 此次活动就是全县科学教育的一次大型研讨，全县教师参与其中，观摩、体验、参与、研讨同步进行，通过活动触发教师深层次地对自己的教学行为进行对比、反思与总结，提高了教师对现代教育理念的重新认知，对新学法、新教法的深入的理解。

3. “以年级为单位”实施 STEM 活动的尝试，不但能快速提升教师的执教水平，对解决西部 STEM 师资缺乏问题也有一定的借鉴意义。

（三）学校层面

STEM 教育理念融于科学课堂内，STEM 校本课程的开发与实施是在学校中，开展以 STEM 为主题的科学节等活动，促进了教师与学生的共同成长。不但为学校在研的 STEM 的国家级课题提供了实践平台，而且为区域推进 STEM 教育起到了示范作用、为富有特色的校本课程的建设、为学校教育育人的深度提升、为学科育人形式与方法的创新提供了很好的理论研究与实践检验的平台。

1. 活动的开展为学校正在研究的国家级课题“STEM 理念与小学科学教材（教科版）深度融合的实践研究”，搭建了良好的实践平台，助力教育科研的研究与实践。

2. 作为“全国 STEM 种子学校”，通过此次活动切实达到了区域推进 STEM 教育的目的，起到了积极的引领与示范作用。

3. 整合了 STEM 教育、科学教育、科技实践活动三项学校重点工作，为学校高品质的发展提供了新的思路。

（四）社会层面

全体动员、全员参与，家长代表团亲临观摩感受，全县科学教师集中学习提升，新闻媒体宣传报道，加强总结反思，彰显出此次活动的社会效益，让更多的学生、家长、社会、教育主管部门认识到学校推进 STEM 教育的重要性，并为其他学校开展 STEM 教育提供了可参考与借鉴的经验。

1. 全体学生、家长代表团、全县科学教师、当地相关领导的参加，对区域推进 STEM 教育起到了宣传推广作用，同时 STEM 理念的融入为当地科技创新教育提供了新的思路和实践经验。

2. 通过新闻媒体的报道，让社会对 STEM 教育更加关注，让广大老百姓知道自己的孩子也在享受与世界同步的先进教育，有利于助力教育扶贫攻坚，助推教育均衡。

3. 及时地向国家级、省级有关部门上报活动情况与成果，使教育科研成果共建、共享，促进 STEM 教育在我国的深入实践和深度发展。

六、活动反思

STEM 教育在学校与区域的推进工作需要轰轰烈烈、热热闹闹的过程呈现，更需要冷冷静静、实实在在、扎扎实实的反思促进。

（一）学生反思

活动结束后，教师结合学生参与活动的情况向学生布置了 3 个问题进行思考与讨论：通过活动有什么收获？能不能把这些活动用到其他学科的学习当中？对于这样的活动还有什么期望？

反思的目的是进一步提升学生的学习兴趣、学习能力与知识进阶，并了解学生进一步的学习需求。教师对学生的反思进行了归纳与整理：十分喜欢这样的活动，轻松、愉快但具有挑战性；团结才能做好每一件事，这也是我们今后小组建设需要加强的地方；科学研究中能用到数学，数学又能让科学研究变得简单；数学、音乐、美术这些学科的知识都能服务于生活，都与科学有密切的关系；希望今后多开展类似的活动，希望老师能多指导、多参与，希望有更多的工具和器材，希望有更多的交流与展示机会；STEM 教育既好玩又能学到知识，锻炼能力，让我们更加喜欢科学、热爱科技，希望能实现当科学家的梦想。

（二）学校、教师反思

“教育要生长在学生心里，经历与体验是必经的途径，”STEM 教育应是学校教育的重要组成部分也应是核心内容，能弥补现有单科教育的很多不足；“玩中学、学中思、思中创”，不只是一句空话，要有合适的载体去承载，要创设良好的平台去实施；国家的建设与发展既需要创新型人才，也需要创造性的劳动者，STEM 教育不能只是优秀学生的舞台，STEM 活动能让每个学生都找到适合自己发展的位置；STEM 课程能让学生全员参与，能促进他们全面发展，这种课程能有效地把教育均衡落实于学校教育。以“年级为单位”实施 STEM 课程的尝试，有利于解决 STEM 师资缺乏的问题，有助于更多学科教师向 STEM 教师发展成长；学校的教育科研工作应在教师培训、培养上给予政策上的支持，并创造更多的学习与展示平台；教师应以更加积极的态度和学习面貌来迎接新时代的教育教学改革，为适应时代更新自己的教学观念，改变自己的教学行为，为自己能尽快承担“为未知而教、为未来而学”的责任而努力。

第二节　STEM教师培训

一、“工欲善其事，必先利其器”

目前全世界处在一个技术高度变革的时代，从互联网、物联网、人工智能到智能制造，所有这一切不仅改变着我们的生活方式，也改变了我们的生产方式，特别是对于未来的就业和产业所需要的人才提出了新的要求。“为未知而教，为未来而学”新教育理念的提出给我们的学校教育提出了新的挑战。

同时，我国社会经济的发展正处于重大转型期，人口结构、经济结构和社会发展方式都将经历深刻的变革。在这个大变革时代，教育肩负着建设人力资源强国的重任，必然要适应社会经济的新变化、新要求和新挑战。必须进一步提高教育服务经济增长的能力，加快教育教学内容的更新、教学方式的变革，提高学生的实践能力与创新能力，更多地为区域经济社会发展提供更加合适的人才。

随着民众对应试教育逐渐回归理性，人们对教育方面的认识会更加注重素质教育，人们希望学生在学习过程中获得的不仅是知识，还有学习方法、与他人协作的能力，研究、做项目的能力，甚至是创新创造的能力与思维，让我们的孩子在未来的国际舞台上更具有竞争力！

（一）项目背景

基于STEM教育的社会需求和创新人才培养的教育导向，以及学校开展STEM教育的核心问题“师资”，STEM师资是世界的难题。某小学科学教学对STEM课程进行开发、引进和推广旨在解决学校STEM教育的本土化、校本化需求，系统地开展学校STEM教师的培训和提升，为学校解决师资难题，为课题研究和课程开发设计解决教师理论上的认识问题，为STEM的具体实施解决“学”“教”教学方法问题。希望对区域中小学STEM教育的开展提供更多的理论依据和实践经验并产生积极的作用。

（二）培训体系

STEM教师培训体系的课程设置以创新教育理念为引领，以具体案例技术为核心，树立教师的创新教育意识，并帮助其寻找可能实施的教学创新点，注重教学实践训练。在培训过程中采用讲授式、体验式、项目式等多种教学模式，使教师在了解概念、方法、技术的基础上，能够将其应用于教学实践当中。

本培训将通过体验、学习理论知识、完成项目要求、再学习分享实践经验、完善项目设计的过程，完成培训即可胜任STEM教学的教师这一目标。

（三）培训对象

课题组教师、区域小学科学教师。

（四）培训方式

所设置的培训方案注重知识技术的实践应用，在培训过程中采用基于任务、基于项目的培训模式，以问题解决为导向，小组协作和个别化学习模式并重。具体包括理论培训、案例分析、设计实践、研讨总结等环节。

（五）培训系列

1. 对STEM教育基础理论的学习

STEM基础理论的学习使教师对STEM教育有系统的认识和较全面的了解。这些理论知识将指引教师在STEM学习中保持方向的正确性，为实践提供有力的理论支撑。

（1）培训目标

①初步了解STEM概念的内涵与外延。

②对STEM教育的前世今生有一定的认识。

③初步掌握 STEM 教育的特点。

④初步掌握 STEM 项目的教学策略与方法。

（2）培训内容　　时间：1 小时

培训内容	主讲教师
创客以及STEM的体验活动	吴逢高
STEM概念的解读以及在新时代的重要性	
介绍STEM的发展史和STEM在我国的开展情况	
解读STEM教育的特点	
STEM项目的教学策略与方法介绍	

2. 根据所学理论知识进行 STEM 教学设计，提出遇到的问题和困难

此次的教学设计属于实践环节的一次活动，目的在于让参培教师掌握 STEM 教学的设计，也为下一次实践活动提供素材。

（1）培训目标

①对参培教师的前知识进行调查了解。

②培养参培教师应用已有知识进行 STEM 教学设计的能力。

③掌握参培教师在设计中遇到的典型问题和特殊个案。

（2）培训内容　　　　　　时间：2 小时

培训内容	主讲教师
项目活动：以真实案例为载体，要求参培教师以小组为单位进行STEM教学设计	吴逢高
以小组为单位展示自己的设计，其他小组对设计进行评价	
收集、整理参培教师在完成任务过程中遇到的问题和需要的支持	

3. 根据教师出现的问题和需要的知识再次进行更深层次的理论学习

第二轮的理论学习更具针对性，针对性地去解决教师遇到的困难和困惑，为完善设计方案做好必要的知识储备。

（1）培训目标

①掌握演绎讲授式与归纳探究式的教学模型。

②对 STEM 教育培养人的能力与素养有进一步的认识。

③对 STEM 教育中教师的角色有新的认识，与其相关的教法、学法应用能力有所提升。

④通过关键环节的学习能解决初始设计中遇到的问题。

（2）培训内容　　　　　　　　　时间：2 小时

培训内容	主讲教师
两种教学模型的对比	吴建伟
STEM活动中教师的角色	
STEM教育如何学？怎么教？	
STEM活动中应强调的一些关键环节	
基于建构主义学习理论，通过PBL学习策略，将STEM等多学科知识整合起来	

4. 对 STEM 设计进行二次修改并展示评价，并对成果进行归纳总结

通过普适性学习与针对性学习后，对学习成果进行检验，并在项目式的学习后对成果进行归纳总结，达到知识内化、技能提升的作用。

（1）培训目标

①参培教师能运用所学知识设计出较高质量的教学设计。

②能根据理论找出活动设计出现的问题。

③能对 STEM 活动开展中的课堂生成与可能出现的问题进行预判。

④形成较科学的 STEM 评价标准。

（2）培训内容　　　　　　　　　时间：4 小时

培训内容	主讲教师
参培教师对所设计的STEM案例进行修改，并再次进行展示与评价	吴建伟
观看优质课例（与参培教师所设计的课例一致）。观看后进行对比分析	
讨论总结，好的STEM项目应该具有的特点	
参培教师通过讨论、分享等方式解决培训开始时提出的质疑	
分析STEM教育中容易出现的问题	

（六）培训场所

学校实验室、通过网络与东部教师对接，要求要有多媒体和小组活动所需的空间。

二、教师 STEM 教育的起跑器

“忽如一夜春风来，千树万树梨花开”，这是 STEM 教育目前在我国的现状，整个社会躁动不已。究其原因，是大家发现我们原来的教育出现了一些问题——实践、创新问题。而 STEM 教育有可能成为解决这些问题的重要手段。同时培养实践能力和创新精神也是当前中国新时代发展的迫切任务。借 STEM 教育来解决自己的现实问题，促进社会和生产力的发展，引起了大家共鸣。

通过几年的尝试与探索，目前我国的 STEM 教育还面临以下几个问题：整个社会缺乏顶层推动，大多仍停留在理念的表面，缺乏社会联动机制，停留在社团活动和兴趣活动阶段（没有触及学生理性思维和高认知思维能力的培养），最大的问题也是核心问题

还是师资，师资是世界的难题。2017年6月首届中国STEM教育大会的成功召开，启动了“中国STEM教育2029创新行动计划”。从国家到地方各级“STEM协同中心”的建立，2017年5月中国教育科学研究院、中国教育科学研究院STEM教育研究中心出台了包含5个维度、14个类别、35条内容的STEM教师能力指标体系《STEM教师能力等级标准（试行）》，这些标志着顶层已经开始推动。而剩下的问题就学校、教师层面而言，谁能走在前面，谁能率先解决好这些问题，谁就是全国STEM教育的尖兵，就是全国STEM教育的示范引领。

从事物发展规律与问题解决方法上看，一切事物、问题核心就是“人”，STEM教育问题解决的重中之重还是师资的培养。

基于《STEM教师能力等级标准（试行）》的要求，结合学校STEM活动项目的开展情况以及教师对STEM教育的认识、情绪、心理等状态，培训计划设计如下。

（一）由体验式培训入手，弱化参培教师的对立排斥情绪，消除教师的畏难心理，激发教师对STEM的兴趣（最好是全员培训）

1. 现在的教师工作任务多多多，教学压力大大大，生活琐事烦烦烦，没精力搞教学创新，缺乏跨学科的知识（科学、技术、工程、数学），对STEM教育质疑：课程进度怎么办？小组讨论怎么办？学生两极分化怎么办？学生分数下降了怎么办？

“传统教”如何适应“未知学”？

教学内容：如何平衡知识与技能？应对考试还是拓展素养？

教学方法：如何平衡效率和质量？

技术应用：优化教学如何从支持教师教到促进学生学？

立德树人：核心素养，如何兼顾德育育人？

解决策略有以下两个方面。

（1）对教师的辛苦与烦恼表示理解。现在的教育流行一句话“为未知而教，为未来而学”，将来多少个职业会消失，教师这个职业还算安全。但这里指的只是教师这个职业安全而不代表你还能当教师。未来需要什么样的教师？谁也不知道，但教师的职业要求肯定会更高，大量的职业消失会让更多有知识、有能力的人进入教师的行列，教师职位的争夺也许将非常激烈，所以作为现在的教师，为了未来的美好生活，我们也应该为“未来而学”。这是一个简单的逻辑。

（2）对STEM教育质疑：课程进度怎么办？小组讨论怎么办？学生两极分化怎么办？学生分数下降了怎么办？对于这些问题的讨论，我觉得现在还为时过早。等我们完成了整个培训后再来讨论这些问题才有价值。

2. 体验式培训活动。

（1）创客活动：瓶子里有什么？

（2）创客活动：家庭实验室。

活动流程：观察—讨论—设计—展示、评价—不揭谜

这还只是创客活动，或者说属于 STEM 项目活动中的一部分。二者都用于实践、着力创新。但 STEM 更注重学生素养的培养，而创客更注重个性创造的发展与产品的生成。如果再加入数学元素，让学生先前的知识能在这里得到应用是不是会有更大的魅力呢？这样的项目式学习教师累吗？学生喜欢吗？对学生理性思维的发展和高认知水平的提高，以及实践能力、创新精神的培养效能如何呢？

（二）通过项目式培训方法对参培教师 STEM 前知识进行了解

1.STEM 教育的简要介绍

2. 项目活动

空气动力小车（或我们都是小乐手）如何设计并开展 STEM 活动？

（1）培训教师介绍材料、布置任务；

（2）参培教师分小组（4 人 / 组、6 人 / 组均可），根据 STEM 要求与特点进行 STEM 课例设计；

（3）参培教师对所设计课例进行展示，并问答其他组的质疑，以小组为单位对各小组展示的课例进行第一次评价。

（三）STEM 教育相关理论知识学习

1. 两种教学模型的对比

（1）演绎讲授的教学模型

始于讲述—推导模型—举例说明—布置练习

这种教学造成教师在课堂中承担了太多学生应该承担的责任，而关于这个知识是什么、为什么，以及如何发生的（学科性的核心素养）被老师忽略了，所以学业与生活大多被割裂。

（2）归纳探究式的教学模型

始于具体—学生分析—需要知识—教师补充

学生基于具体环境、具体问题现场进行思考——这中间发生了什么？让学生去观察、去思考、去验证，最后归纳出对知识的理解。

让学生承担更多的学习“责任”（观察、想象、体验、感知、制作等），教师做好引导与支持的角色。这些是学生在成长发展过程中必须去经历的。

2.STEM 教育培养什么能力？什么素养？

（1）能力培养

核心能力：迁移能力

主动探索的学习能力

合作解决问题的能力

动手实践能力和创新能力

培养方法：迁移培养

（2）创造思维

批评性思维能力

跨学科思维能力

素养培养：科学素养、技术素养、工程素养、数学素养

3.STEM 活动中教师的角色

老师与学生应成为学习共同体，STEM 最好的学习途径是建立学习共同体，也就是做项目，老师和学生一起做；一开始就是一个合作学习共同体。

教师在共同体中的位置与作用为提供支持、兼顾所有的学生（关系到评价），原理的引入、牵引、整合（学科知识、学生观念、学生总结），评价。

具体表现如下：

（1）教师做项目整合而不是学生做。

（2）指导学生开展项目学习，从项目中退出来，从表面引入背后的原理（教师退居二线，垂帘听政，在幕后提供科学原理、数学原理与逻辑）。

（3）建立评价体系，组织开展评价。

4.STEM 教育如何学？怎么教？

STEM 教育一定是从生活中来，从真实情境中学习。让学生能够把一个情境中学到的知识用到另一个情境中。（迁移培养）

这是一个整合科学、技术、工程、数学的学习方式。一个 STEM 就是一个项目，项目必须出“产品”，没有作品不能称作 STEM。

（1）一定要操作，如果不操作就不是 STEM。

（2）一定要设计，设计就是工程。

（3）一定要有产品，这就是技术，工程和技术就体现了做中学。

（4）一定要有评价，这是学生理性思维、高级思维能力发展的催化剂。

5.STEM 应强调一些关键环节

（1）设计环节，注重迭代的阶梯式提升

（2）展示环节

展示不但能推动人与人之间的沟通能力的发展，还能促进个人成长，克服公开表达的心理障碍。展示是知识建构的外部表征，对学习者而言是帮助学生建构并重新建构知识的过程；对老师而言是了解学生的知识是如何形成和发展的途径；对学习同伴而言，能使学生个人的理解可视化。

（3）多元化的评价机制能提高学习者思维的精细化和灵活性

评价分两种，一般包括终极性评价和过程性评价（更多为后者）。也可分为两条，特征性评价和综合性评价，特征性评价是通过观察对学生进一步进行评价；STEM 的评价是跨学科的评价，学科的综合性评价是知识评价，可以通过考核来建立，而 STEM 的综合性评价不是考核，而是以产品为依据。在评价时要注意以下三个方面：

①评价标准早告之。

②评价方式要多元。

③评价内容要全面。

量表评价、同伴评价、班级范围评价、教师评价、公众评价等方式方法根据课堂生成情况综合使用。

（四）通过学习，参培教师对所设计的 STEM 案例进行修改，并再次进行展示与评价

1. 根据所学知识分小组修改案例。

2. 再次对案例进行展示、评价。

3. 观看课例（上现场课或观看视频都可以；与参培教师所设计的课例一致）后进行评价。

4. 讨论：好的 STEM 项目应该具有开放性的特点。在实践环节中运用科学，融入工程设计循环，收集与分析数据，设计与运用技术，并用技术展示，重视评价的催化作用，关注理念与实践应用等。

5. 总结：刚才我们的设计活动就是一次 STEM 式的项目活动，在活动中大家经历了：基于真实情境提出现实问题—对解决问题前知识与前技能进行调查—教师提供支持—进行迭代设计—展示—评价—做出产品（好的 STEM 项目应该具有的特点）—解决问题（在项目活动中 STEM 教育的知识概念得到建构，STEM 教育的执教实践能力得到提升）。

（五）参培教师通过讨论解决培训开始时提出的质疑

课程进度怎么办？

小组讨论怎么办？

学生两极分化怎么办？

学生分数下降了怎么办？

“传统教”如何适应“未知学”：

教学内容：如何平衡知识与技能？应对考试还是拓展素养？

教学方法：如何平衡效率和质量？

技术应用：优化教学如何从支持教师教到促进学生学？

立德树人：核心素养，如何兼顾德育育人？

（六）分析 STEM 教育中容易出现的问题

1.“理念误导”

把 STEM 教育等同于“机器人教育”“创客教育’“乐高乐博搭建课程”等。教师教模型学生搭模型，教学方式偏颇。

2.“灵魂缺失”

STEM 教育只停留在动手阶段，却不注重培养学生的理性思维，而理性思维和高认知思维能力的培养在 STEM 教育中近乎“灵魂”。

3.“揠苗助长”

课程设计过分强调结果，而忽视学习过程的指导，过分强调“高精尖”和“高大上”。

第六章　基于STEM项目活动的小学科学课堂教学实践

第一节　跨学科视角下的小学科学教育

一、对跨学科的理解

1. 跨学科：属于、关于或涉及两门或多门学科。

2. 跨学科课程：由一些有着内在联系的不同学科合并或融合而成的新课程，也称交叉学科课程。

3. 跨学科课程的意义：跨学科课程重在培养学生的基本技能、批判性的思考能力、解决问题的能力、利用图书馆和信息的能力、创造性思维及艺术表现能力。通过跨学科课程的学习，使学生学会比较不同的学科和理论观点、理解综合的力量，学会使用对比方法阐明一个或一系列问题，其中心目的是促进学生学习的综合化，使学生的知识结构和知识体系成为一个紧密联系的整体，形成整体知识观和生活观，以全面的观点认识世界和解决问题。

二、跨学科与小学科学教育的关系

STEM 课程的重点是关于学生四方面的素养教育：科学素养、技术素养、工程素养和数学素养。在 STEM 教育，科学、技术、工程、数学之间存在着一种相互支撑、相互补充、共同发展的关系。如果要了解它们，尤其是它们之间的关系，就不能孤立其中任何一个领域，只有在交互融合中、互相碰撞中，才能实现深层次的、理解性的学习，也才能真正培养儿童各方面的技能和认识。

STEAM 代表科学（Science）、技术（Technology）、工程（Engineering）、艺术（Art）、数学（Mathematics）。STEAM 教育就是集科学、技术、工程、艺术、数学多学科融合的综合教育。STEAM 是从 STEM 教育计划演变而来的，旨在打破学科界限，通过对学科素养的综合应用解决实际问题，同时培养综合性的人才。STEAM 与 STEM 相比，只是比 STEM 计划多加了一项艺术，相对来说，STEAM 比 STEM 注重的元素更加多元化，要求的学科能力更丰富多样。

三、小学科学教学中的跨学科应用

（一）技术与工程结合

人类观察自然，研究各种现象产生和变化的原因而产生科学，科学的核心是发现；对科学加以巧妙运用以适应环境、改善生活而产生技术，技术的核心是发明。人类为实现自己的需求，对已有的物质材料和生活环境加以系统性的开发、生产、加工、建造等，这便是工程，工程的核心是建造。

我们生活在一个越来越离不开科学与技术的世界里，科学与技术已成为推动人类文明发展的核心力量，正如人们常说的“科学是用脑和手认识世界，技术是用脑和手改造世界”。于是，我们尝试将技术与工程教育和创新精神带入课堂，帮助学生初步认识工程和技术，领略技术与工程之美。

运用科学、技术和工程，人类创造了丰富的人工世界。技术与工程领域的学习可以使学生有机会综合所学的各方面知识，体验科学技术对个人生活和社会发展的影响，技术与工程实践活动可以使学生体会到“做”的成功和乐趣，并养成通过“动手做”解决问题的习惯。

（二）艺术与数学结合

艺术分为狭义艺术和广义艺术，前者只指音乐和美术（后面我们会展开来讲关于美术与科学的融合），而广义上的艺术指的是所有能调动人的兴奋神经的一些社会活动。它们中包含着所有美和思想，直观的、抽象的、情感的、性情的，以及生活的积淀。这里我们考虑广义上的艺术的维度。

数学是研究空间形式和数量关系的科学，数学是作为对客观现象抽象概念而逐渐形成的科学语言与工具，不仅是技术科学和自然科学的基础，而且还在人文科学与社会科学中发挥着越来越大的作用。无论是对实验过程的预测推理、实验环节的列出，还是实验结论的分析归纳总结，我们总是能在科学课堂中找到数学的影子。特别是 2017 教科版一年级的新教材里就涉及很多关于数学的科学知识，比如一年级上册第二单元比较与测量，整个单元都是关于测量的知识：起点和终点、原始的用手测量的方法、用不同物体和相同物体来测量得到测后的标准、做一个测量纸带、比较测量纸带和尺子；一年级下册第一单元的“谁轻谁重”“认识物体的形状”“给物体分类”都是数学领域的学习内容。

（三）阅科学、悦科学

长期以来，阅读一直是语言类课程学习的重要途径，对以科学探究为主要学习方式的自然学科来说，阅读似乎可有可无。其实不是这样的，学生的科学探究也是建立在科学阅读基础之上的，因为学生对科学本质的认识和发展、科学概念的建构和理解都需要科学阅读的介入和辅助。

小学生喜欢动手，也喜欢阅读，常常借助阅读去探索自然的奥秘。孩子们喜欢阅读，我们应当顺势而为，给他们提供更多的科学阅读的资料，创设更多更好的科学阅读的机会。在校园科技节中，我们开展了大量以科学阅读为基础的实践活动：①和孩子共读一本科普书；②科学故事大讲堂；③“科学家”进校园。我们深信，只有充分的阅读、思考、实践，学生才能在活动中锻炼提升，一展风采。

在科学课堂中，我们也会发现阅读的重要性。比如，在教科版四年级下册“食物包装上的信息”这课的教学中，教师首先要求学生阅读食品包装袋上的信息，将发现的信息在小组内进行交流汇报，形成可探究的问题。在这一课里，阅读信息显得十分重要。

（四）将绘画融入科学教学

观察是一个人认识事物的重要途径，细致、准确、全面地开展科学观察活动是学生科学素养形成的关键。

绘画辅助科学教学的标准：以科学性为前提，以发现科学事实为目标。

绘画表现出的科学观察不同于美术课上的观察，评价标准的侧重点也不同：美术注重人文和审美，而科学关注科学性，描绘的是事物的整体特征和局部特征，比较具体。

绘画辅助科学观察教学的优点：

（1）适用于各个不同年龄的孩子；

（2）便于发现规律；

（3）把距离拉近。

用绘画辅助观察，使得观察变得更专注。绘画观察实现了绘画前、绘画中都先思考，学生还可以根据绘制结果，更好地进行对比总结，发现新的问题和观察点，以此提升思维的高度。

在小学科学探究中，合理使用绘画的方式能帮助学生直观、具体地认识事物，对帮助他们建构科学概念有着事半功倍的作用。

（五）现代教育技术在科学课堂中的应用

当今世界已进入信息时代，信息技术成为创新速度最快、通用性最广、渗透力最强的高技术之一。

1. 重视多媒体在科学教学中的应用

（1）教学中，教师合理运用多媒体的声形结合、动画演示的优势，能更好地创设教学情境，激发学生的学习兴趣，激发学生的求知欲。教师可以针对学生活泼、好动、好奇、注意力不集中的特点，运用视频明亮的色彩、清晰的图像和浓厚的趣味性、启发性，引起他们的注意。

（2）教师可以利用多媒体，更方便、快速地获取资料并向学生呈现，使他们像科学家一样探索未知，培养他们自行获取知识的能力。

（3）小学科学知识大多来源于生活，利用多媒体可以多层次、多角度、多途径地展示与学习内容有关的生活场景，促使他们在观察形象、具体的感性材料的基础上，发展他们的比较、分析、综合、想象等科学思维。

2. 重视微课在科学教学中的应用

（1）微课是课程教学中一种微小的应用，其载体主要是视频，它具备内容精、时间短、情境化等特征，能为师生提供移动化、碎片化的新体验。微课的显著特点之一就是可视性强，支持线上、线下等多种学习方式。

（2）将知识要点直观地呈现给学生、将背景知识整合处理、充实课堂教学内容都是微课在教学中的使用策略。

（3）制作微课就是微研究的过程，在实际教学中，一线科学教师围绕发现问题、解决问题制作微课，不仅能使教学简单、实用，还能有效促进自身的专业成长。

3. 重视白板在科学教学中的应用

白板现在已经比较普及了，只要仔细研究就会发现，科学课中有许多内容适合使用白板。比如，教科版四年级下册“点亮小灯泡”这课的教学中，要求学生在认识基本电器元件的基础上，学会正确连接电路，使小灯泡亮起来。以往的教学中，教师一般是利用实验单的形式，将电器元件的图打印出来，然后让学生拼图，或者在打印好的纸上画图。有了白板之后其实可以利用白板软件将灯泡、电池、导线、开关这些电器元件放在里面，学生到讲台前自行连接，连接正确小灯泡就会发亮，及时检测学生的学习情况，激发学生的学习兴趣。

（六）将德育融入科学活动之中

我们在科学教育的过程中要注意挖掘科学课程的人文内涵，渗透道德和价值观教育，让学生亲近自然、欣赏自然，带领学生到楼顶植物园劳动：翻土、播种、浇水、打扫卫生……让学生知道珍爱并善待生命，逐步形成人与自然和谐相处的意识和爱科学、爱家乡、爱祖国的情感。

2019 年 2 月，《中国教育现代化 2035》提出了推进教育现代化的八大基本理念：更加注重以德为先，更加注重全面发展，更加注重面向人人，更加注重终身学习，更加注重因材施教，更加注重知行合一，更加注重融合发展，更加注重共建共享。未来，科学教育的领域会不断地扩大，科学教育资源也会不断地拓展，为未来创新型人才的培养奠定更好的基础。作为一名在一线工作的科学教师，作为一个德育工作者，我们也会继续不忘初心、砥砺前行。

第二节 STEM教育促进小学科学课堂教学变革

STEM 教育发起的初衷是提高学生的学习兴趣，是美国为了吸引更多的大学生学习理工科而设计的，成功后继而在中小学推广使用，它源于美国对自己国内现实问题的思考和解决，其他国家的STEM教育亦是如此。STEM教育的特征之一是解决真实情境问题，即注重实践。在解决真实情境问题中培养学生的实践能力和创新精神。因此，借 STEM 教育促进我国小学科学课堂变革的探究，是现阶段广大科学教学教师十分关注的话题。

细研 STEM，它的教育特点为：融合科学、技术、工程和数学 4 个要素；以工程设计过程为主导；关注现实问题，注重在情境中学习；以学生为中心的主动实践；团队合作与参与；结果开放，允许多个正确答案。它是在众多孤立的学科中建立的一个新的桥梁，为学生提供整体认识世界的机会，通过把这 4 个领域内的学科知识和技能的教与学整合到教学中，使学生零碎的知识变成一个互相联系统一的整体，以消除传统教学中各学科知识割裂，不利于学生综合解决实际问题的障碍，是一种跨学科的学习方法。由此可见，STEM 教育活动融入小学科学课堂可以为我们提供一种新的学习方式，这种新的学习方式与原有的探究活动共同为提高学生科学素养服务。但另一方面我们还应清楚地看到 STEM 只是一种新的学习方法，而不是新的概念，它和做中学一样是学习科学知识的一种好方法，用 STEM 的目的是提高学生的科学素养。因为 STEM 只是一种学习方法，与小学科学的探究活动属并列关系，加之 STEM 教育方法运用的载体是小学科学课堂，课堂的教学内容是教材，所以它不能凌驾于小学科学课标之上，也不应游离于教材之外。

笔者从事小学科学教学已有 25 年时间，不仅经历了小学科学课程名称的变更，也经历了从强调科学对象转至科学认知方式及结果的教育价值取向的观念转变。在多年的小学科学教学中发现，原有的教学目标是以探究科学知识为中心去构建科学概念。这种构建“以己为大”，缺乏各学科知识的整合，忽略了学生其他学科能力的发展；学生通过探究构建的知识概念停留在“纸上谈兵”的层面，动手与实践需求得不到满足，学生综合运用知识能力较低；这种构建也导致活动方式单一，使学生在科学学习过程中逐渐产生“审美疲惫”，学习兴趣下降。长期的“纸上谈兵”与“审美疲惫”导致学生的创新能力低下，越到高年级这个问题越突出。如何借 STEM 教育解决小学科学课堂教学的现实问题，引发了笔者的思考。

《小学科学课程标准 2017》中的教学建议提到：“倡导跨学科学习方式。STEM，是一种以项目学习、问题解决为导向的课程组织方式，它将科学、技术、工程、数学有机地融为一体，有利于学生创新能力的培养。科学教师可以尝试运用于自己的教学实践中。”由此可见顶层设计对 STEM 教育的重视程度。新的课程标准有了，虽然小学中高段与新课标配套的教材还未更新，但在 STEM 魅力的感召下，笔者已迫不及待地开始了在现有教材基础上融入 STEM 理念的教学尝试。

一、STEM 理念的融入使课堂教学内容更加丰富

丰富的教学内容为学科的整合提供了基础，使学生在提高科学素养的同时还能发展其他学科能力；小学科学课堂融入 STEM 教育能使科学概念的构建方式发生改变，过去的科学是用数学、科学知识、技术（教师给的）手段去建构概念，现在 STEM 教育要求应用科学前概念通过对数学、技术、设计等手段的学习和整合后来解决实际问题，这为学生在科学学习的同时发展其他学科能力提供了可能。一种新的学习方法的融入，要求教师要用新的理念，在新的视野下对教材进行更有深度的挖掘，才能使教学内容更加丰富。

如小学科学（教科版）三年级上册第三单元第 2 课“哪种材料硬”，教材编排上是用木条、卡纸、铁钉和塑料尺互相刻划并比较划痕，然后根据实验现象给以上物体硬度进行排序，并填写教材提供的数学统计表格进行汇报。用 STEM 理念再审视这个环节，对数学统计表格应做进一步的深度挖掘。学生在进行探究实验时可先不要学生填表格，实验完成后让他们直接上台汇报结果。学生对物体硬度的排序几乎不会出错，但要让他们说出这样排序的理由时学生很茫然。心里明白但无法恰当表述，学生急得面红耳赤，多叫几组上来结果都是如此。学生此时需要一种有效的表达方式帮助他们解决这个问题，学生有了需求后教师抓住这个切入点向学生进行设计数学统计表格的教学，表格设计好后立刻可以用于实践，学生发现把实验现象填入自己设计好的数学统计表格后结论一目了然，叙述表达也能有条有理。这里的数学统计表教学就是 STEM 理念融合后对教学内容的一次丰富。同时也是一次学科的整合，既保证了科学活动的有效开展，又发展了学生数学学科能力。

又如，小学科学（教科版）四年级上册第一单元第 6 课“云的观测”，教材设计是先用饼状图将天空分成四等份，通过饼状图里的阴影让学生观察知道，晴天的标准是云量少于等于整个天空的 1/4，多云天气的标准是云量大于整个天空的 1/4 小于整个天空的 3/4，阴天天气的标准是云量大于整个天空的 3/4，然后给出不同云量的图片叫学生判断，这也是一个很好的“丰富内容”的开发点，可以这样进行改动：先给学生晴天、多云、阴天的图片，要求学生试着用数学模型（饼状图或其他方式）来归纳总结不同天气的特点，

在老师引导下经历一次数学建模的思维过程，然后全班对建模方法进行交流，教师再给出饼状图建议，学生受益匪浅。

实践证明，STEM 理念的融入不仅让教师开阔了视野，并对现有教材进行更深层次的挖掘，而且在教材内容不变的情况下使教学内容更加丰富，学科融合的同时也发展了学生其他学科的能力。

二、STEM 实践活动的融入促使课堂结构发生改变

由于 STEM 实践活动的融入能使课堂结构发生改变，这要求我们的教学策略也应该有相应的改变。原来的科学课注重对知识的探究，STEM 学习方法融入后的科学课既要重探究还要重实践，在教学中既要保证探究的有效性，还要兼顾学生实践能力的发展，所以，有更多的学习方法供科学教学选用，让“用教材教而不是教教材”这一教学观点在小学科学课堂上得到更加充分的体现。STEM 教育理念在小学科学课堂中的融合还能让学生“学以致用”的需求得到实现，让学生对更高层次知识探索的要求得到满足，并在很大程度上提高学生的学习兴趣和综合运用知识的能力，刺激学生的求知欲望与创新动力。由此可见，探究与 STEM 这两种学习方法是相互支持、相互补充、共同发展的关系，它们相辅相成、相互促进，为着同一目标——提高学生的科学、综合素养服务。小学科学课堂教学多了一种新的学习方法，要求孩子既要学会探究方法还要获取知识，又要用获取的知识去解决实际问题，这样的要求促使我们的教学策略更加灵活，对现有的教材资源要做多元化处理，既要兼顾探究的有效性，还要考虑实践的可行性。

小学科学（教科版）三年级上册第四单元第 6 课“空气占据空间吗”，教材设计为由“乌鸦喝水”引入，再由学生自主探究：在瓶子里装一些水，用几根吸管和一块橡皮泥，在不倾斜瓶子的情况下，我们能不能利用空气把水从瓶子中挤出来？（以下简称空气挤水实验）探究得出结果后再做一个实验进行验证：把一团纸巾放在一个杯子的杯底，然后把杯子竖直倒扣入水中，纸巾会被水浸湿吗？为什么？（以下简称纸不湿实验）整个流程的设计为引入、探究、验证。在 STEM 教育理念下这里应该增加实践环节，教学策略可做如下调整：由“乌鸦喝水”引入，在故事中强化学生对 3 个关键词“空间”“有限”和“占据”的理解，概念确立后在教师引导下完成“纸不湿”的探究（这里把原来的验证实验改成了探究实验），探究流程为猜测、找证据支持自己的猜测、实验验证，并用绘本的方式完成思维外显，然后再对这个实验进行延伸，如果杯底有个孔又会发生什么现象？最后让学生再经历一次猜测、找证据支持自己的猜测、验证、用绘本的方式完成思维外显，内化学生对知识的理解。这样的过程为学生积累更多的知识与成功经验，为解决后面的实践问题打下了基础。通过探究获取知识，知识内化完成后再提出空气挤水实验的设想，进行项目驱动。要求学生通过讨论与设计完成在最短的时间内用空气把

水挤出来这一任务，这符合 STEM 教育以工程设计过程为主导、关注现实问题、注重在情境中学习、以学生为中心的主动实践等特点。学生对这个实践活动的完成率在 85% 以上。一个小小的策略变化既让科学探究的有效性得到保证，又让学生的 STEM 能力得到发展，这就是融合与深度融合的效果。

又如，小学科学（教科版）三年级下册第三单元第 7 课“水的三态变化”，教材的编排为让学生通过霜、雪、冰、露、云、雾的对比表格和水的三态变化循环图对有关知识进行复习，然后给出一组水在自然界循环的图片，让学生思考：“江河中的水日夜不停流入大海，海洋里的水却总也不会溢出来，江河里的水也一直流不完，这是什么原因？我们现在能做出自己的解释吗？”用 STEM 的视域审视这一环节时，感觉这里显得理论有余而实践不足，教学策略可做如下改变：前面的复习保持不变，当学生对水的三态变化的知识掌握程度达到一定水平后，继续向学生教授酒精灯、石棉网、三脚架等的使用方法，并提供这些材料和盘子等其他实验器材，接着布置任务进行项目驱动，要求学生根据现有材料对水的循环这一现象进行模拟实验的设计并要求动手搭建和展示。此举解决了课堂教学中实践不足的问题。

三、STEM 运用的融入可促进各学科知识技能有机融合

零碎的知识变成一个互相联系的统一整体并不是一个简单的混合，我们要建立不同学科知识与技能的千丝万缕的联系，要在思维和认识上达到有机融合的目的。这个过程是漫长的，是需要通过活动逐步渗透的，也是学生在成长发展过程中必须去经历的。

例如，小学科学（教科版）四年级上册声音单元教学中，在完成对“探索尺子音高变化”的学习后可以做这样一个拓展小课程：声音的高低可以用音高来描述，音高是描述物体振动快慢的一个量。物体振动越快发出的声音越高，物体振动越慢发出的声音越低。按这个原理分析可得出“物体越小、越细、越短、空间越小，发的声音会越高，反之越低”，这是科学知识。音乐课上老师也讲过音阶的知识，从“1（do）”到“7（xi）”音调一直在升高并且有规律，除“3（mi）”到“4（fa）”是升高半个音高外，其他全是升高一个音高，这就是数学规律。运用这个规律可以用把水加进试管的方法将试管改造成乐器，改造的过程就是技术的应用。运用数学的方法（和音高变化规律进行对比）还可以提高制作的效率，最后要求用改造成功的乐器演奏歌曲，这就属于工程项目驱动。“科学、技术、工程、数学”中还融入了艺术，这样的活动对学生综合素养的提高起到了极大的促进作用。这些活动既可以在课堂上或拓展活动中进行，也可以在激发学生兴趣的基础上把活动延伸到课外。这样多形式的活动让学生对科学活动更感兴趣，更加热爱，更乐于参与。

四、STEM 学习方法的融入使培养学生科学素养的方法更加多样化

原来科学课“玩”的方式只有探究活动，现在的科学课有了 STEM 教育理念的融入，我们“玩”的方法更多了，探究、实践、探究 + 实践、实践 + 探究、STEM+A、STEM+R 等多种学习方法将会在小学科学课堂上交替使用。同时还可以对教材内容进行拓展，以 STEM 为桥梁开发融合其他学科知识技能的小课程，对学生多学科知识综合运用进行训练。这样不仅有助于提高学生的学习兴趣，而且对提高学生的综合运用知识能力，即综合素养有较大帮助。

STEM 教育的融入正悄悄改变着小学科学课堂教学，这种变革对学生核心素养的发展、实践能力的提升和创新精神的培养等都会起到更积极的作用。将来的小学科学课可能会变成这样：认真探究，注重实践，学科融合，玩出境界，更加出彩！

第三节　融合STEM设计思维重构小学科学实验教学研究

科学是小学阶段必修的基础性课程。它以探究为主要学习方式，以实验教学为探究活动的核心内容。以科学实验为载体，通过探究活动的经历与体验，可以对学生思维上的分析维度和象征维度进行有效培养，但这种培养不是对全脑思维的开发，它具有一定的局限性，思维四大维度中的真实、综合元素在探究活动中并没有得到训练。STEM 教育中的工程设计过程正好能弥补科学探究活动在思维训练维度上的缺失。将工程设计活动中有关思维参与的部分进行萃炼提取，可以得到其核心内容——设计思维。将 STEM 教育理念中的设计思维融入现有的科学实验教学，通过重构探究式实验教学达到对学生全脑思维开发的效益。本节就 STEM 教育理念中的“设计思维”与科学探究中的核心内容“实验教学”二者的融合创新展开研究与论述。

一、设计思维的内涵与定义

设计思维，源于英文单词 Design Thinking，也称设计思考，即像设计师一样地思考。它是思维方法体系的投射与应用，通过提供切实的思维支架及方法支持，引导学习者从定义问题开始，充分发挥现有材料、科学技术的优势，逐步掌握创意构思、原型迭代、测试等一系列创新方法技能，最终实现问题的创新解决或产品的创新设计。

（一）设计思维应用在科学实验教学中的内涵与定义

设计思维应用在科学实验教学中可理解为：面对需要论证或探索的自然现象和科学规律，通过系统的观察和分析，将已有的信息有效地联系起来，并结合实际情况找出富

有创意的有效实证手段或创造性解决办法。学生经历有效的设计过程，设计思维能得到发展，能弥补单一的科学探究在思维培养上的盲点。

（二）设计思维对小学生全脑发展的重要作用

科学倡导的是意义性的研究，其思维方式是通过从具体的自然现象中分析抽象出概念以及科学规律，属传统思维方式。而STEM教育中的设计思维是实用性的研究，基于真实情境解决复杂问题。实用性强调的是右脑思维，意义性强调的是左脑思维。从表6-1中我们可以看出传统思维与设计思维的不同点。

表6–1　传统思维与设计思维方式的对比

	传统思维方式（左脑）	设计思维方式（右脑）
根本假设	客观、理性，事实不变论	主观、依据经验，事实是人为建构的
对象	解决“物与物”之间的关系	解决“人与物”之间的关系
起始点	以某个问题入手	从所要达成的目标效果入手
方法	通过层层分析，找到最好的答案	通过不断实验迭代，寻找更好的结果
过程	线性思考，不断做计划，强调步骤的正确性、验证性和严肃性，是一个逐渐创新的过程	非线性思考，不断动手做，迭代构思，重视设计的深度，是一个打破规则、破坏性创新的过程
决策	依靠逻辑推理，数字模型	依靠情感洞察，经验模型
价值观	追求稳定，对不确定感到不安	追求创新，不满足现状

二、基于设计思维培养小学科学实验教学目标新定位

科学探究培养的是线性思维，项目设计训练的是发散思维。如果说科学探究是获取知识的过程，那么设计思维就是知识应用的基础。未来要求学生具备“既要能像科学家一样去探究世界，也要能像设计师一样去规划未来，还要能像工程师一样去改造、利用自然”等能力，这也是我们对学生培养的目标要求。结合《义务教育小学科学课程标准》中的目标设定的有关内容，设计思维的目标定位应从4个维度进行考量，即“科学知识目标；科学探究目标；科学态度目标；科学、技术、社会与环境目标”，在目标制定中还需要参考优秀设计者应该具备的同理心、原型迭代、团队协作、可视化能力、系统观、应用语言工具、创造力自信、乐观等特性品质。

（一）通过基于STEM理念的设计思维培养，发展学生多元化的探究能力

美国《国家科学教育标准》中对探究的定义是：‘探究是多层面的活动，包括观察；提出问题；通过浏览书籍和其他信息资源发现什么是已知的结论，制订调查研究计划；根据实验证据对已有的结论做出评价；用工具收集、分析、解释数据；提出解答、解释和预测；交流结果。探究要求确定假设，进行批判的和逻辑的思考，并且考虑其他可以替代的解释。”从美国《国家科学教育标准》中“探究”一词的用法可以看出，STEM教育也是探究式学习的一种策略，探究既是学习的过程又是学习的目的，它的指向就是

通过探究活动对学生进行多元化能力的培养，设计思维作为 STEM 教育中重要的工程导向环节，对学生探究多元化的发展有着极其重要的作用。

（二）通过基于 STEM 理念的设计思维培养，丰富科学态度标准的内涵

在《义务教育小学科学课程标准》中对于科学态度的目标从四个维度进行了描述：探究兴趣、实事求是、追求创新、合作分享。以设计思维培养为载体，以小学科学实验为抓手，在小学科学中融入 STEM 教育理念后，科学态度的内涵得到一定的丰富，在对其的描述中可以引入 STEM 教育与设计思维的理念，增加“遵守法律与道德规范”“系统观”“创造力自信”和“乐观”等维度。

（三）通过基于 STEM 理念设计思维的培养，使小学科学“科学、技术、社会与环境”目标的设定更显“人文”

STEM 教育理念与设计思维中“同理心”的引入，更加凸显“科学、技术、社会与环境”目标中的“以人为本”。除了让学生了解、认识科学技术与日常生活的联系，与社会发展的联系以及人类与自然和谐相处的关系，新增了要求学生多角度、详细地观察世界，了解社会发展过程中遇到的难题，理解人类对科学与新技术的不断需求等。

（四）通过基于 STEM 理念设计思维的培养，促进学生新知识的生成和创新

科学认识世界、解释自然界的客观规律，主要解决自然现象“是什么”“为什么”的问题；STEM 教育中的工程与技术是人们用来改造世界、满足社会需求、回答在社会实践中“做什么”“怎么做”的问题。设计思维则是为“怎么做”提前做好方案规划与重要论证的过程。科学学习重探究、STEM 教育重实践，二者通过在科学实验中的设计思维培养过程进行了相互渗透和有机融合，让“学以致用”有了实现的可能，为创新创造搭建好了理论与实践结合的桥梁。

STEM 教育理念与小学科学学科的有机融合，促使设计思维植入现有小学科学实验教学。这种多元智能培养的融合创新，极大丰富了小学科学实验教学的内涵，在促进学生设计思维发展的同时，对促进学生全面发展也有着非常重要的意义。

三、在科学实验教学中融合设计思维理念，重构自主探究实验

（一）自主探究实验在现有课堂教学中实施的现状

现阶段教学中，自主探究实验的实施情况不尽如人意，学生很少有机会参与自主探究实验，并且大部分学生自主实验能力偏弱，没有章法，实验设计时没有自己的规划与计划，由于缺乏计划而造成材料选择的困难，同时发现学生在实验过程中由于没有设计作为主导，合作学习的需求也没有得到满足。造成这一现象的原因归根结底是学生缺乏

设计思维，是教师对学生设计思维培养不够重视，并极少为学生提供设计机会。同时教师自身也缺乏有关设计思维知识与培训学生的有效方法和指导经验。

（二）自主探究实验是融合设计思维的主要渠道和载体

课堂教学是学校教育的主阵地，在科学课堂教学中融入设计思维的元素对学生的全脑思维进行开发，不但时间上能得到保障，并且也不会加重学生的学习负担。科学实验教学是较好地与设计思维融合的切入点，传统的探究实验教学有以下两种模式：学生经历的是从问题提出到方案设计到证据的收集都是由教师来提供，学生只是得出结论的封闭式探究实验教学；教师只是提出问题和设计方案，其他的环节由学生进行的指导性探究实验教学；在指导性探究实验教学的基础上，把设计实验方案这一环节也交还给学生，则是自主性探究实验，它包括学生的分析过程、设计过程与动手完成过程等，它能让学生亲身经历实验设计的过程，在过程中收获体验，并能对成功或失败的原因进行溯源，从而促进学生设计能力和设计思维的提升和发展，这对学生核心素养的形成十分重要。通过这样的实验教学重构，自主性探究实验成为设计思维实施的有效载体。

四、基于设计思维培养的自主探究实验的内容选择与实施策略

（一）基于设计思维培养的自主探究实验教学设计思路

在小学科学中对学生设计思维培养的实验选择，要以现有的科学实验内容为基础，在现有的科学实验教学实施中融入基于STEM教育理念的设计思维元素。通过更加“人文”的设计思维培养过程，发展学生多元的探究能力、丰富学生的科学态度，从而促进学生设计能力与创新创造能力的发展。

1. 基于“设计思维”培养的自主探究实验教学设计必须遵循一定的原则

《义务教育小学科学课程标准》是小学科学学科的指导性文件，基于设计思维的小学科学实验教学新设计应以课程标准为指南，并对接核心素养，突出“学科育人”的重要性。在遵循设计原则的基础上引入“思想实验”概念，对学生的设计思维进行培养。

2. 以教材现有科学实验为主要内容，构建新的实验教学设计，注重设计思维的发展

对小学生设计思维的培养，要本着“以教材为本”的思想，在不加重学生学业负担的情况下，对教材现有科学实验内容实施方法的重构，以促进学生设计思维发展，达到多维产出的目标。

3. 对现有科学实验实施方案进行重新建构前，对将取得的效益要有预期的研判，杜绝只是实验操作形式的改变而思维发展收益不足的情况。

（二）基于设计思维培养的自主探究实验教学内容选择

小学科学实验按照操作方法可分为两种。其中一种是实验操作技能训练的实验，如

用显微镜观察细胞、托盘天平的使用、酒精灯的使用等。这一类实验以规范学生的实验操作为主，探究价值与思维训练价值不是太大，可以不列入需要融合 STEM 理念与设计思维的范畴。直接实验中的科学探索实验是训练设计思维的重点，如杠杆、浮力、日食与月食等内容。

（三）基于设计思维培养的自主探究实验教学重构策略

1. 把按图索骥的简单验证，重构为自主设计，通过思想实验培养学生的创意构思，促进学生“设计思维”的发展

学生自主实验设计是学生在自主实验过程中提出问题到实验之间最为关键的一步，实验方案的设计直接影响到整个探究活动的成功与失败。在实验设计过程中，学生通过“思想实验”能够体验探索科学的方法，构建科学的思维。学生对所要研究的问题做出猜测，然后根据自己的猜测结合现有材料进行实验设计并实施，以证明自己猜测得正确与否。如小学科学教科版五年级上册“土壤里面有什么”一课，学生先对自己的熟悉的土壤的组成成分进行猜测，有空气、水、小石头、砂、灰（学生此时还无黏土概念）、营养（学生此时还无腐殖质概念）等。猜测完毕后，教师指出设计要求，自行设计实验证明自己猜测的正确性。“用手摸是否湿润可证明有水”“把土壤扔进水里有气泡冒出证明有空气”，这些设计很快就回来了。但证明是否有营养时遇到了短暂的冷场，教师安排了分组讨论，指导学生把问题与已有知识进行联系，讨论中学生迅速完成了分析与推理，他们是这样分析的：我们认为可以用火烧的办法来证明土壤中有营养。理由是四年级学过检验蛋白质就是用火烧，含有蛋白质的食物被烧后会有刺鼻的臭味，土壤里的营养是动植物腐烂后变成的。植物我们不知道，但动物的肌肉、内脏主要成分就是蛋白质，这是在四年级学过的。虽然腐烂了，我们猜测只是蛋白质以另一种方式存在而已，所以我觉得用火烧可以检测土壤中的营养。“思想实验”完成后，学生用准备好的实验器材进行动手实证，结果验证了学生猜测的正确性。在 STEM 理念与设计思维的建构过程中，学生这样精彩纷呈富有逻辑的联系、分析与推论真正做到了核心概念活学活用。

2. 根据学生的具体学情与年龄特点，对教材中的原实验次序进行重构，搭建好设计思维的培养平台

教材的编写具有普适性，而各地各校却有各自的具体情况。这要求任课教师要根据实际学情与学生年龄特点对教材的编排进行重构，这种重构也可视为创新。

3. 针对教材中原实验的漏洞进行二次设计。通过原型迭代与不断测试为学生提供经历设计思维的迭代过程的机会

二次设计可视为项目式学习中的工程迭代过程，工程迭代可以有效提高产品质量、开发效率和服务效果，增强开发活动的针对性、规范性、科学性和创新性。通过教材提供的实验已经证明了知识的正确性后，在教师的引导下对教材上的原实验进行质疑，如

实验操作过于烦琐、实验效果不太明显、实验现象过于抽象等。针对这些问题对实验进行新的设计，力争重构后达到最优。如证明“光沿直线传播”，教材上的实验设计为：电筒光只能穿过在同一条直线上的3个小孔，并能将光投射到小孔后的屏上，当3个小孔不在一条直线上时，光则不能投影到屏上。这个实验学生不能真实地看到电筒光在空气中呈直线传播，只能通过3个小孔是否在一条直线进行推测，实验现象过于抽象，学生不易理解。在教师引导下，学生发现了这一问题，结合自己的生活经验重新进行了实验设计：将一把粉笔灰撒向电筒光，光穿过粉尘时，直线传播的路线就直观地呈现在学生眼前了。创新思维是一种直觉，当学生创新的直觉被激发后，一定会有更精彩的生成：当看到粉笔灰下的光柱后，有学生进行了更深入的思考，“粉笔灰是小颗粒，当光穿越时还能看到这些粉尘。如果让光穿过微粒，会不会只看到光而看不到微粒，以前学过溶解就是把颗粒变成微粒”，很快学生把自己的想法付诸实践，当看到电筒光直直地穿过被稀释过的墨水后，教室里响起一片掌声。有同学很快又把知识与现实进行了联系，提出：“溶解是在液体中把颗粒变成了微粒，那烟雾是不是由更细小的微粒组成的”这样的问题。

4. 独立思考与小组合作，满足不同学生的学习需求

大多数的同学在遇到困难时都愿意与同伴一起合作完成学习任务，这是合作能力培养的过程，同时也是学生的学习需求，还是他们在遇到学习障碍时解决问题的方法。教师在教学过程中应根据实际情况尽量满足他们的需求，根据问题的难易将独立思考与合作学习结合起来，并在此过程中兼顾学习共同体的建设。良好的团队协作是STEM教育的要求，也是发展学生设计思维的一个重要环境。

5. 多元化的设计评价指向多维度的效益产出

评价应采取多元化的评价体系，在评价主体上既有学生和教师，也有学习伙伴；在评价内容上不仅要关注学生对知识的理解与应用，更要关注学生设计思维与创新创造能力的提升；在评价方式上，采用学生自评、互评、师评相结合的方式进行；在评价目标的确定上，与小学科学课程四维目标对接指向多维度的效益。

这样实施的实验教学回归了科学教育的本质——亲自参与体验探索和发现世界的过程。凝结在融入STEM理念的小学科学中的精髓就是在复杂的学习情境中培养学生的设计能力与问题解决的能力，用具有创造性的探究活动去认识世界，同时发展自己的学习能力，用学习能力去获取更多的知识。STEM教育是基于问题和项目的学习与操作过程，它以设计为主导。在这样的过程中，核心概念被活学活用，从而在学生脑中进行强化，深入潜意识，为创新提供了直觉基础。STEM教育强调的是一种探究与实践并重的学习方法，它不是自上而下的传授知识，告诉学生这是什么，而是学生在教师的引导下，学习自上而下地建构知识的过程。它引导学生从周围的问题出发掌握核心概念。这是遵循脑的发展规律进行的教学；脑是具有可塑性的，是逐步建构的，不同脑区发展的轨迹不同，会存在一些发展的关键期，而在这些关键期中，最重要的是让儿童接触正确的核心概念，

只有让正确的核心概念进入潜意识，即变成直觉，才有可能在这个基础上进行创新。

第四节　STEM视野下小学科学课堂的跨学科教学设计研究

探究是获取知识的重要手段，实践是检验真理的唯一标准。我国著名教育家陶行知说过："生活教育中，行动是主导，做的最高境界是创造。"当今小学科学教学倡导的"做中学、学中思"就是强调在做中培养学生的创新能力，这一理念与美国的 STEM 教育模式十分契合。STEM 的最终目标是"创造"——培养创新人才、培养创意人才。它的大范围跨学科更接近生活教育，更符合"生活即教育，社会即学校"的教育理念。它强调关注现实问题，注重在情境中学习，以学生为中心的主动实践，团队合作和参与，结果开放，允许多个正确答案。

在 STEM 视野下，对小学科学课堂教学进行审视与反思发现：在课堂教学当中，原有的小学科学课堂教学太注重通过探究活动对知识进行建构，而忽略了实践；在学习方法与活动方式上，原有的课堂教学方式较为单一，只是以探究为中心，生成主义学习观有所缺失；在学习的侧重点上，原来的课堂由于缺乏项目作品，所以在展示与评价的方式方法上有很多不足，甚至指向不明；在学科知识和各学科能力发展上，缺乏各学科知识的整合，忽略了学生其他学科能力的发展及审美取向的引导。STEM 教育作为一种成熟的学习方法，它的融入会引发小学科学课堂教学的又一次变革，因为科学这门学科有很强的包容性，所以从学科有机融合开始入手，跨学科的教学设计自然就成了这次改革的排头兵。

一、保证探究的有效性的同时兼顾学生实践能力的发展

小学科学课堂教学原有的探究，经过多年的发展与课堂实践的检验对学生的科学素养发展、科学探究能力提升是可靠的、有效的，我们应该保留、坚持。

STEM 教育作为一种新的学习方法，是以培养学生实践能力和创新能力为主，这在原有的小学科学课堂教学中有所欠缺，特别是在让学生基于真实情境解决问题方面还有待加强。因此对小学科学课堂教学提出了更高的要求：既要让学生像科学家一样探究未知，还要求学生像工程师一样运用各学科知识在创设的真实情境中解决问题。

教育家约翰·杜威曾说过："如果学生能投入真实的有意义的任务和问题，即模拟专家在真实世界的情境中做的事情时，学生才能对学习材料产生自己的理解。"因此，我们的教学设计也应有相应的变化，在教学目标的设定上既要保证探究的有效性，还要兼顾学生实践能力的发展。

小学科学（教科版）三年级上册第四单元第6课“空气占据空间吗”，在STEM视角下进行跨学科教学设计，在教学目标设定上做了改动（见表6-2）。

表6-2　教学目标改动

三维目标	原来的目标	现在的目标
科学概念	空气占据空间	空气占据空间
过程与方法	用实验方法证实空气确实占据空间；用对比实验控制条件的方法进行观察，在科学事实的基础上进行侦测和解释	用实验方法证实空气确实占据空间；用对比实验控制条件的方法进行观察，在科学事实的基础上进行预测和解释 学习用绘图的方式将思维外显，用构建的空气占据空间的知识，通过设计解决真实问题
情感、态度、价值观	培养与他人合作的良好习惯，形成尊重事实、实事求是的科学态度	培养相互协作，分担负责合作完成项目任务的团队意识，形成尊重事实、实事求是的科学态度

关注现实问题、注重在情境中学习、以学生为中心的主动实践等特点，符合STEM教育的项目导向。教学目标的改动引起策略变化，既让科学探究的有效性得到保证，又让学生的实践能力得到发展，这就是融合与深度融合的效果。

二、通过PBL学习策略进行多学科知识有机整合

建构主义学习理论主张世界是客观存在的，但对事物的理解却是由每个人自己决定的。其学习观认为，学习是学生自己建构知识的过程，在探究学习中就是基于问题解决活动建构知识的过程，在情境教学中知识、学习是与情境化的活动联系在一起的。PBL学习策略的原理是以学生为中心，采用小组合作解决真实问题，最终作品要以项目作品为导向。由此可见，基于建构主义学习理论，通过PBL学习策略能将STEM等多学科知识整合起来，达到学科有机融合的目的。

（一）根据教材及教学内容对STEM理念进行“点透”，即根据实际情况进行局部的学科渗透，积点成面

在STEM教育理念下，先给学生晴天、多云、阴天的图片，要求学生采用PBL学习策略试着用数学模型（饼状图或其他方式）归纳总结不同天气的特点，然后全班对建模方法进行交流，教师再给出饼状图建议。学生经历了一次数学建模的思维过程，也是数学在科学课中的一次渗透，既保证了科学知识的建构，又发展了学生的数学学科能力，同时还满足了学生通过小组合作解决真实问题的愿望。这样不断渗透、不停积累，学生跨学科实践能力逐步得以提升。

（二）通过课外活动等“面拓展”方式让学生亲历系统STEM课程的全体验

在有限的课堂教学时间内进行局部的跨学科知识能力的渗透，在时间充裕的课外活动中对跨学科知识进行整合，进行系统的学习与体验。“点渗透”“面拓展”二者相辅相成、共同促进，效果显著。

三、着力于设计能力的训练，重视展示与评价

改革后的小学科学课堂应该是探究与实践并重的。由原来较单一的学习方法到现在多元的学习方式，并且二者还是并列关系，那着力点在哪里呢？

对探究活动的要素（提出问题、做出假设、制订计划、收集证据、处理信息得出结论、表达交流、反思评价）和STEM教育的特点（其中一个重要特点是“以工程设计过程为主导”）进行细致研究可以发现，无论是探究要素中的“制订计划”，还是STEM教育的特点中的“设计过程”，都是解决探究与实践的关键因素，它们的指向都是设计。这也是探究活动与实践活动的共同点。学生精于设计，教师重视学生设计能力的训练，一个活动能同时提升学生两方面的能力，这对在时间上捉襟见肘的小学科学课堂教学有极大的意义。

原有小学科学课堂教学中也有展示与评价，但由于缺少显性的作品展示，评价效能不明显。STEM理念融入科学课后既有探究实践的过程，也有显性的作品成果，为多元化展示评价提供了非常好的平台。展示是知识建构的外部表征，对学习者而言能帮助学生建构或更新建构知识，对教师来讲能帮助其了解学生学习知识的进程，而学习同伴的帮助是能使学生个人的理解可视化。有效的展示不但能推动学生沟通能力的发展，还能促进个人成长。

评价可以从两个维度进行，即形成性评价和总结性评价。多元化的评价机制能提高学生思维的精细化和灵活性，在具体操作中要注意评价标准早告知且多元，评价内容要全面。这样的设计会让展示和评价更有深度，有利于学生的思维再建构和实践能力的提升。

陶行知倡导的“教学做合一”，在STEM视野下有了更深层次地诠释：“教”是指在学生活动中教会学生学习方法；“学”指学生通过这些学习方法靠自己习得知识，建构概念；“做”就是把习得的跨学科知识与概念进行有机融合，并在实践中进行检验、运用，最终达到创新的目的。STEM教育的引入将促进小学科学课堂教学的改革，让小学科学课堂更接近生活、更注重实践、更强调跨学科融合，为培养具有创新精神和实践能力的人才提供了又一条可持续发展之路。

第五节　STEM教育理念下
小学科学课堂创新思维培育策略

创新思维是人类高阶思维的重要组成部分，是指人们在对原有客观事物认知的基础上，借助于发散、想象、直接等思维形式，实现对客观现实理性或非理性认识的新飞跃过程，从而产生新颖的、独到的、有社会意义的思维成果。创新思维的培养要以个体丰

富的知识储备为前提，以形成扎实的信息基础，还要求学习者必须经历迭代的实践训练，养成抓住“关键性联系”的本领，最终形成“更新、创造、改变”的创新能力。作为创新能力核心部分的创新思维，在学校教育中对其有效培养的途径与策略的相关研究，正越来越被各国重视，对基础教育而言，创新思维是未来相当长时间内小学教育的价值诉求。

一、STEM 教育之于创新能力的作用和意义

随着全球经济与科学技术的快速发展，STEM 教育已成为美国等科技创新人才培养和教育教学改革的重要战略和途径，也正在成为引领中国中小学课堂教学变革的重要力量。STEM 教育促进学习者创新能力的发展，是很多国家的科学教育政策的主导和研究的热点。本研究将从以下几方面对 STEM 教育对创新的意义进行梳理与分析。

（一）STEM 教育对学生创新能力的作用具有相当的国际共识

作为目前世界排名第一的科技创新强国，美国从 1986 年政府发布《本科的科学、数学和工程教育》正式提出 STEM 教育理念，到 2018 年 12 月美国白宫发布了 STEM 教育新的 5 年战略计划——“北极星计划”，在计划中明确指出，STEM 教育将成为美国创新人才培养的驱动力量，即通过领航全球 STEM 教育，保持其在科技创新领域的全球霸主地位。STEM 教育无疑将会在这些领域扮演极其重要的角色，在大量培养与输出人才的同时，还会输出科技创新动力。其间，在美国历届政府出台的一系列相关政策和政府报告中也越来越清晰地表明，大力发展 STEM 教育、培养科技创新人才已成为美国维持全球经济领先地位的直接动力。由此可见，美国通过 30 多年的时间对 STEM 进行研究与实践后发现：迄今为止，STEM 教育是创新能力培养最重要的途径，对学习者创新能力的发展有着极其重要的作用。

随着社会对人才需求的不断提高，以培养复合型创新人才为目标的 STEM 教育正逐步在全球普及推广，多个国家都发布了本国的 STEM 教育发展规划。2011 年韩国教育部颁布《搞活整合型人才教育（STEAM）方案》，方案同时归纳了四类 STEAM 课程实施方案，为各中小学实施 STEAM 课程提供指导。在德国，由于语言的关系，STEM 教育通常被缩写为 MINT 教育，德国联邦教育与研究部在其调查报告《MINT 展望——MINT 事业与推广指南》中指出，德国将专业技术人才的创造力视为解决当前科技发展中遇到的问题、迎接未来挑战的核心等。在芬兰，政府、大学与中小学、工商企业、社区、家庭等多方机构共同合作，积极推动 STEM 教育发展。其中 LUMA 项目比较有代表性，也是芬兰开展 STEM 教育的最大平台。早在 1996—2002 年间，芬兰教育部就组织和开展了一项名为 LUMA 的数学和科学教育发展项目。在芬兰，LUMA 是“Luonnontietee”（芬兰语，意为自然学科）和“Mathematics”这两个词的缩写。首个 LUMA 中心于 2003 年

在赫尔辛基大学成立，该中心理事会成员来自芬兰教育部、芬兰国家教育委员会、赫尔辛基大学、赫尔辛基市政府、工商企业协会、教师协会等多个机构和组织。在此基础上，2013年11月芬兰又成立了国家LUMA中心，成为芬兰STEM教育领域里程碑式的大事件。此外，英国、澳大利亚、日本、以色列等国在STEM教育推动国家创新发展上也纷纷以不同形式出台了战略规划或重要举措。受美国成功的影响，STEM教育成为世界各国推进课程教学改革和创新人才培养的重要战略。

（二）STEM教育与学生创新能力培养有高度的契合性

在培养目标上，STEM教育的目标是培养学习者的STEM素养，培养学生具备沟通协作能力、批判性思维、问题解决能力、创新能力等21世纪技能。而批判性思维是创新能力的内涵之一，形成问题解决能力也是创新能力发展的目标，协作能力的发展是创新能力形成的重要途径，二者的目标具有一致性。

在学习环境上，通过对比可以发现STEM教育要求基于真实问题解决现实问题，创新能力的培养也必须根植于真实情境中发现问题，并能形成创造性的解决方案，二者的学习环境具有相似性。

在培养措施上，STEM教育以项目、问题为驱动，以工程设计为核心，而设计本身就是一种创新过程，需要创新思维的参与。可见，创新思维蕴藏于工程设计之中，设计过程就是发展创新思维的重要途径。

在心理特质上，创新思维与其他大多数的思维能力一样，也符合“用进废退”的原则。创新思维如果长期脱离基于真实情境的科学探究与技术设计，也会面临“不用则废”的风险，而STEM教育能为其创造更多的使用机会。

在思维发展上，在科学领域“思”指向以解释自然现象为目标的科学探究；在工程技术领域“思”则指向服务于实际问题的工程设计。这两类“思”相似点颇多——都需要结合前认知与合理想象进行建构，反复实证检验，根据检验结果修正和调整理论或问题解决方案。相同点中的“想象”“反复”与不同点中的“优化”等，都是创新思维的一种外在形式或作用的表现。这里的“思”不但包括逻辑与创新两种高阶思维，还隐藏着这两种思维的交互、迭代过程，具有一致性。

在促进意义上，以往的大量实证研究发现，通过接触新观念、解体常规知识结构、破除思维定式和整合多样化经验等机制，个体的多元文化经验对其创造性具有显著的促进效应。STEM教育倡导的跨学科、跨领域从广义上从属于多元文化经验范畴，对创新思维的发展及其能力的培养具有积极的促进意义。

由此可见，STEM教育可以看作创新思维培养的有效载体，在同一学习过程中创新思维的发展又能促进学生STEM能力的提升，二者相辅相成、交融共生，在STEM教育中培养学生的创新思维有“一石二鸟”之功效，在同样的时间内通过同样的学习内容，既可以发展学生的 STEM 素养，还能培养学生的创新能力，具有双螺旋功能。

二、科学教育是运用 STEM 教育促进学生创新能力提升的有效途径

科学教育，以科学探究为主要学习方法；STEM 教育，以工程设计为主导项目式学习；融合了 STEM 教育理念的科学课可以看作科学探究与工程设计的整合，也可以看作探究与实践的有机结合，这种融合凸显了融合社会、认知、行为三个维度的实践观，要求科学作为社会性活动的特质在课堂上得到充分施展。这种融合将为原有的科学课堂教学带来一些改变。

（一）融合 STEM 教育理念科学课的新样态

融合后的科学课在课程理念上，更重视思维结构化的建构。科学强调证据一致性和理论解释力，必须着力筛选最合理的解释和理论；而工程设计关注问题解决方案的开发与优化，对同一限定问题同时有多种可行设计。科学探究的深入需要纵向的逻辑思维，向上抽象可获得新的概念和规律，向下回溯能找到实证证据，这构成了思维结构的“柱”；工程设计更多发展的是发散、类比、想象、直觉等思维，这些思维是横向思维，它们的发展形成了思维结构的“梁”；有柱、有梁，结构化的思维就有了最基础的框架。

目标定位上，更注重学生全面发展。融合前的科学课倡导学生通过“像科学家一样去探究”，即学生通过经历与科学家相同的探究过程，以培养其科学素养，教育的主要指向是科学发现。融入 STEM 教育理念后，要求“既要像科学家一样去探究，还要像工程师一样去实践”，目标指向范畴更具广度，这意味着通过科学课的学习不但要培养科学家，还要培养工程师和具有创造力的劳动者。

在学习内容上，资源更加丰富。既有探究，还要实践，二者的有效推进还能创造创新的机会。教育理念的这一改变将生成更多的教育资源，原有显性的探究资源、挖掘隐性的工程实践、创设拓展的创新资源相互交融、交互作用，将生成不同类型的项目内容，这些内容对应相应的活动形式，活动应尽可能涉及多门学科知识的运用，引导学生使用多视角思考问题并积极主动寻求问题的答案，避免思维定式。

在评价方式上，更利于学生发展生长。将 STEM 教育中的工程协议、量规量表等引入科学课堂教学，能更有针对性地完成对物化成果的终结性评价与对学习者的过程性评价，基于规则的采用自评、他评、师评结合的方式，完善了多元多维的评价体系。

（二）融合后的科学课，将成为小学生创新思维培养的有效途径

STEM 教育是创新思维发展的有效载体和最佳途径，融合 STEM 理念的科学课更新了课程理念、拓展了教育目标、丰富了教学内容、人文化了教学评价，为小学生的创新思维培养创设出了非常好的学习环境。我国也于 2017 年将 STEM 教育写入了《义务教

育小学科学课程标准》，并明确指出 STEM 教育有利于学生创新能力的培养，还提出了科学教师可以尝试将其运用于自己的教学实践的建议。在新课标指导下，小学科学教育从相对单一的科学探究开始走向科技实践。这一改变，为在小学阶段的科学课程中实施 STEM 教育提供了政策支撑，同时也拓宽了创新思维的培养途径。

三、STEM 教育融入小学科学课堂促进创新思维培养的策略探析

将小学生创新思维置于 STEM 教育理念之下，具有十分重要的现实意义。在学校教育中，课堂是最重要的教学阵地，教材是最权威的学习载体。从现有的教材中挖掘、开发易于创新思维培养的课程资源，在课堂教学里融合、渗透利于创新思维发展的 STEM 教育理念，是在不加重学生学业负担的前提下培养学生创新思维省时、提质的有效方法。在此背景下，如何及时更新教育理念、挖掘创新资源、优化教学策略、加强对学生的创新思维能力的培养等值得科学教师思考。

（一）设计前置量规，用以指导创新内容的选取与教学设计的优化，确保课前准备充分有效

“保效”就是保障科学课的原有效益，“增值”指的是在保证科学探究有效的前提下，充分融合 STEM 教育理念所倡导的跨学科学习、项目问题驱动、设计主导、迭代测试等学习方式，对现有教材内容进行深入挖掘，开发并设计出易于创新思维能力培养的教学设计，以达到“智以导向”的作用。评价量规，作为一个成果、表现或等级评定标准的真实工具，将其前置对整个融合过程具有指引方向的作用。

设计量规并将其前置，通过实践对其作用进行了检验，在研究中将 10 位教师分成两组，一一对应进行对比设计，5 位在前置量规的指导下所完成的教学设计，平均得分为 12 分，对比组的 5 位教师所完成的教学设计，平均得分仅为 7 分。由此可见，前置量规的设计与应用，对保效增值有着重要的作用。

1.“保效”的量化标准

科学是小学阶段的基础学科，其基础性的效益主要体现在科学基础知识的建构有效和探究科学的基本能力掌握有效等方面。知识的建构既要有结果还必须重过程，在量规的设计中二者兼顾。基本能力这里主要指正确的实验操作能力、动手实践能力与思维工具的应用能力，这三种能力可以用熟练掌握、完全掌握、未完全掌握进行量化；科学探究方法的习得与科学思维方式的形成呈现也属于基础性范畴，但又具有相对的独立性，在本量规的设计中将二者纳入探究有效性进行量化评价，但由于探究有效性达成的最终效度受执教教师捕捉、解决课堂生成能力的影响较大，而此量规应用环境只限于指导教师对易于创新思维培养的内容进行甄选并进行教学设计，故量化指标侧重于对学生经历的过程是否完整来进行考量。

2. “增值”的效益体现

核心素养是在真实的情境中解决问题才能表现出来，创新思维是科学核心素养基本内容之一，也是促进学生科学核心素养形成的重要途径，对其培养必须根植于基于真实情境、解决现实问题之中。这与STEM教育理念不谋而合，真实的项目驱动、复杂的问题求解，学生会亲历底层知识与能力的建构，会体验到设计的主导，会获得站在原点思考问题的机会，这些过程就是学生创新思维发展的有效平台。将这些元素呈现在量规里，用在课堂教学中使用项次的多少来进行量化评估，这是重视学习过程的一种体现，同时是对在学习过程中能创造更多的创新思维培养机会的一种理念表达，也是融合STEM教育理念的一种方式。

对创新思维“增值”的检测，不能离开内容载体，也不能忽视形式的作用，并不是所有的教材内容都适合学生创新思维的培养。学习者对教材内容进行学习的同时会伴随着相应的思维活动，在此过程中教材内容将被转化为思维内容。在具体的思维活动中，思维形式是思维内容与思维方式相互作用的外显。在有关量规的制定中，主要量化指标有发散思维、逆向思维、类比思维、想象思维、直觉思维、综合思维等。创新内容选择是否恰当、教学方法是否有效，均可以通过创新思维形式应用的项次来进行检测。有关内容和教法的确定，相关内容可做参考，具有横向类比性的；结合社会现实情况，可以多角度进行问题分析的；为了获取更好的实验效果，将现有的实验进行创新改进的。

（二）抓住课堂生成的各种契机，对学生进行深层、多维的创新思维训练，提高课内教学时效

“用教材教，而不是教教材”，在STEM教育理念融入科学课增强创新思维培养中将得到更加充分的体现。求大同的新教材、内容还未更新的旧教材，在教材内容变化不是很大的情况下既要保证科学探究的有效性，又要兼顾通过工程实践增强创新培养的增值性，这需要教师以更宽阔的视野、更多维的视角并结合STEM教育理念对教材进行深入的挖掘与深度的剖析，并在此基础上甄选教材内容、重构教学设计，并能将新的教学策略进行创新式的灵活应用，才能把优化落到实处。

1. 以科学发现、技术创新过程为教学主线，在充分的经历与体验中寻求更多的创新机会

科技包括科学发现与技术创新，科学发现是人类在对真实自然现象的探究中抽象出科学概念或自然规律的过程；技术创新则是以创造新技术为目的的创新或以科学技术知识及其创造的资源为基础的创新。不断地发现、迭代的实践与涌现出创新渐进地形成了科学文化，产生这种文化的路径具有相似性且有规律可循，其规律与人的认知过程也十分相似，其规律如下：发现问题—定性研究—定量探究—科学发现、找出规律—应用知识、创造发明—技术改造创新。

把这一规律与科学教学融合，就能让学生亲历从感知到认知的进阶，完成从定性到

定量的探究，体验从知识到创造的创新过程，并能在其中获得从移情到设计的初成、从原型到迭代的技术提升。学生在真实经历科学的发现和充分体验创新的过程中，会不断产生新的认知冲突并形成具有梯度的需求矛盾，这些矛盾与冲突就是创新的原点，在课堂教学中表现为形成了丰富的培养学生创新思维的机会。

小学科学（教科版）六年级上册“杠杆”一课，原教材设计将内容分为两部分实施，学生直接通过定量研究得出杠杆省力与费力的规律，然后在此基础上布置制作小杆秤任务，且没有具体的目标设定。基于STEM教育的融合理念，将此课设计进行了以科学发现与技术创新的发展史为主线，融合移情体验、原型设计、迭代创新等STEM元素的教学重构，通过与解应用题中抓题干“关键词”的类比，引导学生找出木棒变杠杆的三个关键点（力点、支点、重点）；接着进行定性研究，学生通过感知得出“省力、费力、既不省力又不费力”的直觉结论；再借助杠杆尺进行定量探究，实证得出结论；在此基础上再进行跨学科拓展，设置“用多种挂钩砝码的方法使杠杆尺平衡”的项目驱动，并要求在问题探究完成后对数据进行采集、整理。同一问题，用不同的方法去解决，其思考过程就是发散思维的训练；对采集的数据进行制表分析，找出内在的数学规律——左物重量 × 左距离 = 右物重量 × 右距离，这既是跨学科融合，也是对逻辑思维与推理能力的练习，并为下一步的创新打下一定的基础；在找出使杠杆平衡的数学规律的基础上，进行制作小杆秤的项目驱动，让知识与生活建立关联；在学生根据科学与数学知识设计出小杆秤后提出更高的工程要求“制作一把有多个量程的小杆秤”，促进学生的二次技术创新。在以上环环相扣的教学过程中，学生的“类比、直觉、发散、综合”等创新思维得到了有效的训练，同时他们的逻辑思维与推理能力也会得到一定程度的培养，并且经历了跨学科的知识迁移练习，还获得了二次技术创新的机会。

2. 捕捉原点思考机会，训练学生逆向思维能力

原点思考，就是让学生站在问题产生的最初时、空、地进行关键问题的找寻，进行解决问题关键的思考。这是科学发现与创新创造的源头，也是知识与能力底层构建的出发点。

如在使用托盘天平时，物体和砝码放置的位置（左物右码）大多是教师以定律的方法告知学生的，这种做法错失了学生站在原点思考的机会。“左物右码”为什么要这样规定，“右物左码”不行吗？学生带着这样的思考再去研究“左物右码”的规定时，会发现死记硬背此规定是最愚蠢的做法，因为当只有右码可用于称重时，把物体放在右边的托盘根本没办法进行重量的称取（同向），这为他们的设计思维与创新能力进一步的提升也提供了逆向思考的训练。面对问题多问问“How”“What”“Why”，会获得更多原点思考机会。

3. 以“跨”引领，抓住各种契机，对学生进行深层多维的创新思维训练

“跨”字可以概括STEM教育理念的重要内涵。对“跨”的理解，不能仅限于跨学

科知识的整合，“跨”字蕴含有更为丰富的内容和更深层次的理念。具有这样理念的教学就会衍生出更多教学资源，这就要求教师在教学实施时善于捕捉，创新设计并灵活运用，使课堂成为“拓学科之界、解思维之锁、触建构之底、攀思维之高”的创新思维训练主战场。

（1）巧用“跨物质”关联，促进“类比思维”发展

所谓类比，是指由两个对象的某些相同或相似的性质，推断它们在其他性质上也有可能相同或相似的一种推理形式，它是一种创造性思维的形式，它可以在归纳与演绎无能为力的一些领域中发挥独特的作用。

在科学五年级上册“土壤中有什么”一课中，教师提出用自主实验的方式证明自己对土壤成分的猜想。自主设计实验证明土壤中有腐殖质（营养成分），对小学生来讲具有一定的难度与挑战性。教师可从“营养成分”入手引导学生通过直觉、想象等创新方法将四年级所学的“检验食物营养”的有关知识与现在要解决的问题建立联系，再通过类比的创新思维方法进行推理，在这样的引导下学生能完成一次精彩的类比创新与逻辑论证过程：食物中最重要的营养蛋白质用火烧的方法进行检验，它会发出刺鼻的气味。动物的身体主要组成物质就是蛋白质，土壤中黑色的营养成分是动植物腐烂后形成的，所以土壤中的黑色物质有可能就是蛋白质变成的，是同一种营养以不同的形态存在。如果真是这样的话，用火烧的方法就能检测。在后来的实践检测中，用火烧腐殖质的确会发出刺鼻的臭味。这就是通过创新思维培养、唤醒学生发现、启迪学生智慧的例证。

（2）适时出示价值问题，驱动学生跨现象思考，进行多维深层次的创新思维训练

创新思维丰富形式是思维上的横向发展表现，而思维的深度则需要在有价值问题的驱动下，进行深层次的参与体验才能得到有效训练。

（3）善用思维工具，创设跨角度思考问题的机会

多视角的观察、跨角度的思考，有利于突破学生思维的定式，容易找到解决问题的有效途径，同时也是对创新思维中发散、逆向、综合等能力进行有效的训练。

科学六年级下册“环境问题和我们的行动”一课中没有任何实验，只是讨论环境问题与环保行动。这样的课只要设计合理，同样也能挖掘出发展学生创新思维的资源，并能对之进行有效训练。学习活动可以分成两部分。第一部分，罗列出影响地球环境的不利事件，通过设定标准完成分类后，从对结果的分析中可以知道环境问题主要分为生态破坏和环境污染。在此基础上借用维恩图，可以找出人类的生存与需求是造成环境被破坏的最大因素，在这一过程可以通过图表对学生的逻辑思维与逆向思维进行训练。第二部分，教师在之前研究的基础上，引导学生多角度去看待环境问题，将学生分成思考方向不同的小组，应用思维导图进行策略探讨（保护生态方向、保护环境方向、保护人类现有需求方向、解决环境保护与人类利益矛盾方向）。然后在全班交流分享，再通过组

际合作得到一个基于综合考虑的环保倡议。通过这样的学习，使学生的想象、关联、逆向等思维得到发展。在活动的过程中可以清晰地看到借用图表等思维工具可以激发学生的学习兴趣，促使学生由被动学习到主动学习，由主动学习转变至自主学习，达到学生的创新思维能力逐步提升的目的。

（4）抓“关键性联系”促创新思维结构建构

从形式上看，创新思维能力本身就是一个由抽象思维与形象思维、发散思维与聚合思维、横向思维与纵向思维、逆向思维与正向思维、潜意识思维与显意识思维等多种思维形式组成的有机整合体。有机整合的前提，就是要在各种不同的思维之间建立起关键性联系。在科学课堂教学中，前面介绍的以点的方式对类比、发散、直觉等思维的训练，得到的学生体验、习得经验是散点式的，属单点结构。对创新思维的训练和培养，最终应使思维结构化，让单点通过横向关联形成多点，通过向下回溯与向上抽象产生纵向关联，横向与纵向的关联完成后才能形成思维的结构，这样的结构才能构成更具价值的思维支架。

科学六年级下册“垃圾的处理”一课，教材上为学生直接呈现的是垃圾填埋场的原理示意图，原教学设计意图是让学生通过看图去习得相关知识，认知停留在识记与理解的层面。为提升学生的创新思维跨界整合的能力，现将教学设计进行以训练学生“抓住关键性联系”的优化：首先出示修建垃圾填埋场项目任务，用项目进行驱动，接着组织学生对项目需求与目标进行分解与梳理，通过讨论与交流，学生发现一个垃圾填埋坑的设计不仅是埋垃圾，还要考虑到防渗、通气、观察和废液处理等许多看似分散实则却有内在关联的问题。解决这一复杂问题需要诸多知识的支撑与应用，还需要众多思维的参与与关联，此时教师应适时地进行“抓住关键性联系”指导，使用思维工具基于逻辑思维把杂乱的知识线、思维线一一罗列使之顺向，在此基础上分拆出单个问题，运用不同的创新思维方式找到逐个解决的办法，如通过类比，找到防渗、通气与观察的解决方案，再集成不同的创新思维方式进行综合思考，通过发散、直觉、综合、联想等思维的关联，寻求既防渗又能进行废液处理的可行办法，最终还要将这些单个的解决方案进行综合、集成形成垃圾填埋场的整体设计方案，并提出二次利用该场地的要求。在这一学习过程中，学生不但能经历独立的逻辑思维与创新思维形式的应用，更重要的是获得了多种思维交叉思考、综合集成解决问题的体验，通过反复的类似复杂问题的解决过程，逐步完成创新思维的结构化历程。

（三）一规（表）双用，前置指导后用检测指导教师有针对性地进行反思

前置的评价量规对在科学课中融合创新思维培养的内容选取、教学设计具有指导功能。此量规在完成教学任务后的再次使用，对实施的效果具有检测作用。得分 15 分以上为优秀，10 分以上的保质增效功能才能得到保障，量规前置，能有效地规避内容选取

和策略设计时的盲目性，课后的再次使用能指导教师进行有方向的反思，有助于形成有针对性的改进方案，促进教师专业成长。

在科学课堂教学中融合 STEM 教育理念，能增加更多的创新思维培养机会，点状的创新思维能力提升与结构化的创新思维支架建构是交互渐进的过程，同时也需要借用量规量表、思维工具进行必要的支持以达到保效增质的预期，在小学科学教育教学中培养学生的创新思维还有很多值得研究的内容，在不断地理论学习和实践应用中，我们还将继续践行创新研究，为培养面对未来的少年儿童，尽科学教师应尽的责任。

第六节　融合STEM理念的科学课堂教学设计

一、“空气能占据空间吗”教学设计

（一）课标内容

1. 空气是一种常见而重要的物质。

2. 空气能占用一定的空间，形状随容器而变，没有固定的体积。

三到四年级学生知道空气能占有一定的空间，空气总会占满各处。

（二）教学目标

1. 科学概念

（1）物体内、物体间“空”的部分可以称为空间，空间能被不同的物体占据。

（2）空气能占据空间，并且充满各处。（此概念是本课重中之重，一切探究活动都将围绕此线进行，在对此概念的学习中一定要让学生充分认识、理解并进行知识的内化）

2. 科学探究目标

（1）能根据材料设计简单的实验，研究空气占据空间；

（2）能应用类比等方法，进行知识迁移；

（3）能运用“关键词”叙述、示意图绘制等方法提高对现象与结果的精准描述；

（4）能应用相关知识，创造性地解决实际问题。

3. 科学态度目标

（1）对研究空气有浓厚兴趣；

（2）能针对问题进行辩论、质疑、研讨、推论，乐于交流，善于表达；

（3）能尊重事实，讲求实证，敢于表达自己的观点，并能用推论支撑自己的观点；

（4）能按照要求进行合作探究与实践。

4. 科学、技术、社会与环境目标

占据空间是一种“力”的表现，根据实际需要可以人为地进行干预以达到解决问题的目的。

（三）学情分析

三年级的学生由于年龄特点与认知水平的关系，他们对科学学习大多还停留在兴趣上，对科学的探究方法也只是掌握了简单的观察、比较等。本课所在单元与本课所在单元的位置对提升学生的探究水平、发展学生的科学态度等非常重要，处于提升学生认知水平、探究能力和正确科学态度的中继点上，向上则是将学生的感性认识向科学概念内化，在他们学习的过程中渗透重视证据意识的同时倡导进行理性思考和大胆猜测、质疑与基于证据的推论，让本课成为学生思维发展的新起点，通过不断提升学生的认知水平和探究能力，达到促进学生的科学素养螺旋进阶的目的。

（四）教学重点与难点

1. 教学重点

空气能占据空间。

2. 教学难点

能用科学词汇准确地描述空气占据空间的现象和概念，并能用示意图正确地表示。

3. 教学措施

（1）用对比实验控制条件的方法进行观察；

（2）提取关键词“空间”“占据”，通过类比让学生理解内化；

（3）用形象生动的漫画式示意图进行示范，通过学习后学生再进行创造。

（五）设计理念

1. 开放性设计，促进个性化学习。根据课堂的生成，教师在各环节的实施中根据学生的认知盲区、方法欠缺、思维盲点等逐一解决、夯实基础，动态安排学时，一个问题可能是本节课的结束，一个结论也可能是下个问题的起点。

2. 用故事牵引，贯通探究四大环节。教材编排中的聚焦、探索、反思、拓展四大环节相对独立，用有意义的故事将这四大环节连接为一个整体，无论在调动学生学习兴趣、增强趣味性上，还是渗透逻辑、意义场景创设上都能起到一定的积极作用。

3. 融合 STEM 教育理念，进行跨学科学习方法整合，促进学生知识迁移。用数学中解应用题的方法提取“关键词”，培养学生的抽象概括能力，践行找问题抓关键的创新方法，为后一步的科学概念构建打下基础。

4. 创新实验记录单，训练有效的描述方法和交流表达方式。要求学生用简单具有动漫意味的示意图表示“空气占据空间和水把空气挤走了水才能进来”现象，这样的图示起到了变抽象为形象的作用，让学生更易理解和内化。同时符合这个年段学生的认知规律与心理特征，也为学生由形象思维走向抽象思维搭建了桥梁。这样的训练也让学生认识到不容易叙述清楚的事可用图示等科学方法来进行辅助说明，以此来提高自身科学素养，用形象的简图作为辅助来清晰地表达自己的想法，也是对 STEM 教育理念中设计能力的培养。

5. 应用科学词汇，精准描述概念。学生得出结论要求必须要用科学词汇进行描述，三年级的学生由于年龄特点，好多人道理明白但用语言说不清楚，这样的训练能快速提高他们的科学表达能力和抽象概括能力，这种能力也是科学素养的重要内容。

6. 开设实验设计创新环节，提高教学实效。这也是 STEM 教育中倡导的生成物化成果理念的体现，改进“纸巾入水不湿”实验，把原来“杯子底部打孔让水挤走空气”这一实验装置改为“在带瓶盖的上半部分瓶子中装入乒乓球，倒立入水”。这样的改进让实验的对比性更为科学，还能通过对瓶盖的控制来管控实验的节奏，让学生更易观察，增强了实验的趣味性、创造性，同时也向学生渗透“解决问题有多种方法”这一科学思想。

7. 注重设计思维，注重推理论证。这是 STEM 教育中设计思维应用与先思后动理念的体现。出示实验条件后，给予学生设计实验进行求证的机会；结合动漫式的示意图，通过生动有趣的动漫对话语言，向学生渗透逻辑推理（三段论）的方法，这些都是在课堂教学中进行设计思维的训练与推理论证的培养的具体体现。

8. 思维在前、实证在后，致力研讨、推论与反思。任何一次活动，学生都会经历提出观点、给出支持观点的理由、反思自己的判断这一过程，这些经历体验能有效地对学生进行思维训练，并能渗透正确的科学思维方法与科学探究方法。

（六）教学准备

教具：

演示：塑料箱（盛水用）1、透明塑料杯 1、纸电站 1、乒乓球 1、水。

分组：塑料瓶 8、烧杯 8、水槽 8、吸管若干、橡皮泥 8、带瓶盖的半截瓶 8、乒乓球 8、水。

学具：每人一张实验报告单。

设计意图：尽可能使用生活化的实验材料，让学生感觉到科学就在身边，向学生渗透实验生活化理念。

（七）教学过程设计

前言：

此教学设计与实施完成于2017年。教师根据具体学情，结合小学科学教育的最新理念和新时代教育的需要对原教材内容进行了删减与重构，在2017年“四川省第4届小学科学青年教师优质课展评”中荣获一等奖。2019年三年级的新教材正式投入使用，改版后的“空气能占据空间吗”一课内容设计与笔者在2017年的教学设计有高度的相似与契合，本课的原教学设计应用在新教材中，在激发学生兴趣、发展学生思维、体验探究过程上仍有借鉴价值。2019年10月笔者对该设计进行了进一步的优化，受邀参加“全国第五届小学科学特级教师及名师论坛”，在活动中再次执教“空气能占据空间吗”一课，得到与会专家的高度肯定与观摩教师的一致好评，公开课展示过程中多次赢得现场掌声，课后有400余参会教师加微信、QQ继续交流，会后在线视频点击达5400余次。

总体思路：

本课教学的设计思路为“以概念建构为核心，融合STEM教育理念（项目驱动、问题引领），展开科学探究方法研究、科学思维训练、科学态度培养、科学价值观体现的培养”，这也是笔者多年倡导的教学主张。“空气能占据空间”这一概念对三年级上学期的学生而言抽象、枯燥、不易理解，在设计中将“乌鸦喝水”的故事贯穿于整个教学过程，先将学生在一年级语文课中的已有认知与学生已有概念进行联系与提炼，完成内化前概念任务分实了探究基础；再将静态的认知转入动态应用之中，以“空气能占据空间吗”的问题为驱动，通过对学生提出基于推论的观点的研讨、实验方案的设计、演示实验的思维聚焦、多种形式的概念描述练习、基于多种方法的推论以及分组实验的实证完成主要概念建构；在最后的环节中，基于对“水能赶走空气，空气能赶走水吗”这一思考设置项目任务，在项目驱动下学生通过逆向思维、方法研讨、迭代试错等过程完成概念的迁移与创造性使用。本课的设计还凸显出笔者“把复杂的事变简单，把简单的事做得有创意”又一科学教学理念，有助于学生树立科学自信、形成乐观的科学态度、养成正确的科学思考习惯、促进科学思维发展，同时也让学以致用得到了体现。

课件呈现：

媒体1：美丽的树林里有许多可爱的鸟，但我最喜欢是乌鸦。

媒体2：回顾语文课中乌鸦喝水的故事，进一步理解与内化“空间”“占据”概念。

媒体3：对“空间”“占据”概念的理解由静态到动态，引出“空气能占据空间吗”这一问题。

媒体4：拓展部分的任务要求。

（八）评价设计

按实施的时间和发挥的作用来区分，教学评价可以分为形成性评价和总结性评价；

按所应用的方法和标准不同，教学评价可分为相对性评价和绝对性评价。在评价中我们应遵循：在评价主体上，更加强调学生的自评；在评价功能上，更加注重发挥评价的教育功能；在评价类型上，更加重视实施中的形成性评价；在评价方法上，更多采用相对性评价。我在本课的教学中，将根据课堂节奏与生成适时应用以下评价。

1. 对提出的问题或对已回答的问题进行质疑，通过研讨、交流、推论进行解决，就是一种形成性评价的应用，能保证问题的价值，能改进和完善学生现有的认知。在课堂实施过程中，学生在不同环节中会提出许多问题，如“我不认为空气能占据空间，因为空气把空间占据了人就进不来了”“按他们推测的空气真能占据空间的话，水杯就不能装水”等，对这些问题的交流、研讨和多次推论的过程伴随着形成性评价，就是在不断地对他们已有认识进行改进和完善，同时也推动教师根据课堂生成对课堂节奏和教学方法进行修正。

2. 对提出的设计方案进行分享、质疑、探讨、完善，最终通过实证进行检验，也是形成性评价在课堂教学中的体现，有利于促进学生设计思维发展与探究能力的提升。在教学中体现在对“证明杯子里的空气会占据空间”这一实验设计上、对“用空气把瓶内的水赶出来”的任务完成中。

3. 对外显后的思维，通过展示、交流进行评价，有利于学生思维的积极构建。在教学中，学生用图示的方法表示出“水能赶走杯子里的空气”并将实验现象以图示的方式进行呈现，这一过程就是对自己推论的一次检测和自评，在分享交流“图示”时学生有许多创造性的表达方式，交流中对这些“图示”进行建议和肯定就是互评和自我修正完善的过程。

4. 对“概念”的实践应用，通过物化成果进行评价，有利于多元智慧的融合与科学兴趣的提升。其实在课的实施过程中，各类评价是相互交织在一起的，学生设计实验证明“杯内空气占据空间”，“图示”表达观察到的现象以及完成“用空气把瓶子里的水赶出来”等，对这些内容的分享、交流、探讨都是形成性评价、总结性评价和相对性评价的交织，如对“图示”展示中，就“图”而言是总结性评价，对整个学习过程而言则是形成性评价，不同组的“图”的展示交流就是相对性评价；又如对“用空气把瓶内的水赶出来”的任务完成的评价，既是对物化成果的总结性评价，又可以看作为进一步研究空气特点而进行的形成性评价。

（九）案例评析

本课的教学设计有以下特色：

1. 凸显问题引领、项目驱动。笔者主张在小学科学课堂教学中“把复杂的事变简单，把简单的事做得有创意”。把“复杂的事变简单”通过问题引领落地，让学生在自主的问题研究中担负起自己的学习责任，教师只给予必要的建议与帮助。如学生在辩论“空气是否真的会占据空间”时，教师需站在中立的立场倾听学生是如何“以理服人”的，只对思维方式和思考方法做必要的指导。用项目驱动来落细“把简单的事做得有创意”，学生“图示”、完成“乌鸦喝水新说——用空气把瓶内的水赶出来”的任务都是基于这个意图而设计的。

2. 致力思维训练、方法培养。在本课的教学中，教师的主要活动是不断提出问题、适时的方法建议与思维点拨，从未直接给予学生既定概念、从未告诉学生应该怎么操作。这些教学行为，将老师“导”的作用体现得淋漓，让学生“学”的责任展现出尽致。在教学中表现为：利用“图示”将学生的思维外显，利用“图示”促进学生思维提升，善用“图示”对学生进行多元方法的概念、现象描述的训练，以及在先思、再论、分享、交流、建议中完成对学生思维发展的结构性训练等。

3. 注重科学词汇、概念构建。在教学实施中，对学生科学词汇的理解不只能停留于表面，内化才是最终的目标，通过与语文课文相关内容的融合、媒体的助力、结合现场环境的列举、图示与漫画对话的帮助以及演示、分组实验的交互，让学生在充分经历与体验后完成概念内化任务。不断要求学生将内化后的科学词汇应用于现象与概念描述，用“图示”进行辅助，凸显出笔者“以概念为核心”的科学教学主张，这样构建出的概念才可靠、可用、可迁移、易创造。

4. 留心故事贯通、优化结构。用乌鸦喝水的故事作为主线，将教材中的聚焦、探索、研讨和拓展相对独立的板块贯通，使整个学习过程成为有机的整体，有利于学生对知识的全面认识；将整个科学探究讲成故事，有助于学生的学习兴趣持久；让科学学习富于激情，能帮助学生逐步树立乐观的科学态度。结构优化后课堂现象显得更神秘、困难显得更夸张、等待显得更期许、个性发展更张扬。

（十）板书设计

空气能占据空间吗？

第七节　深度融合实践研究课程设计实施效度评测表

基于小学科学教材的STEM课程设计，应以《义务教育小学科学课程标准》为指南，在保证科学教育目标达成的基础上进行增值开发。基于小学科学的课程框架（用大概念构建课程框架）、基于学习进阶设计的课程内容，在小学科学教材内容的基础上进行拓展STEM课程的开发。应保证学习过程的完整、知识建构的有效、认知分类的进阶、能力发展的提升，整合STEM的十大特征，将科学探究与STEM实践有机地进行结合。

一、课例设计准则

符合小学科学课程性质的基础性、实践性和综合性。体现基于小学科学教材拓展开发的 STEM 课程的增值性。兼顾科学探究与真实实践的有效性，体现融合性。

二、课例设计基本理念

面向全体学生。

倡导科学探究与真实实践并重的学习方式。

保护学生持续性的学习兴趣。

突出学生的主体地位。

三、课例设计思路

基于小学科学教材拓展开发的 STEM 课程的设计应遵循国家的教育方针，充分考虑小学生的年龄特点与认知规律，突出 STEM 教育特点（四大元素）、彰显 STEM 教育理念（跨学科整合），兼顾探究与实践相互推动，促进学生科学素养快速发展。

基于小学科学教材拓展开发的 STEM 课程应以培养学生科学素养为宗旨，以《义务教育小学科学课程标准》为指南，以增强学生基于真实情境解决现实问题能力为目的，以培养学生的跨学科知识迁移能力、分工合作能力、解决复杂问题能力等，促进学生高阶思维、高阶认知的发展和创新、创造的生成。

在内容选择上，对现有科学教材内容（四大领域的 18 个主要概念中的 75 个学习内容）进行分析、梳理和挖掘。基于 STEM 教育的特点选择趣味性强、跨学科整合难度适宜、适合学生小组合作完成、成果便于物化的内容进行 STEM 课程开发。

（一）课例设计的理论支撑

建构主义：变知识传授为知识建构。以学生为中心，强调学生对知识的主动探索、主动发现和对所学知识意义的主动建构（而不是像传统教学那样，只是把知识从教师头脑中传送到学生的笔记本上）。

认知分类学：布卢姆系统将知识的回忆、理解能力和智慧技能的形成等方面的目标依次分为知识、领会、运用、分析、综合、评价 6 个等级。第一级，知识。可以记忆的信息。包括具体的知识、抽象的概念和原理。培养学生对这些知识的回忆或再认能力。第二级，领会。最低级的理解。包括转化、解释和推断所提示的教材。培养学生领会人际沟通信息的能力。第三级，运用。在具体的情境里使用抽象概念。包括概念、原理、法则、理论等的使用。培养学生在不同情境中使用这些抽象概念的能力。第四级，分析。将习得的观念和概念分解成各种要素。包括因素、关系和组织原理的分析。培养学生将整体分解为各种要素的能力。第五级，综合。把各种因素和组成部分组合成一个整体，包括独特的信息沟通、操作计划和抽象关系的产生。培养学生处理因素、部分和片段等的关系，以及产生新的结构的能力。第六级，评价。为了特定目的，运用评估的标准，对资料和方法做出价值判断。包括按照内在证据和外部准则做出的价值判断。培养学生对资料和方法在质和量上做出正确判断的能力。认知领域的教育目标分类系统，使师生在教与学中有共同努力的目标，学习结果的测验有明确的依据，故被运用于编制学习成就测验，作为命题的指导。

学习过程结构：学习过程的结构，就其一般意义上说，也是一种环状结构。它由以下3个基本环节组成：（1）定向环节（“感受环节”或“输入系统”）；（2）行动环节（“运动环节”或“输出系统”）；（3）反馈环节（“返回系统”或“回归式内导系统”）。

STEM的十大特征：跨学科、趣味性、体验性、情境性、协作性、设计性、艺术性、实证性、技术增强性、无边界性。

高阶思维：发生在较高认知水平层次上的心智活动或认知能力。它在教学目标分类中表现为分析、综合、评价和创造。高阶思维是高阶能力的核心，主要指创新能力、问题求解能力、决策能力和批判性思维能力。

STEM PBL教学五阶段：

1. 准备阶段：教师引导学生了解主题，激发学习动机。
2. 实施阶段：学生作为主体，增强动手能力和解决问题的能力。
3. 展示阶段：培养学生总结重点、表达自我的能力。
4. 评价阶段：多样化评价机制帮助学生更加细致、彻底地思考。
5. 纠正阶段：鼓励学生根据反馈意见和建议进行纠正，提高自己的能力。

第七章　基于STEM项目活动的小学科学教学优化策略

第一节　创设体验机会，培养科学品质

小学阶段是培养学生科学品质的启蒙阶段，新课标对此提出了更高的要求。新科学课程标准明确提出，教师在设计科学活动目标时，注重培养学生想知道、爱提问、大胆想象、坚持性、重证据、愿意合作与交流的科学态度。培养学生的情感态度，不能像传授知识一样直接“教”给学生，而是要创设恰当的活动，潜移默化，让学生在活动中感悟和内化。在科学教学活动中，教师应积极把握教育理念，创设体验机会培养学生的科学品质。

一、鼓励质疑问难，引导自主探究

重视培养学生质疑问难意识。学生思维灵活，好奇心强，在探究活动过程中，会产生各种各样的疑问，这类疑问的解决方式会影响到学生问题意识的形成，而且有新意的质疑是学生进一步探索的内在动力。所以，课堂要尽量留给学生更多思考问题的机会，鼓励他们大胆质疑。正确对待学生的问题、想法，要借助这些问题想法看到学生具有的创新潜力。如关于宇宙的教学内容学生最感兴趣，认识太阳系时，与学生分析行星彗星的运行时，有的学生主动发问：行星、彗星既然不在同一平面上运行，有没有相撞的可能？它们在构成形态上有哪些不同？为什么它们都围着太阳转动？这些问题都是与教学内容直接关联的，而且都有着做进一步探讨的价值。这些问题能被学生主动、自然地提出，根本原因在于学生对教学内容有着自己能动、积极的思索，更在于他们在有了问题后能自主、及时地提出来，通过集体的努力得以解决，主动提问者在这一过程中充分体验到集体对他的重视、尊重以及成功的喜悦。学习中的成就动机得到激发，在后续的活动中，他们一定会更加专注与投入。而这种成功源于教师营造了学生主动发问的探究环境，学生养成了主动提问的科学习惯，使学生步入乐于思考、能动学习、主动探究的境界。

二、发掘学生潜能，激发大胆想象

一个人的创新思维和创新能力与他的想象力有着密切关系。在科学教学中，教师应重视学生自由想象潜能的发现和发掘，选择恰当的教学手段，充分利用直观形象的教具、材料，充实学生的思维表象，使学生在充分感知的基础上，提高想象和联想能力。例如，认识摩擦力后，启发学生想象如果不存在摩擦力，我们地球将会是什么样的，引导学生放开思路，展开想象。学生的想法精彩纷呈。教学“生物的启示”一课后，启发学生模仿教材中发明创造的思维方法和思路设计自己的小发明，如根据变色龙体色能随环境而变发明变色军用战斗机、变色军用车、变色军用服装等。这样，学生不断受到创新精神的熏陶，潜移默化，将会变得更聪明，更富有创造力，形成大胆想象的科学品质。

三、尊重学生发现，养成实事求是态度

通过科学教学活动应该使学生明白，科学研究讲的是实事求是，要相信自己在实验中观察到的现象。尊重事实，实话实说，才是科学的态度。如研究花的构造时，教师指导学生归纳白菜花都有四个花瓣时，有的学生提出异议，他们组观察到的白菜花有的是五个花瓣。如果教师为了得出统一结论，完成教学任务，仅以学生观察有误、操作不当为由加以否定，这明显，是一种不尊重事实的表现。学生亲自动手操作后看到的现象就是既定事实，是摆在眼前的铁证，从这个现象就不能得出课本中的结论，这个过程仅仅到此结束应该说是失败的，失败之处还在于学生在这一过程中形成了这样一种印象：教材与教师是不容置疑的！这时，教师要以尊重事实的态度对待学生看到的现象，亲自观察确认学生确实没有搞错，应给予发现问题的学生以热情的赞扬与肯定，概括为“像白菜花这样典型的十字花科植物在通常情况下只有四个花瓣”，这样这个过程不仅没有失败，而且得到了真正意义上的成功。发现事实是一切观察的良好开端，教师在教学时，要引导学生勇于探索，实事求是地反映客观事物的本来面目，而不是从书本出发，只要是事实都应得到承认，受到鼓励，只有这样才能培养学生实事求是的科学态度。

四、体验成功喜悦，增强探究信心

在科学教学活动中，虽然有教师的引导，学生不至于走太多的弯路，但由于他们的知识、经验、能力等各种因素的影响，个别学生在探索过程中常常会出现一些与研究目标不符的结果，达不到预期目的，这是常有的、正常的现象，对此教师不可说“你的实验失败了”，而应该积极运用情感效应，教师要用鼓励的目光看着学生，和蔼可亲地对他们遇到的问题加以指导，让学生感受到老师的关心与期望，将因为失败而产生的心理

负面效应影响排除，增强他们探索的信心。把实验中的异常作为教学的契机，引导学生从事实中求“是”，进一步培养学生坚持不懈的科学态度与探索精神。教师不可越俎代庖或手把手教会学生就了事，而要通过疏导，适当点拨，让学生继续担当“主角”，引导他们自己去探究失败的原因，吸取经验教训，重新实验。经过反复尝试，学生终会获得成功。学生对挫折、失败、困难、成功、喜悦的实践经历将会刻骨铭心，形成做事善始善终的习惯。在这个过程中只有为学生留出重新探究的余地，才能让每个学生都感受到成功的喜悦，体验到科学探究迂回曲折、知识来之不易，从而树立信心。

五、提供交流机会，培养合作精神

在竞争激烈的21世纪的今天，人们更加认识到合作与交流的重要意义和作用。现代科学的发现和发明创造，是许多科学家团队合作、共同交流、探索的结晶。由此，我们应引导学生既要学会尊重他人意见，又要敢于提出不同见解，学会与他人交流与合作。科学学习过程中，有大量的观察与实验，而且是小组活动形式，这样学生讨论、交流和操作的机会就多了，学生活动必须渗入团体合作。小组内有的同学反应快，有的同学善于语言表达，有的同学动手能力强，所以小组内可以取长补短，互助合作。比如一些复杂的实验操作，需要多人一起参与，更有利于培养合作意识和能力。交流，可以互相借鉴、互相启发；合作，能够共同促进、共同提高。教学过程中，师生、同学之间要以平等的身份参与合作与交流，相互探讨、相互学习、相互启发。学生利用教师提供的材料，你一言我一语，相互启迪、相互完善，各小组自己讨论出最佳实验方案，验证假设，小组内相互讨论，小组之间相互交流，把每个人的研究所得化为集体的智慧，每个人又从集体财富中汲取营养。学生在实验过程中，分工合作、共同探究，交流经验、畅谈体会，锻炼了学生交流与合作的协调能力。有些实验，小组内进行不顺利或失败了，教师不必逐个指点，要相信学生，发挥小组互助作用，问题就会解决。同时助人者体验到给人以帮助的快乐，被助者感受到他人的温暖，同学之间会更好地团结协作。

第二节　学生科学创造力的培养

科学创造力是创新教育的重要组成部分，广大教育工作者特别是科学教师已充分认识到它的重要性。但如何培养学生的创造力，人们有多种观点，有的认为可以通过创造技能的训练来培养创造力，有的则认为可以将创造力的培养贯穿于学科教学中。由于学生的科学创造力受多种因素的影响，不仅知识、智力、非智力等内部因素影响学生科学创造力的发展，而且家庭教育、学校教育、文化传统、社会氛围等外部因素也对学生科学创造力的发展有重要的作用。因此，学生科学创造力的培养，既要创设适于学生科学创造力发展的环境，还要采取切实可行的培养措施；既需要学校实施相应教育活动的作用，还需要家庭和社会配合提供相应条件的影响。其中，学校教育具有举足轻重的作用。

一、转变教育观念，优化学生科学创造力发展的环境

素质教育的关键是创造力的培养，中小学阶段是学生科学创造力迅速发展的关键时期。因此，中小学教育特别是科学教学的主要目标之一在于科学创造力的培养。

在科学教学中，培养学生创造力的前提是营造创新型环境。创新型环境主要包括课堂环境、班级环境和实物环境。创新型的实物环境就是指校容校貌、教学设施、教学条件等，能对学生创新意识的形成产生积极的潜移默化的影响。创新型的班级环境就是指班级具有和谐的教学情境、优良的班风学风、有效的激励机制、浓郁的学习氛围、民主平等的师生关系等；创新型的课堂环境就是指教师观念从"以知识为核心"转变为"以创新精神"为核心，把培养学生的创造力作为教学的核心和行动指南，在制定教学目标、教学内容、教学方法和进行教学活动时，都应紧紧围绕"创新"这一核心理念，在指导学生自行探究和应用知识的过程中，培养学生创造力。教师采取民主教学方式，平等对待学生，以培养创新意识和创造能力为核心，以学生是教学主体为教育观念，引导学生积极思考，鼓励学生大胆质疑，学生敢于标新立异，敢于向他人挑战，形成学生主动学习、积极参与的生动活泼的课堂教学氛围。

二、激发学习动力，培养学生创造性人格

学生创造力的发展，受多种因素影响。如科学学习的动力，学生观察、思维、想象、问题解决的能力。因此，要重视激发学生科学学习的动力，在教学过程中要重视培养学生观察、思维、想象、问题解决的能力。科学是观察、实验、思维相结合的学科，它以其有趣的科学问题、丰富的科学现象、精美的科学实验，使学生产生了探索奥秘的欲望。首先，科学教学中，要通过创设问题情境、充分发挥观察、实验的作用，注意科学教学与实际相联系的方式，激发学生学习科学的动力。其次，学生树立正确而长远的学习目标，帮助学生制订切实可行的近期计划，提高学生学习科学的自觉性和主动性。最后，培养学生的学习兴趣。广博的知识是创造力的基础，中小学阶段的学生已具有主动探求知识的能力，因此要通过各种方式激发他们探求知识的兴趣，这种兴趣是激发人们进行创新型活动的重要动力。

有关专家研究表明，创造性人才在人格上有如下特点：①有高度的自觉性和独立性。②有旺盛的求知欲。③有强烈的好奇心。④知识面广，善于观察。⑤工作中讲求理性、准确性和严格性。⑥有丰富的想象力、敏锐的直觉，喜欢抽象思维，对智力活动与游戏

有广泛兴趣。⑦富有幽默感，表现出卓越的文艺天赋。⑧意志品质出众，能排除外界干扰，长时间专注于感兴趣的问题之中。在教学中，要注重培养学生这些人格特点，从而促进他们创造力的提高。

三、加强师资队伍建设，树立教师创新形象

培养创新人才，离不开教师，只有树立教师的创新形象，才能有效地培养学生创造力。有些先进的师资培训机构强调，创新型的教师不只使学生知道过去，尤其重视让学生关心将来，认识和创造美好的明天。创造型教师的形象主要表现在以下几方面：能指导学生学做智慧型的人，不仅是教学的“严师”，而且是拓展学生心灵和智慧的“人师”；以启迪智慧，开发创造力，使学生获得精神愉快为前提；唤醒学生关心未来，对未来做广泛深入的思考，培养学生对未来的创新意识；能认识创新的教育环境对学生的影响力，具有创设促进学生创新和个性发展的教育环境的能力；能提供合乎学生心理发展和创新程度的学习活动，以促进学生创新人格发展；能指导学生利用现代信息技术收集和处理信息，为促进学生创新做好铺垫；能在言教、身教、境教上下功夫，以确定自己的创新形象，为学生的创新提供精神导航；要树立生活轻松自如的创新精神形象，能轻松自如地面对错综复杂的多元化社会；能成为为学生提供创新环境的楷模。

四、有的放矢，建立有利于培养学生创造力的教育评价观

教育作为一种有目的地培养人的活动，总是和人的价值需要联系在一起，教育评价在本质上就是对教育过程和结果进行价值控制。学生创新精神的培养已成为我国中小学实现素质教育的一个重点目标，要实现这个目标就必须树立起新的评价观。具体做法有以下几个方面：①不再将评价作为筛选淘汰的工具，而是作为教师教学和学生学习、促进学生发展的手段。②立足于学生的差异性，从观念上、情感上、行动上接纳智力不同、兴趣爱好不同、个性心理品质不同的学生。③确立各学龄段学生的基本培养目标，学生只要达到这个目标就算合格。在这个基础上，因材施教，培养学生个性、特长。④改革考试内容，在考试内容设计上，要尽可能使其发挥出学生独立思考的能力，使学生形成自己的思维个性，而不是简单的知识再现和盲目从众；要能够测试出学生是否能从多角度、新角度来思考问题；多出一些开放式的考题，不要局限在知识的记忆方面，应当在掌握知识的基础上，学习运用知识解决实际问题的方法，或者对某个问题发表自己的看法，提出自己的设计或创意。

五、学习创造性思维和想象的方法，训练学生创造性品质

课堂教学是学校教学的基本组织形式，也是实施素质教育的主渠道。注重创造性品质的培养，是课堂教学的主要目标。

第一，通过介绍科学史，激发学生的创造欲望，使学生了解科学知识发展和演变的过程。科学的发展经历了曲折而漫长的道路，其中包括许多脍炙人口的科学发现和科学家献身科学研究的故事。教师恰当地利用这些史料，如同把学生带进科学家进行创造活动的实验室，不仅可以向他们说明新思想、新理论、新物质是怎样产生的，还可使学生学习到科学家专心致志、一丝不苟、锲而不舍的科学态度和忘我的工作精神。

第二，使学生掌握知识之间的联系及关系，在大脑中形成立体的知识网络，为学生科学创造力的发展打下基础。

第三，在知识教学中，教师启发、引导学生积极、主动地从多方向、多角度发现问题、分析问题和解决问题，鼓励学生发挥想象力和创造力，尊重学生提出的意见和问题，培养学生的发散思维能力。

第四，改验证性实验为探索性和设计性实验，培养学生的科学探究能力。我们不仅要让学生亲手操作实验仪器，用各种感官感知实验现象的发生、变化过程，而且要鼓励学生自己设计实验方案。学生自己设计实验方案的过程，就是他们想的过程，也是多种思维综合的过程。

只有让学生自主地从头到尾经历实验的全过程，他们才能自觉主动地投入探究之中，思维才能全部调动起来。另外，同一时间，每个小组、每个人针对同一内容可选择不同的问题，对于同一个问题也可采用不同的方法，选用不同的材料。在学生自主选择、自主设计的过程中，培养学生的科学探究能力。

课外科技活动是学生在课外活动中与科学创造力发展最为密切的一项活动，是对学生进行爱科学、学科学、宣传科学、用科学的教育，培养学生爱科学的情感，形成学科学、用科学的意识，培养学生的创新能力，长大成为科技兴国的主力军。开展课外科技教育活动，首先要教育学生学习科学家艰苦探索、勇于创新的精神，激励学生为振兴中华而努力学习；其次要通过开展科技活动增强学生的科学意识，提高学生的科学素质，激发学生学习科学、爱科学的兴趣，培养学生的创新意识和创新才能。在课外科技活动中，通过教师设计、组织、指导一系列科技实践活动，学生可以自制学具、模型，实际试验时需要查阅和研究资料，进行设计、制作和实验，能开阔视野，激发对新知识的探求欲望，增强自学能力、研究能力、操作能力、组织能力，有利于技术创造力的发展和培养。在课堂教学和课外科技活动中，要使学生掌握创造性思维和创造性想象的基本方法以及一些创造技能，如类比思维、逆向思维、重组思维、头脑风暴等，并训练流畅性、灵活性、

独创性等创造性品质，这是培养学生创造力的基础性。最后，在培养学生的科学创造力时，还要注意技能训练与学科渗透相结合、创造力培养与知识传授相结合、创造力培养与非智力因素培养相结合、创造力培养与思维能力培养相结合，并选择有效、灵活的教学方法。

第三节 运用多媒体辅助学生探究

随着现代教学技术的发展及其在教育教学中越来越广泛的应用，多媒体辅助教学作为一种全新的信息交流模式走进课堂，以其声像并茂、动静结合、模拟逼真等特点，深深吸引着学生，在教学中发挥着自身优势。科学误堂教学中，应如何运用多媒体辅助学生自主探究学习呢？

一、教师调整运用理念是前提

要发挥多媒体在科学自主探究活动中的作用，教师首先要调整多媒体运用的理念，其次要从教学实际效果出发，减少对教学的干扰，处理好多媒体与其他媒体的关系，以学生的自主发展为中心。

（一）多媒体的使用要以实际效果为基准

多媒体作为一种教学手段，能够把声音、图像、文字有机地结合在一起，形成教学一体化，是课本、录音、录像各自独立形式存在的传统教学手段无法比拟的。但作为辅助教学的多媒体，应当恰当运用，如果过多地运用，特别是莫名其妙地来一段音乐、出一声音效，就会适得其反，不仅不会增强教学效果，反而会干扰学生的探究，削弱课堂教学效果。教学课件的制作，也不能一味地追求最新的“高科技”和华丽的外表，课件的色彩过分亮丽、鲜艳，无关图饰过多，会分散学生的注意力，干扰学生的观察、探究，不利于学生抓住问题的本质。课件要力求操作简单、方便，应该把解决教学过程中出现的问题放在第一位。

（二）正确处理多媒体与其他媒体的关系

多媒体作为新兴的教学媒体，它和我们以前所使用的其他教学媒体如模型、实验仪器等地位是平等的，它们之间并不能相互替代。是否使用多媒体辅助教学，完全取决于它是否遵循了教学规律，是否反映了教学思想，是否适应于课堂教学实际，需要就使用，不需要就不使用。比如，观察模型的收获大就不观看图像；通过实验操作效果好就不用实验录像；能通过其他媒体进行研究的，就不必使用多媒体。

（三）多媒体的使用要以学生自主发展为中心

多媒体教学能够将传统教学手段无法说明的现象演示出来，但如果课件演示的目的仅仅在于把这个现象“演”给大家看，然后得出一个结论，则无非是把原先低效的传统教育方式转变为高效地运用机器传输的生硬的教学方式，使多媒体成为传统教育的辅助者。多媒体辅助教学更重要的意义在于将现代化教学手段与传统的教学方法有机结合起来，充分发挥其信息量大、化远为近、化静为动等优势，通过精心的教学设计，创设有利于学生探究发展的教学情境，使学习主体由被动接受变为主动探索，让学生自己来发现问题，使课堂成为学生自主探究学习的天地。

二、运用多媒体为学生探究创设情境提供契机

自主探究需要一种内在激励力量，需要内驱动力。如果学生对自己从事的探究活动具有强烈的欲望和追求，学生的探究热情就会被充分调动起来，从而有效持久地投入探究活动。在科学教学中，利用学生对自然事物倍感新鲜好奇的心理特点，借助多媒体，制作具有科学性、趣味性，与教学内容有较强关联性的音像片段，通过疑问或悬念，创设生动活泼的学习情境，渲染教学氛围，让学生置身于一种探索问题的情境之中，激起探求欲望，形成探求动机。如有位教师教学“卵石的形成”时，制作了这样的课件来演示卵石形成过程：先展示河的上中下游两岸地形特点、河水中岩石大小、棱角的不同；接着展示河的上游山涧峭壁纵横交错的裂缝；再展示大小不同的石块在奔腾的河水中随波逐流、摩擦碰撞下游河滩上的卵石。学生受感性材料的激发，产生了各种疑问：为什么上中下游卵石的形态不同？它们之间有什么联系？卵石是从哪里来的？河水起了什么作用？卵石是怎样形成的？学生带着疑问积极思维、分析、推理，在教师的引导下，自主设计实验来验证想法，从而轻松地探究出卵石形成的原因。

科学课中有很多涉及保护大自然、维持生态平衡方面的内容，但只依靠教材上的文字、图片和教师的说教，对学生的触动不大，起不到很好的思想教育作用。创设情境激发激情是多媒体的优势，它可以把相关内容设计成课件，以形象、生动、直观的形式为学生提供图文声像综合的信息，使其产生激情变化。如把自然界中水域污染、大气污染、水土流失、森林破坏、动物滥捕滥杀等内容汇总展示，以激发学生的忧患意识，提高他们保护环境、维持生态平衡的自觉性。

三、运用多媒体为自主探究激发兴趣是关键

兴趣是最好的老师。学生具有浓厚的兴趣，才有利于自主探究活动的开展。多媒体以其自身的优势，为激发学生探究兴趣创造条件。如教“叶画”一课时，老师可先用实物投影仪投出叶画作品，放大后的叶画特别吸引人，老师及时与学生交流：“叶画好看吗？你想做叶画吗？你能比老师做得更好更有趣吗？”特定的教学氛围，使学生以浓厚的兴趣投入叶画的创作之中。

在科学教学中，有些教学内容比较抽象，如研究植物体内的运输系统、人体内部器官，不能直接观察、实验，其中的探究乐趣又不容易被发现，使学生感觉枯燥，容易给学生造成思维障碍，影响自主探究兴趣的产生。这就需要老师通过教学手段的改进，使教学内容变枯燥为乐趣，变抽象为直观，激发学生探究学习的兴趣。认识“消化器官的作用”，属于“解暗箱”问题，学生不容易接受，教师感觉束手无策。多媒体的直观性、形象性恰好弥补了这一缺陷。笔者制作的课件是：先展示、介绍各消化器官的形状、位置，然后以“小人劳动”的动画形象演示各器官的活动，如“小人拿铁锹搅拌”表示胃的收缩、蠕动和肠的消化，“小人拿水管向里喷”表示胃液、肠液、胆汁、胰液的掺入，“小人拿水管向外喷”表示吸收作用。学生被“小人”可爱的动作所吸引，主动跟随活动画面，想象、感觉，甚至用手在相应部位摸一摸，来感知、认识消化器官的作用。这样通过直观动态的画面优化了教学环境，学生以浓厚的兴趣，认识了一些不易直接观察的事物，效果良好。

四、运用多媒体为自主探究创设氛围是优势

自然界中的事物千奇百怪，有的由于距离太远、体积太大，有的变化周期太长，无法将其呈现在课堂上。如青蛙的生长发育、鱼的生长发育，虽然经过了长时间的饲养、观察，但在课堂上总结时，只是根据自己的观察记录空谈，也很不方便；火山、地震的形成，更不能亲眼观察，对此，探究起来较困难。如果采用多媒体，把各部分内容制成课件，远处的拉到眼前，长期的压缩成短期来模拟、展示这些过程，就比较容易操作了。再如在教学“动物怎样保护自己”一课时，教学受到时间和环境的限制，学生很难看到各种动物保护自己的情景，给理解和想象造成困难。多媒体可以提供生动、逼真的直观材料，以充分调动学生的探究积极性。学生看到青蛙跳入草丛再也寻它不见，就对保护色有了明确认识，看到昆虫惟妙惟肖地模拟其他物体的情形，就对拟态有了深刻的理解。这样，在一定的情景下，学生很轻松地理解了保护色、拟态等保护方法。

恰恰相反，科学教学中，还会遇到这样的问题：大自然中的一些事物太微小了，肉眼无法观察，变化过程太快，无法观察。单纯依靠看图片和教师的讲解，犹如“纸上谈兵”，学生也不容易接受。多媒体可变抽象为形象、化静态为动态。例如，在教学“压缩空气”一课时，注射器内空气体积的变化是空气被压缩的结果，学生对这一现象难以理解，思维受阻。有的教师做成这样的课件：一个注射器没有压缩时空气分子自由自在，随着压缩，空气分子之间的距离越来越小，最后被压得龇牙咧嘴地挤在一起，“双手”使劲儿地向上撑着活塞。这一简单的动画演示，把抽象复杂的事物形象简单化，学生就容易理解。原来压缩后，空气的数量没有减少，体积变小是由于空气分子之间的距离变小，它们不愿被压缩，使劲儿往上支撑对活塞产生了力，所以受压活塞有往上弹的感觉。这样，学生的思维马上拓展，本节的难点也就迎刃而解。例如，果实的形成、叶的光合作用过程、

叶的蒸腾作用过程，都可以运用这样的多媒体课件解决。

五、运用多媒体为自主探究提供丰富研究素材是条件

科学自主探究活动中，许多研究材料要求学生自己课前搜集准备，课上用来观察研究。如各种各样的花、各种各样的根，学生找到的一般是家中常有的或周围环境中能搜集到的种类，肯定品种、数量不是很全、很多。为了便于学生的探索研究，教师可以根据当地的实际情况，选择那些由于时令因素或地理位置因素不容易找到的种类，用课件的形式向学生展示，让学生有丰富的探究材料，有利于他们自主探究的进行，还能够使学生开阔视野、增长见识。如认识毛细现象后，要总结生活中哪里用到毛细现象，有的老师制作了这样的课件：录制各种生活中的毛细现象，如毛巾擦水、餐巾纸擦手、拖布拖地、毛笔写字等，然后放录像学生抢答，来巩固课堂内容。这些不能在课堂上实际出现的实例，通过多媒体课件，展现在学生面前，为学生的探究学习提供了研究素材。

六、运用多媒体为自主探究提供充足时间空间是根本

传统教学过程中，往往是教师预先设计好各种教学环节，各环节又有若干问题，教师引导着学生一步步实施教案上的内容。表面上看也确实很好地完成了教学任务，但学生完全是被动地依照葫芦画瓢式的学习，探究精神的培养无从谈起。特别是一些难以摆在学生面前的内容，更是老师包办代替，一讲了之，使他们的学习远离他们的兴趣、远离他们的生活经验，乏味低效、没有生机。探究式学习就应该把课堂的时间充分还给学生，让学生自主地进行科学探究，变封闭的教学为开放式的探究活动。应用多媒体进行科学探究，为开放式的探究提供更广大的技术支持，把探究的时间和空间还给学生，让学生在充分的探究中有自己的发现，有发现自己的机会。

例如，关于早已灭绝的爬行动物——恐龙，学生的研究兴趣特别浓。有关的资料、媒体介绍也比较多，学生也或多或少有所了解。如果以此为契机充分地让学生自主地、合作地去搜集有关恐龙的资料，去图书馆，去书店，去音像资料室，查阅书籍、刊物，上网，最后再来开个恐龙研究信息发布会，利用多媒体，学生将自己搜集到的文字、图片、音像材料投影播放出来，相互交流，那学生所认识的恐龙世界将更加广阔和神奇。在活动过程中，学生既是搜集信息资料的主人，又是愉快的合作者，拓展了他们探究学习的时间和空间。

第四节　用评价激活学生学习自主性

课程改革的目标、内容、效果具有显著的开放性，其评价方式也是独特的。评价要以学生素质发展为本，主体要积极主动、评价标准要科学合理、评价形式要灵活多样、评价结构要客观公正。为了激发学生参与活动的兴趣，培养学生的创新意识和实践能力，笔者在教学实践中，根据教学活动的目标，从多方面入手做了一些尝试。

一、增强主体意识，注重评价主动性

在传统的评价中，教师是评价的主体，学生是评价的客体，他们长期处于被评价状态。为了调动和激发学生的主动性、积极性，使他们成为评价的主体，在教学活动评价中，我们增设了师生之间、学生同伴之间对学生个性化进行的鉴赏评定，使评价成为教师、学生等共同参与的交互活动。学生是评价的主体，对自己在活动中的各种表现要适时进行“自我反思性评价”。学生也是被评价的主体，师生之间、学生同伴之间对彼此的个性化表现进行评定、进行鉴赏，培养学生树立起“自己是所有记录自己学习过程的资料的著作者和负责人”的意识。

真正的主体性评价不是依靠外部力量的督促和控制，而是每一个主体对自己行为的有意识反思。要使学生能够主动反思就需要他们亲身参与，在自己的体验中产生思考，从而有所发现。如柳林同学在一次研究凤仙花的种植经过反思时说：“在调查时不能随便找一个花匠来询问，而应找一个在这方面有较多知识的人来请教，否则不会有太多收获。”只有主动地、发自内心地反思才能使我们的实践活动更有操作价值，为此我们设立了“说说我们的心里话”环节。每次活动接近尾声，我们会恰当地向学生提出一些问题，如你对这次的研究活动是否感兴趣？如果不感兴趣，请说出理由。你想对老师说些什么？你认为自己做的结果怎么样？通过这次活动，你最大的收获是什么？这样的活动，你愿意继续做吗？如果不愿意继续做，请说出你的理由。通过这样的问题，学生在评价中逐步养成经常反思自己学习活动的习惯，学会评价自己的学习成果，改进自己的学习方式。

二、关注个性差异，注重开放性评价

教学活动本身具有开放性的特点，使评价也应该具有开放性，在学生自我评价的基础上，应尽可能采用集体讨论和交流的形式，将个人或小组的经验及成果展示出来，并鼓励相互之间充分发表意见和评论。例如，教师在教学“多种多样的叶子”时，设计了贴叶画的实践活动，让学生采集了很多不同形状、不同大小的叶片，准备了胶水、剪刀和纸，让学生自己想要贴什么画面，就选什么样的叶片去粘贴自己的作品。学生四人一组合作着，精心地选择，相互配合，认真地完成了一幅幅叶画，教师让学生在小组内进行评议，选出自己最喜欢的叶画，并把学生评议出的作品在黑板上展评，请小作者们自己也来评说一下，“你认为哪一位同学的叶画最美”，再由大家评议出最喜欢的叶画在学习园地里展览。在一次次的评议中，学生体验到了成功的愉悦。

评价结果的呈现还应采用定性描述的方式，用鼓励性的语言描述学生学习的情况。下面是在教学“神奇的轮子”一课后，对学生设计的一份作业所做的评价：你在这节活动课的学习中，能认真积极参与小组的讨论，愿意倾听其他同学的发言，乐于提出问题，能想出与同学不同的方法解决问题，你的设计真的很棒！继续努力吧！这样的评语以鼓励为主，既肯定学生的进步和发展，也更多地关注学生获得了哪些进步、具备了什么能力、在哪些方面具有潜能，并帮助学生明确自己的不足和努力的方向，使评价结果有利于学生树立学习的自信心，提高学习的兴趣，促进学生的进一步发展。

三、强调过程参与，注重过程性评价

我们的教学不以学生的活动成果为重点，更关注的是学生参与活动的过程。重点考查学生参与活动的态度，在活动中是否善于与他人合作、协调关系、怎样解决实践中遇到的困难、有没有创造性的表现等。因此要把学生在学习过程中的全部情况纳入评价范围，把学生解决问题寻找答案的调查过程、探究过程、运用前提形成假设的过程、交流与合作的过程、推理和判断的过程、使用技术手段的过程等都纳入评价的视野，强调过程本身的价值，把学生在过程中的具体表现作为评价的主要内容。对学生凡是有价值的所作所为，即使有些与预定目标不那么符合，也要给予支持与肯定，对学生的主体性和创造性给以足够的尊重。

例如，在教学“神奇的轮子”时，以探索轮子的奥秘为活动内容，让学生去围绕轮子开展研究性学习。探索中学生了解了有关轮子的一般知识，明白一些浅显的科学道理，明白工人们为什么要使用轮子——初步认识轮子及轮子的用途。在“为一个物品设计一个轮子，使它更方便更省力”的实践活动中，学生在小组内集体研究完成设计和制作，学生讨论得很热烈，反馈时学生的小设计五花八门：我把房子装上轮子，这样旅游时，我可以住在自己家里了；我把书包装上轮子，这样上学时，我可以用绳子拖着书包来上学，书包就显得很轻了；我给地球、月亮装上轮子，这样它可以转得快一些，我也可以快快地长大；等等。听着学生一句句充满童趣的话语，看着一个个争着发言的学生，老师始终以参与者、组织者的身份出现在学生面前，对于学生的奇思妙想，老师始终给予肯定。积极的评价贯穿于活动当中，学生针对自己在活动中的表现进行自我评价：我的想法最科学，我的想法最有创意，某同学点子最多，我要向他学习；小组之间也进行综合评价，评出最棒的小组，最能干的小组。这样充分调动学生的积极性，发挥了小组合作、交流的特点，培养了学生与人交往、与人共处的能力。

四、运用肯定鼓励，注重激励性评价

把评价作为活动的一部分，不仅关注学生已有的表现和收获，更以学生的个性差异为宗旨，充分尊重和保护学生的活动体验，满足学生的成就动机，让他们充分感受到探究的乐趣，为以后的活动提供内驱力。

探究学习中学生一定会遇到各种各样的困难，我们要允许失败，让他们自觉地在生活中磨炼。虽然老师在方法上不能给予过细的指导，但激励性评价绝对不能少。“一句暖心窝的话，胜过千言万语。”所以在活动中，教师对表现突出的学生要给予及时表扬，对有困难的学生要给予及时引导。如在“找找身边的错别字”活动中，学生发现小餐馆玻璃橱窗上早餐的“餐”只写了“餐”的左上角，与招牌上的“餐”字不一样，就认定其中的“歺”体字是错别字。老师马上肯定学生的观察认真仔细，又适时引导她记下这两个字，到字典中找找看看。通过“你真认真。看得比谁都仔细，不过……”这样的话既肯定和激发孩子更多的投入感、认真劲，也巧妙地指正，让他们大胆地探索。除语言激励外，动作、眼神、奖品以及评价表和评选明星等活动，也能使学生的精神、情感受到感染、激励。

评价的目的是全面了解学生的学习状况，激励学生的学习热情，促进学生的全面发展。学生的发展是根本，这是新的评价体系的立足之本。建立以人为本的评价观，给学生广阔的探究空间，使评价成为提高学生全面素养的有力杠杆。

第五节　科学课需要加强仪器室建设

新课改下的科学课与原来的自然课相比较，有很大的改变。区别在于明确提出科学素养的培养目标，更注重探究的过程，让学生亲历科学、体验科学，旨在全面培养学生的科学素质。实验教学是培养和提高学生科学素养的重要方面。由于教学目标和教学内容的改变，与自然课相匹配的实验器材不再适应科学课的要求，需要新的实验仪器与科学课相匹配。

仪器室如何改进才能适应新课程的要求呢？笔者在教学实践中产生了一些想法并做了一些尝试。

一、目前仪器室状况

原来的自然学科在培养目标上以学生获得一些浅显的自然科学基础知识为主，仪器设备完全按照上级部门制定的仪器配备标准购置，这些仪器与自然教学内容紧密配合，而且所用仪器尽量显示其科学性，比如烧杯、量筒、漏斗、玻璃棒、酒精灯等。有的仪器组合成实验盒，像热学实验盒、光学实验盒、电学实验盒、静电实验盒、简单机械实验盒，运用盒内的材料通过实验得出结论，获得一定的科学知识。现在的科学课教学理念和教学内容与自然课相比有很大改变，所使用的实验材料绝大部分不相同。

二、新课程对仪器室的要求

科学是一门以探究为基础的学科。学习科学课的过程，是从观察现象，设计、动手实验出发，经过形象思维和抽象思维形成概念、规律，然后再回到实践中去进行检验和运用的实践—认识—再实践—再认识的过程，所以实验在学习科学基础知识的过程中具有重要意义。

科学教材选取那些学生亲身经历过的或者熟悉、容易理解的事物作为教学活动内容，活动设计贴近学生生活实际，从学生最熟悉的玩具、小动物等入手展开教学设计，使学生感到科学并不神秘，科学就在身边，更能激发起学生探究科学的兴趣。科学教材涉及的实验易做，材料好找，便于就地取材。在科学教材中，烧杯、试管、玻璃水槽等实验仪器较少出现，而代之以可乐瓶、矿泉水瓶和洗脸盆之类，这给科学实验带上了一层“玩”的色彩，课堂上没有做或者没做完的实验，回家还可以接着“玩”，因此，科学实验材料的选择更具有广泛性和自主性。

三、仪器室改建的原则方法

为满足和适应科学课堂要求，仪器室需要结合教材重新调整充实。根据仪器室现有仪器和科学课教学内容、特点，可将仪器分为五类。

（一）通用仪器类

仪器室已经存有的仪器设备，有些能够继续使用。如试管、烧杯、水槽、酒精灯、烧瓶、测力计、磁铁等，可根据教学内容适时选用。例如，试管可用于少量物质溶解实验、液体加热实验、常见液体的观察、模拟填埋实验。像模拟填埋实验，每个小组按自己的实验设计把细沙、黏土、粗沙等装入试管，加入清水，再把红墨水滴入试管中，观察可以发现红墨水慢慢下沉，污染了细沙、黏土和水，由此推想自然界中垃圾填埋也会污染土壤和地下水。用试管做这个实验各种材料用量少，透明好观察，课后试管好清洗，比用大烧杯、广口瓶又省料、又轻便，学生还好操作，非常方便。烧杯用途也很广，如观察各种液体的实验，不同布料的渗水性实验，模拟水在自然界中的循环运动，研究燃烧条件的实验，测量热水温度的实验等，烧杯在这些实验中都可以派上用场。由以上实例可以看出，既然仪器室存有这些仪器材料，就应该灵活地选择运用，这样可以充分发挥它们的作用。

（二）重新组合类

与自然教材配套的各种实验盒虽不能直接用于科学课堂教学，但这种盒装材料结构很好，值得继续接受。里面有些小零部件种类全、质量高，很好用，像这样的可以调整、修改、充实后再使用。例如，电流实验盒里原来有灯泡 2 个、灯座 2 个、电池盒 2 个、导线若干根、开关 2 个、绝缘体材料 4 种、电池另配。现在每个小组实验至少需要灯泡 3 个、灯座 3 个、电池盒 2 个、导线 6 根、小木块 1 块、图钉 2 个、曲别针 1 个、接线盒 1 个、小手电筒 1 个、干木片、干布条、塑料片、橡皮、铜片、铝片、碳棒等材料。新要求与老实验盒一对比，把需要的加进去，不需要的取出来，新的实验盒就装备好了，材料全，符合教材需要，还不需要多少资金投入。再如，简单机械实验盒里原来有杠杆尺 1 根、支架 1 根、定滑轮 1 个、动滑轮 1 个、轮轴 1 组、螺丝钉 1 组、滚轴 1 个，细线、测力计、钩码另配。现在每组实验除具备以上零部件外，定滑轮、动滑轮各需 2 个，每组还要有剪刀、镊子、一字螺丝刀、十字螺丝刀、钳子、钉锤、开瓶器、筷子、螺丝钉。补齐各种材料，实验起来很顺利。

（三）统一配备类

科学教材中有些实验所需材料，虽来自生活，但从生活中却不能很容易地找到。如五年级上册“雨天中的布料”一课，通过实验几种不同的布料在毛毛雨、中雨、大雨下的变化，研究纤维的防水功能。而布料的渗水性不仅与纤维的种类有关，与布料的厚薄和布料的新旧也有关，寻找几种符合要求的布料看似简单，但笔者连续两年都没有找到符合实验要求的材料。

再如三年级下册“物体在水中是沉还是浮”一课，需要体积相同而轻重不同的几种物体、轻重相同而体积不同的几种物体，这些教师都不能很容易地制作出来，即使自制一些也是粗略估计，制上十组八组的也不是个小工程，还不标准。

再者，有些地方，特别是平原地区，凑足各种岩石还真不好办到，即使是山区，岩石的品种也比较单一或是少数的几种，见不到足够多的岩石种类，一般情况有个三两种就不错了。有一课专门研究石英、长石、云母，但是绝大部分科学教师自己还没有亲眼见过这三种物质。

像铜片、铝片、铁片、锌片、干木片、干布条、塑料片、橡胶片、碳棒，这些材料看似常见，真正搜集起来使用时，就受到多种条件的限制了。如用“各种材料的锅”给水加热，要求材料厚度相同，而自己搜集的金属片很难达到这一要求。而这些材料在研究物体的导电性、研究各种各样的材料、认识物体的软硬、给盐水加热实验中都需要用到。

综上所述，如果统一配备如此种类的材料，不仅能满足教学需要，还可以反复多次使用、多个实验使用、多年使用，是一劳永逸的事。

（四）自备材料类

教学实践中我们都已认识到，实验教学的课前准备相当重要，实验器材的到位是实验教学能否取得成功的关键环节，也是搞好实验教学的前提，但是有些需要自备的材料，真正准备起来也不是一件简单的事情。

学习了滑轮组后有一个“小个子战胜大力士”的游戏，需要一根绳子和两根光滑的木棍，这两种材料一点都不稀奇，太常见了，可是笔者足足找了一节课，这是真的。一个科学老师一般一天就2~3节空课，光找个绳子、棍子就用了一节课，那你什么也别干了。因此，材料搜集起来不容易，上课用完了，不要轻易丢弃，收集保存起来留待下一年再用。只有这样不断地积累，我们所需要的材料才会越来越应手。再如模拟环形山形成的实验，课前准备时笔者发现，用粗沙太硬，玻璃球撞击砸坑效果不好，用黏土颗粒不均漏气，火山喷发实验现象不明显，找了好长时间，恰好学校附近的花池换细沙土种花，才取到一些，用起来形象逼真，效果非常好。于是，今年用完了，笔者用一个纸盒装起来，贴上标签留存，下一年就可以直接使用。

科学课实验的一个特点是活动所需要的材料绝大部分来自学生生活，可以不一致，需要多种多样。如认识各种各样的材料、制作电磁铁、制作保护鸡蛋器、我来造一张纸、捆绑支架、制作桥梁、制作生态瓶、种子发芽实验、塑料注射器做压缩空气实验，像这样的活动所需要的材料，学生能够自己准备，就应放手让学生根据自己的设计方案去准备，学生准备材料的过程，既是探究学习的过程，也是培养学生组织材料的能力和动手能力的过程。这些材料搜集来，上课用完了就丢弃了不好，应该根据教学内容的需要，仪器室内缺少的，教师随时注意收集起来，分类整理，充实到仪器室，并腾出柜橱按正规仪器存放标准要求专橱保存，下一年级专材专用，或其他活动借用都可以。

（五）创新设计类

教师既是教材的使用者，又是教材的创建者。教师组织设计实验时，既不要受现有仪器的束缚，也不要受教材意图的羁绊，应大胆地指导学生设计方案，组织材料动手实验，只有教学思想正确，能够带领学生经历一定的科学探究过程，学生才会有收获、有提高。教师应大胆地行动，遇山主动开路，遇水自觉搭桥，创造条件完成活动。2005年第8期《科学课》上登载的戴佳明老师用易拉罐设计的简易蒸发皿，虽有小瑕，还需增加一个调节火焰高度的结构，但此蒸发皿结实、正规还美观，很有创意，充分利用了身边的材料，这样的装置一旦做好了，可以反复应用于多种实验，也能长时间使用。这就是创造性教学的实例之一，体现了科学课教学意图，科学教师就需要具备这种意识。教学“小水轮”一课时，笔者制作了这样一个装置：小水轮搭在支架上，一根棉线一端固定在小水轮轴上，再经过另一支架上的定滑轮后另一端吊起一个木偶玩具。用水冲击小水轮使其转动，棉线绕在小水轮轴上使小木偶慢慢上升。课堂上，学生多种方法用水冲击小水轮，看到小木偶晃晃悠悠地升起来，他们很兴奋，激动地站起来，喊呀叫呀，心情随着小木偶的上升越绷越紧，小木偶升到最高处时，他们一起欢呼跳跃。停止倒水，小木偶由于重力作用，又滑了下来，他们全都笑了，对水流有力量的理解也就不成为问题了。这一装置保存在仪器室已经用了三四年，每次应用效果都很好。把包含着教师的智慧与创造的作品，集中专橱存放好，就是以后教学活动的最好基础和最大支持。

再如，学生设计的方案有些很有创意。如设计制作各种形状的桥、鸡蛋保护器、载物的风车，学生都能设计出多种新奇的形状。设计特别优秀的，制作样式新颖、美观、结实的，特别有创意的就留存下来，可以供同学们相互交流学习，也可以作为科技作品展览。

仪器室的调整与建设是每一个科学教师的责任，让我们携起手来，共同为科学教学的发展做出贡献。

第六节　科学课上的教育机智

教师的教育机智是教师在教育、教学过程中的一种特殊定向能力，是教师对学生活动的敏感性，能根据学生新的特别是意外的情况，迅速而正确地做出判断，随机应变地及时采取恰当而有效的教育措施解决问题的能力，是教师良好的综合素质和修养的外在表现，是教师娴熟运用综合教育手段的能力。

教师教育机智的表现，既有对学生的严格要求，又有对学生的善意和爱护，对人的态度直率、坦白和真诚；在行动上总是深思熟虑，能依据对学生个性的认识与理解，考虑学生活动中的心理状态，尊重学生的兴趣、爱好和能力。教师由于处理问题时深思熟虑、敏感、有坚毅精神和爱护学生而树立起威信。没有威信，教师就不可能得到学生的信任；没有敏感，教师就不可能了解教育措施怎样对学生的个性产生影响。但教育机智不是对学生的姑息与迁就，更不是讨好学生，而是把严格要求、威信与敏感结合起来。

在课堂教学中有很多情况下都需要教师的机智，以掌控课堂状况。

一、课堂气氛的调控

课堂气氛是指在课堂中师生之间和学生之间围绕教学目标展开的教与学的活动而形成的某种占优势的综合的心理状态。积极的课堂气氛是一种理想状态的课堂气氛。它主要表现为以下明显特征：师生双方有饱满的热情，教与学态度端正、目标明确；课堂活动井然有序；学生求知欲强烈、注意力集中、思维活跃；师生间情感交流充分，学生参与面广，双方处于互动积极的状态；师生共同洋溢着为实现教学目标而获得成功的喜悦与满足感。而对抗的课堂气氛是一种失控的混乱的课堂气氛。这种课堂气氛主要表现为：师生之间关系紧张，个别学生不信任教师；教师驾驭课堂态势和调动学生积极性的能力较差；个别学生讨厌上课，注意力分散，各行其是，课堂秩序一片混乱；使得正常的教学活动难以开展，教与学的任务常常不能完成；师生都把教与学视为一种精神负担。

学生是教师的镜子，教师表现为哪种情绪，学生就会反映出什么样的情绪状态。这节课的内容需要什么样的氛围，教师就应注意相应地选择什么样的情绪状态，课堂氛围的把握有其技巧性。科学研究、应用题推理等需要沉着、冷静，静心思考，教师的动作相对要沉稳，语调用中音，语言要平和。有时也希望气氛活跃，人人踊跃参与，这时教师可以通过语言、动作等适当调控。但有时学生激情昂扬，兴奋地嗷嗷叫，教师忙得满头大汗，但这样学生动脑筋了吗？真正发挥其主体地位了吗？科学习惯养成了吗？小学生总归是小孩子，既需要适度地激活他们的思维，使其活跃起来，又需要适时把握、调节好他们的情绪状态，只有这样教学效果才有把握。

二、对待学生差异的机智

教育机智并不是随心所欲“灵机一动”，对学生的深刻了解是形成教育机智的前提。教育对象是千差万别的，教师只有对学生的年龄特征、知识水平、个性特点和行为表现的每个细节都了如指掌，才有可能充分估计到学生接受教育的可能性。如不同的学生对待批评的态度有明显的不同，教师应采取不同的方法；对性格活泼，反应敏捷的学生给予直接式的批评；对性格内向，感情脆弱的学生可进行对比式批评；对于逆反心理严重的学生宜用缓冲式批评；对惰性心理、依赖心理和试探性心理较强的学生应采取触动式批评；对脾气暴躁，行为易被语言所激的学生要用商讨式批评。教师的爱和期待是批评的出发点，对症下药，就是要有的放矢地采取有效措施，使教育工作取得预期的成功。在教育个别学生的同时又要对集体产生积极的影响，力求做到以最小的代价取得最佳的教育效果。

三、材料发放的机智

科学课经常需要多种实验材料，实验材料成了小学科学课中一个相当重要的组成部分，它是学生开展科学探究的基础，也是科学探究有效性的一个基本保证。但是，在实际的教学中，科学实验材料发放的时候存在很大的问题，解决不好将直接影响科学探究的有效性。因此，教师必须充分利用身边资源，发挥自己的聪明才智，有效解决科学材料发放存在的问题，让科学实验课效果更好。

科学课教学改革的今天，课堂的教学理念和教学内容与以往已经不同，所使用的仪器、材料绝大部分已不相同，实验室中的仪器、教具除部分像磁铁、烧杯等这样的通用仪器外，其他的东西或者不好用或者直接用不上了。当前课堂教学改革的最大特点是教学与生活紧密结合，活动所需要的材料绝大部分来自学生生活。材料是学生自备还是教师代备呢？笔者的观点有三：第一，可以不一致、需要多种多样，如认识各种各样的材料、制作电磁铁的材料、制作桥梁的材料、认识各种立方体等，这样的由学生自备，以培养学生组织材料的能力和动手能力，组织材料的过程也是学习的过程；第二，材料需要一致、学生不容易办到的，由教师准备，避免因材料不一样影响活动效果；第三，既有一定科学标准要求、教师也不容易准备的，需要上级相关部门统一配备解决。材料搜集起来不容易，上课用完了，不要轻易丢弃，收集起来以备下一年再用。采用适当方法，帮助学生运用实验材料进行科学探究活动，经历科学探究过程，体验科学探究带来的乐趣。

第八章　基于STEM项目活动的小学科学教学评价问题与改进

第一节　教学评价中存在的主要问题及分析

《基础教育课程改革纲要（试行）》指出："建立促进学生素质全面发展的评价体系。"这是建构素质教育课程评价体系的三项核心任务之一，各校在这股评价大潮的推动下，对发展教学评价都做出了一定的尝试，科学教学评价更是如此，但是在评价学生整体素养的同时，出现了一定的问题，具体表现在：评价目标含糊，缺乏导向性；评价内容繁杂，不易操作，评价形式凌乱，容易混淆；评价机制单一，缺乏技术支持；评价心态存在问题。我们试图从教学评价实践的层面上给予理论剖析，以便在科学新课程实施的深入阶段起到一定的指导作用。

一、评价目标含糊，缺乏导向性

在科学教学评价中有时为了适应新课程的发展要求和教育时代特征，有许多老师做出"为了评价而评价的"的举动，一次科学教学评价活动下来，学生的某方面素质是否真正得到了发展，这要给评价的老师打一个问号。记得在一次科学小专题评价研讨会上，同学们通过上网查询，到图书馆查资料，访问有关专家后得到的资料，经过整理，在科学评价交流会上共同交流，同学们互评互信，共同提高，到了教师给学生总评时，只是对某同学的专题研究行为草草评价几句："学得很多，能用各种方法去研究！"可被评价的学生对老师的评价不满意，事后给老师写了个小纸条："老师，我们为了研究这个专题，不知跑了多少路，做了多少事，你对我们的评价能再多一点吗？"你看，学生就明显觉得教师在敷衍。

评价过程中的评价目标比较单一，只评价学到的知识和研究的方法，而其他吃苦劳累的事情没有指出，这充分反映教师在评价时对评价目标和评价标准把握不够，以至于出现"评一评就算了"的事。笔者认为，教师在评价学生时，应该在一定的目标指导下，参照一定的标准，综合地给学生一个完美的评价，如上述例子中的学生对老师评语提建议的问题，我们在评价目标上，既要考虑学生在科学探究活动中学到的知识和技能，又要照顾学生在探究活动中表现出来的科学态度，如上述案例中的学生经过许多艰难的环节，一定有许多探究感受，教师可利用互评的机会，引导学生对探究时的情感和态度、价值观进行评价，最终评价活动深入学生心灵，才能了解自己在科学探究活动中的进步与不足，确定下一步改进的目标，更好地体现评价促进学生发展的作用。因此，许多教师对学生的非学业评价感到困难的部分原因就是对科学课程的目标和评价目标把握不够，有时评价空洞和流于形式，我们教师应该想到，你这个评价内容，要根据当时、当地的学生素质和课程标准，你要评价的目标是什么为什么要对这些内容进行评价等问题，所以，明确和加强评价与科学探究活动的针对性和目的性，是解决这些问题的主要途径。

二、评价内容繁杂，不易操作

《标准》指出："评价内容应从单一走向多元化。"既要评价学生在科学学习时所得的科学知识与能力，又要评价学生参与科学探究的过程和方法，在过程和方法中表现出来的情感态度、价值观。所以在科学教学评价中，有时我们的老师就会把"评价内容多元化"当作评价的法宝，要评价学生就要从这几个方面进行，结果导致评价内容复杂多样，不容易操作。例如，比较流行的"档案袋评价法"。从档案袋的内容看，有学生探究过程记录档案，有作品展示研究档案；从评价主体看，有学生自评、小组互评、教师评价、家长评价等；从评价的频率看，有的每节课一次，有的每周一次或每月一次，频率过高，这么多的评价使学生和家长颇觉负担重，疲于应付，甚至生厌。教师在繁重的教学任务和各种业务培训下已十分忙碌，而建立成长记录袋需要搜集、记录、整理学生的作品及相关材料，需要定期组织评价活动，尤其是班级人数又多，需要教师付出更多的精力和时间。另外，成长记录袋的存放和管理也带来了新问题，这无形中加大了教师的工作量，很多教师感到这种评价方式虽然有很多优点，但不易操作，难以坚持下去。如果一味地要求每名学生按照档案袋的内容逐一填写表格，这样一来，更增加了学生的负担和焦虑，因为在档案袋里要填写科学探究过程方面所得的知识和能力记录卡，又要填写如何探究的过程与方法，还要交作品以备展示。这样开展评价活动从教师层面上看评价内容觉得比较完善了，从学生的层面上看就像一只无头苍蝇，觉得到处要记录、评价，这就是档案袋的内容烦琐、操作困难的弊端，所以我们要大力开发评价的内容，使评价内容分层进行，分期进行，以及根据学生的不同差异进行评价。如上面举的档案袋评价法，我们可根据一个月或一个星期，就学生的某一方面进行重点评价，如这个月评价学生的探究过程，下个月着重观察学生的情感态度，对教师来说，有可操作性，对学生来说，能了解评价的重点，以利于自评和互评，真正提高评价的效率。

三、评价形式凌乱，容易混淆

随着新课程的逐步实施，新的评价理念深入人心，为了发展学生的整体素质，老师们已经注意到像标准化考试这样的量化评价形式是不全面的，为此，运用定性评价来评价学生发展过程中的知识情感态度过程，但是随着评价活动的开展，其评价形式往往显得笼统和凌乱，具体表现在两个方面：

首先，定性和定量评价相结合的原则不能广泛实施。在科学课程评价中，采用定性和定量评价相结合的原则是当前科学课程评价改革的一个重要基础，但是许多老师在实施评价的同时忽视了定量的评价，量化评价方法与定性评价方法并不是对立的，而是统一的，有时采用简单的定性描述不能全面评价学生的发展，有时偏重于定量分析，又忽视了学生的知情意行的发展，有时对科学探究的所有过程都采用定性与定量相结合，这三种情况都有偏颇，都达不到评价的客观性、科学性和相对的准确性，所以正确运用定性与定量评价形式相结合的原则，仍然是科学教育评价所开发的重要课题。

其次，评价用时间多，在平时的科学探究活动中，已经进行了即时评价，还要特意安排一定的教学时间进行专门的评价活动，过分追求评价形式的齐全，从而导致评价过程不自然，给学生一种“硬插”的突兀感。例如，学生探究有关船的专题后，老师已经在探究过程中进行随时评价，还要再开展一次研究船的专题评价活动，把在探究过程中已经评好的内容和结果再总结和展示一次，这样的总结和展示只是做给听课老师看的，学生对这样的评价活动早已经历过，没有新意，浪费时间。评价形式的有效性、评价时机的合理性，是当前评价改革的一个重点。

四、评价机制单一，缺乏技术支持

从现行的一些评价方案看，在科学教学评价中，经常采用评定量表、观察量表、自我评析表、同伴评析表等各种评价机制，从这些评价机制看，虽然重视了“教书育人”的评价，但是在小学科学教学评价中，这些评价量表的使用是值得推敲的，从评定量表设计的科学性、思想性来看，有的老师设计的评定量表，看似一张表，实际上就是师生问问答答，学生做做练习，不能充分地反映出学生的探究过程以及在探究过程中所获得的发展，评价的判断功能、导向功能就不能发挥，因此我们在评价机制上要正确合理地建构评价指标体系，评价的指标体系没有得到统一，各种评定方案就互相流传，如某评定量表的评价形式，明明是评价学生所获得的科学知识和能力，但有的老师硬把它复制一份，去评价学生的科学态度、情感价值观，更有些评价者不按照指标项目的权重量分，只打总分，有的掺杂个人的感情色彩，这些原因的出现，就是因为没有统一的评价制度和操作规定，缺乏必要的技术支持。

五、评价心态存在问题

教学评价是师生共同发展提高的过程，在目前课程改革大潮的推动下，似乎教与学的每一个环节，都要采用评价策略，以证明采用不同形式的评价活动，就是有效地推动了新课程的改革，这种教学评价产生了功利化的趋势，评价心态产生了问题，具体表现在两个方面：

第一，评价是为了忽悠学生，因为我们的课堂教学中为了激发学生的内驱力，宜采用鼓励评价性的语言为主，不敢负面评价学生，导致了一些科学探究过程中学生的探究方法明明是错误的，老师却要评上一句："说得很好，有创意，其他同学有意见吗？"你看，老师明明知道学生的探究方法有问题，却不正面指出，反而采用鼓励性的评价语言评价学生，长此以往，我们的学生在探究过程中就会迷失方向，不知是对是错。

第二，某种形式的评价不是发展学生，而是评价和考核教师。例如，行政人事部门要对一节科学课进行听课评价考核，虽然有老师和学生的问卷考核内容，但是在评价结果上还是侧重老师的教学技能，本应着重于教与学的调查评价，现在变成了对教师的鉴定和证明，学生在课堂上的动态发展被忽视，这就是评价的目的被异化，学生在探究过程中的表现得不到肯定。

第二节　改进科学教学评价的基本教学策略

上节从教学实践的层面上列举了科学教学评价中存在的客观问题，包括评价改革的目标、评价内容、评价形式、评价体制和评价心态等方面，为此我们对这些在科学课程改革评价研究中所表现出来的问题进行剖析和总结，结合新课程评价理念，提出了一些改进策略。

一、不断明确和加强评价的目的性和导向性

一个科学探究活动下来，或多或少要进行有关评价活动，看学生的发展如何，看教师的教学技能如何，但评价者的头脑中要有清晰的认识，你搞的评价，主要目的是什么，为什么要组织这次评价，在评价活动开展前，明白评价的目的性是至关重要的，它对如何进行评价有着明确的导向性作用，那么我们老师怎样才能很清楚地认识评价的目的性是什么？

笔者这里推荐两种思路：一种是评价的"总目的"，任何一次评价活动都要考虑评价的总目的和目标，《标准》很明确地告诉我们，为什么要进行评价，就是要通过评价

活动，最终培养和提升学生的科学素养，这就是我们在科学教学评价过程中的总目标，老师们要研读新课程标准，牢记在心，开展评价活动时做到有的放矢。而科学素养包括很多方面，有科学知识、科学探究、科学态度、情感和价值观等，每一个科学探究活动，不一定涵盖科学素养的多方面，怎么办？这就要求我们的老师考虑第二种思路：整合评价内容，明确和形成评价活动的分目标，也就是根据本次科学学习活动和当地、当时学生的素质特点，你在评价活动时要达成的具体目标是什么？建议老师们把要评价的内容，进行合理的整合，用目标分解法来考虑评价的重心和目标，对某次科学评价活动，可先列出本次活动的知识和技能型的目标，即认知领域的目标，再列出探究过程与方法的目标和情感态度、价值观方面的目标，学生究竟要达到哪一个水平层次，看看联系本次科学学习的内容，哪一个目标是本次活动的侧重点，如本次活动是一个新闻发布会，发布探究周围环境问题的有关知识和搜集的资料，以引起学生的共鸣。这个探究活动的目标就侧重于保护环境的情感和态度、价值观方面的，评价时就要有导向性，针对本次活动中学生表现出来的情感目标采用多种形式进行评价，发展和完善评价活动的导向性和针对性。

二、不断加强个性化评价和非学业性评价的实践与研究

针对目前科学教学评价内容项目繁多，在进行评价活动时每一个项目都要评价一下的情况，上一节已经很明确地指出，评价内容的繁杂性，势必会给评价活动带来负面影响，我们要对所评价的内容进行优化组合，除考虑评价学生的科学探究过程和结果外，还要考虑生命个体化的评价和学生非学业性的评价研究，因为这两方面内容是学生生命个体在学习活动中所表现出来的独有的生命潜能，我们教师就要通过评价活动来释放和提升学生的生命潜能。

1. 不断加强学生个性化的评价研究

传统评价中，学生要尽力在他们可能并不擅长的学业领域中去满足评价的要求，从而不断发展自己的优势智能，而新课程的评价目的则在于通过评价来发展和识别学生的优势智能，为学生提供发展自己优势智能领域的机会。美国哈佛大学教授、发展心理学家加德纳提出的多元智能理论认为，每个学生都有不同的智能表现，该理论提到的智能包括语言智能、音乐智能、数理智能、空间智能、身体运动智能等七种智能，不同个体在七种智能方面拥有的量各不相同，七种智能的组合和操作方式也不相同，因此在科学教学评价时，就要根据不同学生表现出来的不同智能情况给予随机评价，使每个学生首先发现自己的优势智能，同时又认识到自己的不足，从而协调起来发展自己，让自己在多方面找到成功的支撑，在学习活动中获得成功。作为教师，可以先通过诊断性的评价，来了解新的群体或特殊的个体，了解他们每个人身上的优势智能，然后设计多样化的评

价方式，让学生去选择适合自己的评价方式进行有针对性的评价；其次根据学生身上表现出来的欠缺的智能进行差异性评价，如有的学生在科学探究过程中就是不肯说话，哪怕做对了，发现了新问题，他还是怕交流，这样教师在评价时，就可以把大胆发言作为重要的评价该学生在探究活动中的目标，反复进行，学生的语言智能会有所提高。所以说，利用学生的多元智能进行随机评价，真正是从培养人的角度去做教学评价的学问，我们的老师就要在这方面不断地挖掘新的评价形式和手段，来激发生命潜能的绽放。

2. 重视非学业性的评价研究活动

所谓非学业性的评价，是指评价活动除评价学生在规定的学业内容之外所出现的各种不同的结果和其他多方面的表现，如对本次探究活动的动机和兴趣、创新能力、实践能力等，在教学中，学业内容的学习和非学业内容的学习是密不可分的，既没有离开情感态度和价值观，又没有离开过程方法中的知识和技能的学习，因此非学业评价的内容是新课程评价内容整合观上的一个重要部分，教师在评价时应该与学业评价紧密结合，注重体验、注重实效，一般采用质性评价来描述评价结果。例如，在科学探究过程中就可以采用激励性的语言对学生进行非学业性的评价，主要包括对学习内容、学习情感、学习方法、学习兴趣、学习习惯等方面的评价。再如，还可以通过各种评价手段来评定学生的非学业内容，我校就采用“五星级”评比方案来评比，在科学探究过程中，设计“合作星、探究星、习惯星、卫生星、爱护科学仪器星”，学生在探究过程中哪一项做得好，就得哪颗星，这样的质性评价，对学生非学业性内容的发展乃至整体素质的发展有深远意义。

三、发挥真实性评价的优越性

由郝京华教授主编的《小学科学教育概论》一书在评价部分明确指出：“公正、客观是教育评估的生命线，没有信度和效度的测试工具以及主观、偏袒的评估心态不仅毫无可取之处，而且会极大地伤害学生学习的积极性，严重的，甚至会影响学生今后的人生道路。这是教育评价要极力避免的。”这段精辟的语言就描述了我们在进行教育评价时要真实，真正让学生参与评价活动并且感受到这是真正的评价活动，能提高自己的能力。因此，科学教师在进行教学评价时应把真实性评价策略确定为评价导向的唯一标准，并且要在多种真实的情景中进行，重视形成性评价方式，尽量全面、真实地描述出教育对象的学习状况。这种真实性评价主要体现在以下三方面：

第一，评价个体的真实性。上面已经很具体地指出学生是真实的生命个体，拥有不同的学习习惯，教师不能用统一的评价手段长期对某个学生的行为习惯进行评价，这样做就是不尊重个体的真实性。如引导学生对其他同学进行互评时，不能老是用“啪啪啪，掌声响起来，表扬他”，不同的个体有不同的评价方式，有的学生喜欢鼓掌，有的同学可以用微笑来表示对他的肯定，也可以保持沉默，或提出建议。这些不同的互评方式是发自内心的，是个体情感在评价活动中的真实性表现，所以我们的科学教师更可以用一个微笑或轻轻地触摸等个性评价方式来触发个性生命的灵动，使得评价活动能够真实地成为学生学习生活中的一部分。

第二，评价结果的真实性。在教学评价中经常会听到“奖给你一样东西”，学生到头来还是空欢喜一场，因为教师事后根本就没有奖，这样就给学生一种被欺骗的感觉，从而对教师的信任度就降低。再如，我们在评价时会经常运用“你真棒，探究的态度真认真”，学生听了似懂非懂，虽有肯定的部分，但评价不明确，没有指明学生在探究过程中究竟怎样棒、怎样认真，有时学生就被这种“好话”蒙骗，失去努力和自我构建的方向。所以我们在评价结果上要“真的给学生”，让学生感到自己在评价活动中有真实的收获，从而才有不断探究的动力。

第三，评价情景的真实示范性。小学科学探究活动包括许多环节，有提出问题、形成猜想、搜集信息、整理问题等环节，学生在具体的情景中充当了评价的主人，这就是评价的主体由教师走向了学生，然而我们经常执行评价活动的老师可以反思，我们引导学生进行探究活动时的情景评价，学生真的做到评价的主人了吗？回答肯定是含糊的，因为受传统观念的约束，我们的学生不会评价同伴的表现，有时就干脆采用“优秀或好”等词语来评价同伴的表现，这样一来，虽然给了学生评价的空间，但这种评价是笼统的、苍白无力的。我们的教师就要做好真实性的评价示范，在组织学生进行自评与互评时，就要对具体的科学学习活动做出真实的示范，让学生学会真实的评价。如评价学生活动记录，就可对学生做出真实而具体的评价示范：“评价记录全面认真，把科学探究的过程和步骤都记下来了，有进步！但要学会科学地记录，可用图文等多种形式记录某一研究过程。”你看这样评价，学生是爱听的，既具体地肯定了记录过程的优点，又合理地提出了建议，学生通过这样的真实性评价示范，长期训练，学生的评价能力会提高的，评价语言、评价手段也会逐步走向真实具体。

四、强化评价的激励和导向功能

激励是评价过程众多环节中的一项，如果没有明确的评价目标、准确地观察和资料搜集、恰当的评价结论，最后的激励只会是盲目的或无效的。激励要建立在对学生学习的过程及其背景有深刻认识的基础上，没有目标的、片面的和随意的激励，无法起到对学生的促进作用，反而有可能对学生产生消极影响，造成很多学生只能听表扬，不能听不足，对自己盲目乐观。建议教师在实施评价手段时，首先要确定明确的目标，注重对学生的观察和资料积累，在此基础上强调对学生的发展进行纵向比较，运用新理念的教学评语，如“谁能试试看，自己来解决，能不能想出更好的办法，谁还能再举一些实例，同意他的说法吗”等，利用这些启发性和赏识性的评语，既能让学生看到自己的优势和进步，同时也能让学生了解自己的不足。激励的关键在于教师与学生形成坦诚、关怀和相互尊重的关系，并用发展和全面的眼光看待学生，逐步培养学生对自己形成客观的认识，提高他们的自我反省能力，使学生在一生的求学生涯中感受到激励意义的深刻与伟大。

五、加强评价的系统性和规范性

由于新课程改革的实践还比较短，总的来说评价与考查的系统性和规范性不强，当前我们所做的评价尝试，没有形成评价与考试改革的整体思路，没有找到改革工作的重点、难点和突破口。改革工作所关注的往往是众多评价环节中的某个环节，如发挥评价的激励作用、给学生建立成长记录等，或者着力解决某个问题，如怎样确定平时与期末成绩的比例、怎样编制评价的有关表格、怎样进行有效的观察等，这些问题都需要科学而严密地解决，这里我们根据《小学科学教育概论》中的有关观点，提供有效评价工具的三个要素：效度、信度和辨别度，以期让老师们设计评价工具时逐步形成系统性和规范性。

1. 效度

评估工具的效度简单地说就是评估内容是否“有效”。显然，评估的效度与明确的教学目标密切相连，没有清楚的教学目标就谈不上有效的教学评估。长期以来，很多老师在编制测验题、评定量表时，心里没有一个明确的尺度。选题时有时测验考查的题目超出学生的学习范围，使学生感到紧张和消极情绪。考虑效度一般从三方面展开：首先考虑内容效度，内容效度是指评估的内容是否与课程标准和本课的教学目标规定的一致，评估内容是不是应该被评估；其次考虑代表效度。代表效度就是指在取样时有没有按照原有的知识结构体系，重要的多取，次要的少取，或者说，被选出来的题或你编制的考查题和评定量表是不是有代表性，是否“主题突出”；最后应该考虑预测效度，预测效度就是从统计上讲，评估的结果对未来学生行为的预测能力。

2. 信度

评估工具的信度就是指评估结果的前后一致性和稳定性。例如，你编制的考查或评定量表经过长期使用后，学生的成绩呈现正态分布，这样的考查工具，就认为信度较高。老师们在评价时就可以根据你使用的评价工具进行思考是否有较高的信度。

3. 辨别度

评价工具的辨别度，通俗地讲，就是把学生放在一个常模中去衡量该学生在整个群体中的位置，一个有效的评估工具应有较强的分辨能力，使优秀生、中等生和成绩低的学生有一定的差距，这样能使老师更了解学生，更能有的放矢地去进行个别帮助。过难的评价工具使优秀生不能冒尖；过容易的，虽然皆大欢喜，但又达不到分辨的目的。

六、倡导网络环境下的科学学习评价活动

网络教学已经深入到小学教学一线，其折射出来的魅力是不言而喻的，其中，网络作用的个性化、互动化、真实化为新课程的实施提供了保障，学生在网络的海洋中畅游发展，其乐融融。我们把网络引进科学学习评价，让学生在一定的网络环境下，进行多种形式的评价活动，不仅体现了评价主体的多元化，而且为科学学习评价活动开辟了一个新的评价平台。网络学习评价活动的开展，首先要发展学生对网络评价功能的兴趣和认识，知道自己或同伴的学习表现，不仅可以通过老师、同学、家长的评定，还可以通过网络互动来评价自己或同伴的学习活动。教师要做好引路人，因为网络评价是建立在一种网络环境下的学习活动，学生可以通过邮件、文本等形式传递评价信息，改变学习态度，比传统的评价显得隐蔽，对某些自尊心较强的学生，就大大呵护了他们的自尊心，所以通过这种评价活动，要使这些平时不愿说话的同学在网络评价中尝到“甜头”，扩展评价的范围和评价的主体。其次要构建合理的网络教学评价环境，根据具体的评价目标，将评价活动穿插到网络学习中，使学生一边学、一边评，及时发现自己或同伴的学习情况。最后教师要利用网络评价的结果，来发展学生的学习能力，对喜欢网络学习的同学要继续激励前进，对网络学习评价过程中的弱势群体，要鼓励加指导，利用网络的交互性，及时评价，增强信心。我们在网络评价中主要采用以下两种形式：

1. 网络自评活动

这是最常见的网络环境下的评价活动，它的前提条件就是学生首先会上网，而且是在网络环境下进行搜索、学习活动，利用网络论坛、留言板等信息手段发表自己的看法。如学生学习“地球共同的家”这课，因涉及学习资源的丰富性，光靠师生之间的交流无法了解和认识地球资源的丰富性，这时我们就可以通过建立关于地球资源的网站和网页，让学生在网络中学习地球上各种各样的资源，与此同时，学生可以建立“网上文件夹”，把自己的学习成果收集起来，以备交流总结，比操作性的档案袋评价显得省事。其次可以把自己的思考进行自评活动，如在地球资源网上学习完有关地球的内容，可以通过网络程序测试系统，把自己测试答题的结果和网上的标准答案进行对照自评，用各种不同的形式验证答案的正确与否。这种网络测试最大的优点是学生通过评价机制自己评自己，评得心服口服，并且能及时测试自己的学习结果和行为，进而对自己的学习活动进行反思，这样的学习就显得有目的性了。

2. 网络互评活动

这里网络互评活动既包括同学间的评定，又包括老师参与性的评定和总结性的评定。还是以“地球共同的家园”这节网络学习课为例来说明，当学生在网上探索完有关地球资源的内容后，肯定有很多感想，如对地球资源的赞美、对地球资源的保护提出倡议，

这时网络评价系统就给学生这个机会，可以把自己的感想和发现，通过BBS论坛、留言板、Word文本等形式上传到网络评价学习系统中，每个同学都可以点击其他同学上传的观点、资源进行有效的共享，还可以对其他同学的观点进行修正和回复。教师的作用就是组织和控制学生的互评活动，把丰富的观点推荐到大屏幕上共同交流，也可以针对某位同学的观点，及时进行评价和分析。这样的互评活动，既给学生增添了学习的乐趣，又提高了学生利用网络学习的信息素养，形成了良好的学习态度和学习习惯。

七、仍然要重视教师在科学学习评价中的地位和作用

新课程评价的理念倡导评价的主体由教师逐步走向学生、家长、同伴及校外有关人士等，但评价活动是不是就削弱了教师在评价中的地位，或者干脆不要教师参与了。这种观念肯定是片面的，在多元化的评价体系下，它不仅不能忽视教师的作用，而且对教师的作用更加重视，也对教师提出了更高的要求。

首先，评价是教学过程中的一个重要环节，它既贯穿于教学的全过程，又是在一定阶段对教学效果的诊断，它应该是教育者自觉、有计划、有目的的教学行为。教师是日常教学评价的主要实施者，也是学生进行自我评价以及家长、社会力量参与评价的指导者，科学学习评价绝不是随意地让学生自评或互评，更不是把评价的责任推给家长与社会。

其次，评价是一种价值判断，需要解释评价结果，如对评价结果进行科学使用。如两个学生的科学探究的结果都是一样的，但科学探究的过程和方法以及对待科学的态度不同，这种由于各自情况不同，这个科学探究结果的意义与价值或许会迥然不同，如何对此进行判断，就需要教师进行分析与判定。

最后，发展性评价以定量评价为主，综合性评价以质性评价为主，采用观察、访谈、成长记录、表现性评价等综合评价手段，这些新的评价技术与方法首先要求教师掌握，并要求能根据学生发展需要及不同的学习内容，确定不同的评价目标，运用合适的评价方法与工具，它涉及许多新的操作性的问题。例如，激励性评语如何表述，成长记录袋如何设计与使用，实践性的作业如何布置等，这一切对教师来说都是新的课题。所以，小学科学教师就应该在新课程改革的大潮下，苦练内功，厚积薄发，爱生善教，展翅鹏程。

八、科学评价改革要真正具体落实在科学教学评价中

科学新课程教育评价理念尽管早已提出，但落实还很不到位。现在无论是广大人民群众还是教育主管部门，甚至是一般的教育工作者，仍然用应试教育的评价标准来评价教师和学生。如上级有关部门在考核学校工作时，对科学课程的考查手段仍然以“及格

率和优秀率”为依据，看看你们这个学校学生的科学成绩的及格率和优秀率是否达到某一标准，达到了就过关，达不到就要扣分。这样的评价形式怎么能适合科学课程的评价机制？我们的科学课程开发专家努力倡导评价不能光评学生得了几分，尤其是科学课，学生光掌握了科学结论是没有用的，还应重视学生科学探究过程与方法等多维度的评价内容，所以这样的评价体制影响了学校开展科学教学评价的工作，更影响了教师实施科学评价的热情，有时不知道听谁的好，一个地方检查一个标准，教师无奈，学校也无奈，就这样考吧！应付检查为妙！这样的新课程改革就是落实不到位，光喊口号，没有形成“一条龙”的评价观念和评价机制。虽然有的老师还认为科学课是“副科”，但是作为新课程的实施和倡导的主管部门，也应该像我们科学教师那样，把科学评价机制落实到位，全面而系统地进行科学评价改革。在这里我们期待政府和教育主管部门对科学评价改革加大宣传力度，转变人们的评价观念，真正形成教师、家长、学校等多主体共同参与的评价模式，打破以“升学率”评价学校办学质量的传统做法。另外，有必要转变政府和教育主管部门的态度，采取一定的强制措施，铲除新课程改革进程中的绊脚石、拦路虎，大力推进科学教育评价改革，使科学新课程教育评价体系真正落到实处，大力提升学生的科学素养。

参考文献

[1] 周祥皓 . STEM项目活动在小学科学教学中的应用[J]. 中小学班主任，2023，(20)：62-63.

[2] 吴章德 . 小学科学项目化作业的设计与实施研究 [J]. 教学与管理，2023，（14）：69-71.

[3] 卢灵娇 . 生本理念下小学科学项目化教学模式实施策略[J]. 华夏教师，2022，(27)：55-57.

[4] 李帅 . 基于翻转课堂的小学科学项目式学习活动设计研究 [D]. 保定：河北大学，2022.

[5] 陈思含 . 面向师范生 STEM 素养培养的项目式教学设计与实践 [D]. 济宁：曲阜师范大学，2022.

[6] 黄申友 . 小学科学项目式学习设计及优化策略　以“创意小乐器”项目为例 [J]. 科教导刊，2021，（36）61-63.

[7] 华锡芬 . 基于小学科学课程的 STEM 微项目开发与实践研究：以苏教版小学科学五年级下册第二单元《形状与结构》为例 [J]. 科学咨询（教育科研），2021，（40）171-172.

[8] 朱依晴 . 基于项目化迭代设计的小学科学工程思维培养策略探究 [J]. 科学咨询（科技·管理），2021，（10）：175-176.

[9] 姜艳艳，孙宗秀 . 基于 STEM 教育理念的基础课程融合模式研究 [J]. 吉林省教育学院学报，2021，37（9）162-166.

[10] 郭姣，张雅娴 . STEM 教育视角下融合地区特色的小学科学案例设计：以“牛奶大变身”为例 [J]. 呼伦贝尔学院学报，2021，29（3）：40-45.

[11] 孟易南，汤宇琪，张文静，等 . STEM 教育视域下我国小学科学教师核心素养研究 [J]. 科学咨询（科技·管理），2021，（6）：254-255.

[12] 刘昱宇 . STEM视角下新加坡小学科学教科书定量分析 [D]. 长沙：湖南师范大学，2021.

[13] 徐国华 . STEAM 教育视域下小学科学项目式活动设计与实践研究 [D]. 乌鲁木齐：新疆师范大学，2021.

[14] 金群 . 基于 STEAM 理念的小学低年级科学课程项目式活动设计研究 [D]. 广西师范大学，2021.

[15] 党海燕 . 基于 STEAM 项目学习理念的小学科学探究活动的教学设计与实践 [D]. 南昌：江西师范大学，2021.

[16] 胡雪涵 . 基于项目式学习的小学 STEM 课程开发研究 [D]. 重庆：西南大学，2021.

[17] 刘雪英 . 基于知识地图的 STEM 项目式教学设计与应用研究 [D]. 济宁：曲阜师范大学，2021.

[18] 李小函 . 基于 STEM 的小学综合实践活动课程教学项目设计研究 [D]. 济宁：曲阜师范大学，2021.

[19] 唐浉忆 . 基于项目学习的小学生 STEM 活动案例设计与实证研究 [D]. 重庆：重庆师范大学，2021.

[20] 郝琨 . 基于项目式学习的小学 STEM 课堂师生互动研究 [D]. 武汉：华中师范大学，2020.

[21] 孙茜 . 小学 STEM 校本课程项目化设计与实践研究 [D]. 济宁：曲阜师范大学，2020.

[22] 吴红 . 面向 STEM 教育的项目学习设计与应用研究 [D]. 济宁：曲阜师范大学，2019.

[23] 刘强 . STEAM 理念下的科学教育活动项目开发 [D]. 武汉：华中科技大学，2019.

[24] 王健博乐 . 基于 STEAM 理念的小学科学课程项目式活动设计与应用研究 [D]. 长春：东北师范大学，2019.

[25] 张昱昕 . 基于学科课程项目化重构的小学 STEAM 课程设计研究 [D]. 长春：东北师范大学，2019.

[26] 韩洋 . 项目活动在小学《科学》教学中的应用思考 [J]. 智库时代，2019，（14）183+185.

[27] 管玉婷 . 融入传统文化的儿童早期 STEM 项目设计研究 [D]. 南京：南京师范大学，2019.

[28] 白茹 . 项目教学优化农村小学科学教学活动的设计与应用研究 [D]. 兰州：西北师范大学，2018.

[29] 赵月 . STEM 理念下小学科学项目式活动的设计与实践研究 [D]. 保定: 河北大学，2018.

[30] 王惠 . STEM 项目课程《环保小卫士》开发与实施的研究 [D]. 南京: 南京师范大学，2017.